*Foreign Language Culture Teaching*

外语·文化·教学论丛

# Multi-interactive Model of School-based English Teacher Education: Theory, Practice and Reflection

# 多元互动英语教师校本教育模式：理论、实践与反思

袁燕华 著

ZHEJIANG UNIVERSITY PRESS
浙江大学出版社

# 序

2010年,袁燕华博士参与了我主持的“集中教学·自主学习”初中英语教学改革实验,并负责其中的教师培训部分。她也由此开启了对英语教师教育有效模式理论与实践探索的征程。本书以社会文化理论为研究视角,针对我国目前英语教师在职教育中存在的种种弊端,以“校本教育”为研究对象,以“多元互动”概念整合英语教师校本教育中的环境因素,提出以发展教师反思能力为目标的多元互动英语教师校本教育模式,并将这一模式在“集中教学·自主学习”初中英语教学改革实验的教师教育中进行运用,探讨其在提高英语教师反思能力方面的有效性。在此基础上,作者分析了这一模式在英语教师校本教育中运用的主要问题,并提出了相应的解决建议。

本书真实地记录了作为教师教育者的上海外国语大学博士生团队在华南实验学校英语教师校本教育个案中深入反思、勇敢前行的过程。在应试教育的大背景下,要英语教师打破传统的教育教学理念,改变旧有的“填鸭式”的教学模式与教学方法,自觉学习外语教学理论,并在教学中通过反思与行动将理论加以灵活运用来优化自身的教学实践,实现从“教书匠”和“课程执行者”到“学者型”、“专家型”教师的转变,实属不易。正如书中所写,在校本教师教育开展的三年中,实验遇到了很多的困难与挫折,甚至是停滞,这其中包括实验教师的退缩,家长的质疑和博士生的困惑,但是靠着实验学校领导的开明决策和大家的坚持,这一教师教育项目最终达到了预期的目标。可以说,从教师教育方案的制定、执行、调整,各阶段教师教育数据的收集、整理、分析,到对于教师教育模式的反思与总结,每一步都是一种尝试与思考,每一步都是教师教育者走近一线教师教学、生活,聆听教师心声的见证,每一步都是博士生与实验教师们在专业发展的道路上共同成长的足迹。在实验工作的小结中,袁燕华博士曾这样写道:“博士学习不仅是理论知识的充实,更是实践经验的积累,是不断寻求理论与实践平衡的过程,是需要俯下身仔细聆听、认真思考、扎实行动的过程。”我相信,在参与这项历时三年的教师教育项目并将这一体验用文字的形式与他人分享的过程中,袁燕华已经完成了其作为一名教师教育者的重要蜕变。

本书从理论与实践两个方面对多元互动英语教师校本教育模式进行了全面、深入的分析与阐释,尤其是对于历时三年的教师教育个案过程的叙事描述及大量第一手资料的采集,克服了教师教育领域中理论思辨多、实践研究少,共时研究多、历时研究少的现状。多元互动英语教师校本教育模式中所包含的自我反思、师生互动、同伴互助和专业引领四种互动形式也有效统整了英语教师校本教育中的环境因素,顺应了教师教育领域中院校合作的理念、反思性教学、教师学习共同体机制和教师教育的生态取向。而哲学、教育学、社会学、心理学等多学科理据也为模式的建构提供了理性归宿,增强了本研究的科学性、可行性与有效性。因此,本书是在外语教师教育领域中所做的一次富有价值的探索与尝试,有利于拓宽外语教师教育的研究思路,对于各级各类外语教师培训机构的培训者规划、组织和实施教师教育项目、中小学制定校本教师教研活动计划及高校研究者进行教师教育与专业发展领域的理论与实践探讨具有较高的启示与借鉴意义。

是为序。

束定芳

2013 年 12 月 18 日

# 目　录

第一章　绪　论 …… 1

一、我国英语教师专业素质现状 …… 1

二、我国英语教师在职教育现状 …… 6

三、教改实验契机 …… 8

结　语 …… 11

第二章　外语教师教育研究 …… 12

一、概念、范式与模式 …… 12

二、反思能力培养——核心 …… 23

三、校本教育——理想途径 …… 32

结　语 …… 43

第三章　多元互动英语教师校本教育模式:理论篇 …… 44

一、模式简介 …… 44

二、模式理据 …… 45

三、模式内容 …… 54

四、模式特点 …… 67

结　语 …… 71

第四章　多元互动英语教师校本教育模式:实践篇 …… 72

一、个案简介 …… 72

二、实践过程 …… 77

三、研究结果 …… 106

四、结果分析 …… 140
结　语 …… 148

**第五章　多元互动英语教师校本教育模式:反思篇** …… 150

一、理论修正 …… 150
二、实施问题 …… 151
三、实施建议 …… 158
结　语 …… 167

**第六章　结论与启示** …… 168

一、研究结论 …… 168
二、研究启示 …… 169
结　语 …… 175

**附录 1　实验教师教学日志节选** …… 176

**附录 2　实验班学生周记节选** …… 186

**附录 3　实验教师访谈纲要(2012 年 6 月)** …… 191

**附录 4　实验教师访谈记录文本(2012 年 6 月)** …… 193

**附录 5　实验学校管理者访谈纲要(2011 年 12 月)** …… 197

**附录 6　实验学校管理者访谈记录文本(2011 年 12 月)** …… 198

**参考文献** …… 203

**索　引** …… 220

# 表格目录

表 2-1 反思性教学的五个维度(Zeichner & Liston 1987:4) ………… 26
表 2-2 反思模型因子定义及样例(Akbari 等,2010:215)……………… 28
表 2-3 个案研究中英语教师反思能力发展评价框架 ………………… 30
表 2-4 发展中国家的教师培训策略:有效与低效的比较(《世界银行报告》,2006) …………………………………………………… 35
表 4-1 实验教师的个人简历汇总简表 ………………………………… 75
表 4-2 Burden P R 的教师阶段发展论(1980)(叶澜等,2001:341) ……………………………………………………………… 76
表 4-3 Huberman M 等人的教师职业生活周期论(1993)(叶澜等,2001:341) ……………………………………………………… 76
表 4-4 我国特级教师成长过程调查研究结果(方成,2004:5) ………… 77
表 4-5 2009 年 7 月—2012 年 6 月为实验教师开设的讲座 …………… 86
表 4-6 2009 年 7 月—2012 年 6 月主题研讨列表 …………………… 95
表 4-7 2012 年 3 月实验教师公开课上报表 ………………………… 99
表 4-8 2012 年读书交流会内容安排 ………………………………… 103
表 4-9 实验教师的行动研究选题 …………………………………… 105
表 4-10 个案研究中所用数据的具体情况 ………………………… 107
表 4-11 描述性教学日志与反思性教学日志的因素划分(Richards & Ho, 2001:162-163) ………………………………………… 109
表 4-12 实验班学生在各类英语竞赛中的获奖情况 ……………… 131
附表-1 读报交流调查表 ……………………………………………… 183
附表-2 学习金字塔理论 ……………………………………………… 184

# 图示目录

图 2-1 过程—结果研究范式 …………………………………… 16
图 2-2 专业教育中的匠才模式(Wallace,1991) ……………………… 18
图 2-3 专业教育中的应用科学模式(Wallace,1991) ………………… 19
图 2-4 专业教育中的反思模式(Wallace,1991) ……………………… 21
图 2-5 经验学习模式(Kolb, 1984:42) …………………………………… 22
图 2-6 加强式反思模式(Ur, 2000:7) …………………………………… 23
图 2-7 反思性教学过程循环图(Bartlett,1990:205) ………………… 26
图 2-8 多元互动英语教师校本教育模式理论构建三基点 …………… 42
图 3-1 Korthagen 的"洋葱圈模式" …………………………………… 56
图 3-2 多元互动英语教师校本教育模式 ……………………………… 57
图 3-3 多元互动间的相互关系 ………………………………………… 64
图 4-1 多元互动英语教师校本教育模式在个案研究中具体运用的流程图 ………………………………………………………………… 78
图 5-1 多元互动英语教师校本教育模式(修正) …………………… 151

# 第一章 绪 论

在科技发展突飞猛进、知识经济初见端倪、国际竞争日趋激烈的今天，作为全球通用语言的英语(Crystal，1997)已经不仅仅是人们交流和沟通的工具，而且是促进国家政治、经济、贸易、教育、文化发展，提升国际竞争力的重要因素与手段(Nunan，2003；Graddol，1997；Block & Cameron，2002)。因此，世界各国，尤其是发展中国家，都将英语教学作为其国家战略发展规划中的一个重要组成部分。英语教学在很多国家成为在学时与学习年限上仅次于母语教学的学校课程（余渭深、王蔷，1992)。在我国，教育部国际司副司长岑建君也早在1998年就指出，“外语教学不仅仅是一个简单的教学问题，而且已经直接影响到我国科技、经济发展，影响到我国改革开放质量的提高”(1998:3)。英语教学需要依靠良好的师资保障，但是我国各阶段的英语师资现状却并不令人满意，因此，如何构建有效的教师教育模式、通过理论与实践创新来实现英语教师的持续专业发展，提高我国英语教师的专业水平与英语教育的整体质量成为我国英语教育界关注的焦点，也成为本书希望努力探讨的问题。

## 一、我国英语教师专业素质现状

Richards(2008:158)曾指出，“当今社会生活中的一个简单事实就是任何一个国家想要在全球经济中发挥作用并获得社会及经济发展所需要的信息与知识，其国民的英语语言能力至关重要”。在中国，英语是作为一门外语来进行教学的，由于语言环境的不足，课堂教学成为英语学习者获得语言输入和技能培养的首要来源，学生的语言学习主要依赖教师在教学中提供大量可理解性的语言输入和语言操练活动，因此，承担英语教学任务的教师无疑成为影响我国英语教育质量高低的关键因素(夏纪梅，2000；贾爱武，2003，2005；束定芳，2004，2008，2012；胡明扬，2002；周燕，2010；秦秀白，2010；吴欣、杨晓青，2008；何其莘等，2008；张虹、王蔷，2010；王蔷、张虹，2012）。

近年来，伴随着基础教育新课程改革和大学英语教学改革向纵深发展，人们越来越认识到教师素质对于这场教育变革的决定性意义。研究外语教师、探索外语教师教育与专业发展的有效模式，成为推进当前课程改革的迫切需求（吴一安等，2007：xiii）。

教育部在2001年的《基础教育课程改革纲要（试行）》[①]中就要求地方教育行政部门制订持续、有效的师资培训计划，通过教师进修培训机构实施为基础教育新课程改革服务的教师培训项目，以确保新一轮课程改革的稳步推进，同时强调"建立促进教师不断提高的评价体系，强调教师对自身教学行为的分析与反思"，使教师通过多种渠道、多种方式获得信息、不断提高教学水平与专业能力。

2004年，教育部颁布《英语课程标准（修订稿）》，首次提出"不断提高专业水平，努力适应课程要求"的教学建议，指出英语教师应"更新学科专业知识，提高语言素养；积累学科教学知识，提高教学实践能力；开展教学反思，促进自身专业发展"（2004：21—22），这一建议在2011年版的《英语课程标准》中得以正式确认（2011：32—33）。

2005年，教育部师范教育司组织全国教师教育学会、中国教育学会外语教学专业委员会和人民教育出版社共同研究确定了《全国中小学英语教师专业水平等级标准（试行）及培训、考核、认证体系》（Standards for Teachers of English in Primary&Secondary Schools，STEPSS）。该标准根据教师专业成长的不同阶段，对小学、初中和高中三个阶段英语教师在专业知识与能力等方面的具体要求制定了阶梯状的等级标准。在此基础上确定了中小学英语教师教育课程方案、中小学英语教师专业水平等级标准的评价和考核方案及中小学英语教师专业水平等级标准认证实施方案。这是加强中小学英语教师队伍建设、提高中小学英语师资专业素质的一项重要举措（吴欣、杨晓青，2008）。

大学英语师资建设同样重要，因为教师素质是优化大学英语教学质量的关键，也是影响这一阶段英语课程改革与发展的关键。《大学英语课程教学要求》（2007）[②]中强调健全教师培训体制，"建设年龄、学历和职称结构合理的师资队伍，加强对教师的培训和培养工作，鼓励教师围绕教学质量的提高积极开展教学研究，创造条件因地制宜开展多种形式的教研活动，促进教师在教学和研究工作中进行富有成效的合作，使他们尽快适应新的教学模式"。

---

① 《基础教育课程改革纲要（试行）》，引自网页：http://www.edu.cn/20010926/3002911.shtml.

② 《大学英语课程教学要求》，引自网页：http://www.chinanews.com/edu/kong/news/2007/09-26/1036802.shtml.

《国家中长期教育改革和发展规划纲要(2010—2020年)》[①]中也将建设高素质教师队伍作为一项重要的工作目标,努力"完善培养培训体系,做好培养培训规划,优化教师队伍结构,提高教师的业务水平和教学能力"。"通过研修培训、学术交流、项目资助等方式,培养教育教学骨干、'双师型'教师、学术带头人和校长,造就一批教学名师和学科领军人才";"创造有利条件,鼓励教师在实践中大胆探索,创新教育思想、教育模式和教育方法,形成教学特色和办学风格,造就一批教育家"。

然而,在"外语教师研究成为外语教学研究领域中最重要方向"(吴宗杰等,2005:3)的今天,我国大学和中小学英语师资情况却并不令人满意(束定芳,2004;刘润清、戴曼纯,2003;刘学惠,2007;龚亚夫,2011)。

### (一)大学英语教师现状

根据国内多位外语教育专家近十余年的调查(黄建滨、邵永真,2001;夏纪梅,2002;刘润清、戴曼纯,2003;戴曼纯、张希春,2004;梅德明,2004;束定芳,2004;周燕,2005,2010;辛广勤,2006;何其莘等,2008;王海啸,2009),我国大学英语师资主要存在以下问题:数量不足;年龄、职称结构不合理;教学负担繁重;知识结构单一;反思意识不够,科研意识与能力薄弱;进修资源匮乏;教学理念落后,理论素养不高等。

由于高校近年来的连续扩招、英语教师队伍流动性较大等原因,大学英语教师严重缺编,在职教师课务压力大幅增加。很多本科毕业生匆匆上岗,造成了由于教师专业水平不足而带来的一系列问题(周燕、曹荣平、王文峰,2007:65)。不少教师缺乏专门的、系统的理论培训,上起课来要么是"以前老师怎么教我也怎么教学生",要么是"跟着自己的感觉走"(束定芳,2004:4),很少考虑学生的学习需求与现实情况,课堂教学照本宣科,课后也很少对自己的教学进行反思。可以说,很多大学英语教师虽然具备了较好的英语学科知识,达到了"能教"的层次,但是教育专业知识、能力和专业精神的欠缺使得他们离"会教"、"愿教"还有较大的差距(林瑞钦,1990;张正东、李少伶,2003)。近几年,尽管有一定数量的硕士、博士毕业生充实到大学英语教师队伍,并成为教学的中坚力量,但是课堂教学效果却并不尽如人意。由于教学任务繁重,很多大学英语教师很少有机会参与在职进修,提高自身的专业知识和学科教学知识,完善知识结构,实现自身的专业发展。根据夏纪梅2002年对全国600所高校在职英语教师历时一年多的调查,绝大多数教师(84%)没有出国进修或参加国外外语

① 《国家中长期教育改革和发展规划纲要(2010—2020年)》,引自网页:http://www.gov.cn/jrzg/2010-07/29/content_1667143.htm.

教学研讨会的经历，35%～40%的教师没有参加过国内外语教学研讨会或进修；周燕2005年对国内49所不同类型高等院校英语教师进行的发展需求调查也显示，47%的教师认为影响自己进一步提高英语教学能力的主要因素是“没有进修机会”，44%的教师认为是“教学负担过重”，而当被问及“目前最大的愿望是什么？”的时候，58%的教师选择了“得到业务进修的机会”（周燕，2005：207）；教育部高等学校大学外语教学指导委员会2008年在全国范围内进行的大学英语教师与教学情况的问卷调查表明，虽然大学英语教师近年来的在职进修现状有所改善，但是现有的进修机会仍无法满足他们的实际需求，“按照目前的比例，每名教师要等10～100年才能获得一次进修机会”（王海啸，2009：11）。

### （二）中小学英语教师现状

2005年，在教育部师范教育司、基础教育司领导下进行的针对全国11个省、自治区、直辖市约2万名中小学英语教师的基本状况、英语水平和教学能力的一次综合性调查与分析显示：目前我国中小学英语教师无论在数量上还是质量上均难以满足现实要求（吴欣、杨晓青，2008；龚亚夫，2011）。

首先，数量不足。根据2009年《中国教育统计年鉴》的数据，我国有中小学英语教师1079427人，其中小学311323人，初中542633人，高中225471人。要实现教育部制定的从小学三年级开始开设英语课的目标，估计至少还需要30万小学英语教师，数量短缺仍是近阶段我国中小学英语师资存在的突出问题（转引自龚亚夫，2011：60）。

其次，从质量上来看，中小学英语教师“不仅在基本的英语语言知识和语言能力（如听、说、读、写等各种微技能）方面，而且在语言教学的知识和文化素养方面都有待加强”（龚亚夫，2011：60）。胡明扬先生在提到小学英语师资问题时指出：“如果小学外语教学的师资问题解决不了，让一些自己的英语都没学好、发音全是中国腔的老师去教小学生，一旦养成习惯，将来再改就比登天还难，还不如不学。”（胡明扬，2002：9）

束定芳教授带领的实验组在2001年10月到2003年6月间对上海市虹口、黄浦、杨浦、普陀、闸北和浦东新区的二十多所小学进行的调研显示：

> 各校教师均有跨年级授课现象，有的教师要兼任三个年级的授课任务。有些学校因为专业英语教师缺乏，部分班级的英语课由其他学科的教师兼任，有些教师在任课的同时还要承担繁重的行政工作。有的学校虽然聘请了外教，但是由于有些外教本身并不是教师出身，教学理念也跟中国教师不一样，因此教学效果并不太理想。调查中有80%的英语教师由于自身条件不好，如语音语调不标准，课堂组织能力差等，课堂的效果就不好，学生的兴趣和参与就大打折扣。60%的

教师课堂上除了领读单词、句子，提问学生以外，好像就没有什么别的招数了。

（束定芳、励哲蔚、张逸岗，2003:57）

此外，很多教学一线的教师（彭梅，2003；董艳萍，2003；陆效用，2004；谢翌，2004；朱忠焰，2007；周毅，2010；唐志新，2010；刘春燕、刘书林，2003；李斌，2009；欧阳惠云，2009）在实地调研的基础上，也对我国中小学英语师资现状进行了分析。

现任的小学英语教师中，非英语专业（师范类）毕业的教师占较大比重，其专业水平令人担忧。由于英语师资短缺，一些教师仅仅经过几个月的英语培训就匆匆上岗。有些学校的英语教师由语文、数学或其他学科的教师兼任，这些教师一般在语音、语调上都不够标准，英语基本功不够扎实（彭梅，2003:64），对英语教学规律及教法也知之甚少，更谈不上对英语教学方法进行选择优化、对自身教学实践进行深入反思了。部分教师由于英语词汇量及语言基础知识贫乏，听说读写的基本技能薄弱，再加上英语文化背景知识不足，很难得心应手地完成教学任务（周毅，2010:552）。

对于我国中学英语教师专业素质和教学能力的调查也发现了类似的问题：

(1) 学历层次低，文化素质结构不尽合理，急需完善和提高；

(2) 不少英语教师来源于在岗的非英语专业教师，没有受过正规的专业培训，英语基本功不扎实，在语音、语调、听力、口语等方面均存在不足；

(3) 教学能力差，课程意识和观念比较淡薄。长期以来，很多教师只是将自己作为课程的被动执行者，很少关注课程改革，缺乏实施教学改革的意识与能力；

(4) 理论素养低，知识结构陈旧单一，缺乏现代语言学知识、外语教学理论知识、科研知识及现代教育技术知识，教育教学理念落后，反思意识、科研意识与能力都比较薄弱；

(5) 大多数教师缺乏必要的职前与在职培训，在教学中更多地凭直觉、凭经验行事，不利于教师专业素质的提高及课程改革的顺利实施。

可见，目前我国英语教师数量不足、缺编严重、年龄和职称结构不够合理、学科专业知识和学科教学能力不过硬、教学理念落后、反思意识和理论意识淡薄、缺少在职进修机会等问题已经成为制约我国英语教育可持续发展的瓶颈，成为我国培养高素质英语人才、应对经济全球化趋势的一大羁绊。针对这一现状，国内很多英语教育研究者大声疾呼（周燕，2002，2010；秦秀白，2005）："我国英语教师队伍整体素质亟待提高"，"英语教师培训亟待加强"。因此，如何构建专业、一体、富有实效的教师教育体系，如何在教师教育中通过理论与实践创新来实现教师的持续专业发展已日益成为我国英语教育界关注的热点,而作为教师教育体系中重要一环的教师在职教育工作也成为我国英语教育中的一项重要课题,成为当代所有教师从业者更新专业知识、实现专业成长的必然选择。正如秦秀白(2005:158)所指出的:“时下急需真抓实干的工作是教师的在职培训工作,主管部门应在调研的基础上,制定有效的措施,尽快提高我国外语教师的业务水平和教学技能;要采取有力措施减轻英语教师的负担,让教师有足够的时间读书治学、思考问题、讨论问题、研究问题。”

## 二、我国英语教师在职教育现状

外语教师的发展是一个终身学习与成长的过程(Crandall,2000:36;吴一安,2008:29),“一朝受教,终身受用”的时代已经过去(教育部师范教育司,2003),职前的一次性、终结型的师范教育无法使教师获得其整个职业发展中所需要的全部知识,那种企图通过一次性的职前教育来实现教师终身职业发展的想法显然是荒谬的(Freeman,2002;教育部师范教育司,2003;王洁、顾泠沅,2007)。终身教育的理念和教师教育一体化的趋势使得在职教育成为教师专业素质持续发展的重要保障与契机。早在1977年,联合国教科文组织就开展过关于新时期教师教育改革需求的全球性讨论,之后又充分强调了教师在职教育的重要性——“一般说来,在职培训在决定教学质量方面的作用如果不是更大,至少也是和启蒙教师同样大”(联合国教科文组织总部,1996:141)。因此,旨在提升教师专业素养、保证教师获得可持续职业发展的在职教育理应成为教师教育事业发展的重点之一。

然而,对于外语教师在职教育重要性的认识与关注并没有带来这一领域实践质量的必然改善,我国英语教师在职教育的现状并不乐观。尽管每年政府都投入巨资用于英语教师的在职教育,但是很少是在对教师教育需求进行深入分析与研究的基础上进行的,因此,教师从这样的活动中学到了什么、学到了多少、这对于他们的教学实践产生了什么样的改变都是未知数(顾佩娅,2009)。

目前,我国英语教师在职教育的方式主要包括短期出国进修、攻读硕士或博士学位、国内短期培训等,虽然这些方式对教师专业素质的提高能够起到一定的促进作用,但却存在着缺乏针对性和有效性的问题(束定芳,2012;袁贵仁,2005;高云峰、李小光,2007;龚亚夫,2011)。例如,短期出国进修是很多教师的愿望,但是得到这种机会的教师总是极少数(周燕,2005:207)。而且出国进修也缺乏明确的目标,所学的教育教学理念往往是针对英语作为第二语言的教学环境或是发达国家的教育管理体制提出的,与国内英语教学的实际情况有一定的差距，教师回国后很难在自己的教学中做到学以致用；攻读硕、博士学位虽然能够提高教师的专业素质，但由于教师的教学任务繁重，能够获得进修机会的教师，尤其是中小学英语教师的人数较少，而且课程设计往往脱离一线教师的实际需求，缺乏针对性；在实际操作中教师也往往出于功利目的，为证书和考试而学的思想比较严重，无益于真正在教学实践中的反思与研究（束定芳，2012）。作为目前我国英语教师在职教育主要形式的国内短期教师培训项目也存在很大的不足，“作用微弱”（辛广勤，2006：20）。根据国内很多研究者（甘正东，2000；王蔷，2002；王雪梅、康淑敏，2004；贾爱武，2003；刘学惠，2004；夏纪梅，2006；辛广勤，2006；高云峰、李小光，2007；周燕，2008，2010；章华民，2009；陆敏，2009；刘丽萍，2010；周俊良，2011；龚亚夫，2011；代蕊华，2011；束定芳，2012）的调查，这些培训项目在内容、形式和效果上都存在很多问题。

从内容上看，目前的培训项目大多从外在“期望”的角度出发，局限于培训者认为从事英语教学的人应该掌握的理论知识，局限于语言学知识、教学法知识和课堂教学技能的传授，而非在需求分析的基础上构建的一线教师所需要的知识体系，因此，培训内容本身往往实用性不足，缺乏现实指导性，导致理论灌输与教学实践脱节、所提供的培训内容与教育教学现实需求之间存在矛盾，无法帮助教师切实解决他们在教育教学中遇到的实际问题，也无法使教师的实践经验得到理论提升；培训内容缺乏系统性和连贯性，培训选材随意性较大，对于学科专业知识和学科教学法知识的讲授零散混乱（龚亚夫，2011）；对教师思维、认知和心理的研究停留于较低的水平，对于教师反思意识和专业发展意识与能力的培养相对滞后，甚至被忽略；具有专门化、缄默性特点的高成效教师的教学行为无法通过形式化的讲解和他人的直接教学进行传递并融入受训教师的知识与行为体系。

从形式上看，抽象的、去情境化的理论灌输无法帮助教师内化教育教学理论、带来有效的教师学习，教师在培训后对于教学理论与方法依旧停留于感性认识阶段，很难找到其与自身教学实践的契合点，也无法有效运用来指导与优化教学；缺乏互动、单纯讲座式的培训也忽略了教师的主体地位和他们作为成人的学习特点，教师缺少话语权，很多时候只是沉默的观众或听众，教师与培训者之间缺乏对话与交流，教师之间也很少有机会分享彼此宝贵的教育教学经验，因此很难使教师真正融入培训活动之中；培训项目通常缺乏后续跟进，“一次性”培训的现象较为突出。可以说，这样的教师培训活动中，讲授教育教学理论的方法与理论本身所倡导的理念背道而驰，无异于“以灌输的形式来抨击教师为中心的教学理念，用传统的教学方法来倡导教学改革与创新”。

从效果上来看，这些一次性的、旨在提高教师教学技能的培训项目往往重在“训”，却忽视了对教师教学反思的引导，因此，不利于教师知识的建构、更新与迁移，无法帮助教师在教学实践中升华理论、通过教学研究解决教学实践中的问题、优化教学质量，因而不能产生长期效应，很难使参与培训的教师树立自觉的专业发展意识、获得实质性的、可持续的自我更新的力量（叶澜等，2001），从培训项目的长远效果来看，难免陷入低效状态。

“填鸭式”的理论灌输、知识本位的专家讲座、交流与互动的缺失、教师反思意识培养不足、培训工作缺乏后续跟进，显然，这种自上而下的、外在于教师专业发展需求的、以技术理性为基础、知识灌输为特征的“培训层面的教师教育活动”无法满足英语教师职业发展的需求（Richards & Farrell，2005：3-5），也无法帮助教师应对全球化背景下英语课程改革对他们提出的种种挑战，完成其肩负的培养高素质英语人才、提高我国国际竞争力与国际地位的重任。

教师在职教育的首要目标是传授教师研究自己课堂教学的方法（Nunan，1990：62），帮助教师形成对自己课堂教学的敏感性，让教师通过对自己教学体验的反思和概念化获得专业成长（叶澜等，2001：214）。有效的教师教育应该包含两大因素——真实性（即立足学校生活实际）和参与性（即教师应成为教育活动的积极参与者和主体，而不是外部输入的被动接受者）（Clair，1998：466）。国内外教师教育与发展领域的研究表明：教师专业能力的发展，不能仅仅依靠一两个专家对众多教师进行讲座式培训来实现，而是要通过教师在教学实践中的不断思考与探究来实现（周燕、曹荣平、王文峰，2007：314）。如果英语教师的在职教育要促成教师的终身学习、帮助他们树立自觉的反思意识与自我发展意识，解决他们教学实践与专业发展中的难题与困惑，那么目前这种缺乏针对性和实效性的教育模式显然需要在更新观念、拓展思路的基础上进行彻底的革新，即从以单纯的语言技能和教学法知识传授为核心的专业技术训练拓展到注重教师综合素质培养，特别是对其反思能力、教学能力和自我发展能力培养的教育模式的转变。而“集中教学·自主学习”初中英语教学改革实验中的教师教育正是提供了一次旨在实现这一转变、探索我国英语教师在职教育模式的实证研究的契机。

## 三、教改实验契机

### （一）教改实验简介

“集中教学·自主学习”初中英语教学改革实验由上海外国语大学束定芳教授主持，上海外国语大学六名外语教学理论与实践方向的博士研究生参与实施，历时三年（2009.8—2012.6）。在方案设计、论证、研讨和实地考察的基础上，该实验于 2009 年 8 月在江苏丹阳某初级中学正式启动。作为院校合作进行教学改革的一次尝试，实验旨在探索"集中教学·自主学习"这一理念在目前中学阶段英语教学中实施的可能性，可能遇到的困难和问题，以及解决这些困难和问题的资源和方法，从而探索中国环境下中学英语教学的科学方法与最佳方案(束定芳，2012:5)。

项目名称"集中教学"中的"集中"包括①课时的相对集中；②教学内容与目标的相对集中，即在保持总课时不变的前提下，对初中三年的英语课时进行调整和重新安排，通过前期(初一、初二阶段)课时的集中，夯实学生的语言基础、培养学生的学习能力，后期(初三阶段)适当减少课时，鼓励学生在已有知识与能力的基础上进行自主学习和课外拓展学习，以达到更优的学习效果。

"自主学习"中的"自主"则包括①学生的自主；②教师的自主。学生的自主体现在学习动机、学习方法和学习资源三个方面，即通过激发学生对英语学习的兴趣、培训他们的学习策略，为学生提供或帮助他们选择合适的学习资源，培养学生为自己的学习负责的能力；教师的自主包括教师在理论意识、反思意识、创新意识、主体意识等方面的提高以及教学实践能力的同步发展。

作为一次综合性的教改尝试，本次实验覆盖了外语教学的各个环节——需求分析、课程设计、教材编写、课堂教学和教学评估(束定芳，2008:8)，具体包括五大工作重点：①培养学生自主学习能力、创新课堂教学新模式；②探索编写和使用校本外语教学材料的方法；③改革中学外语教学评估体系；④验证传统外语教学方法的有效性；⑤探索现代技术、学习手段和方法的有效性和可行性(束定芳，2012:3-7)。而贯穿这五大工作重点的一项重要工作就是教师培训，即探索一条富有针对性和实效性的中学英语教师在职教育的路子，为各级各类学校及教育主管部门在改革教师教育与专业发展模式方面积累经验，克服我国目前英语教师在职教育中存在的不足，切实提高我国英语教师的教育水平与专业素养。

实验开展的三年中，实验学校每年在 20 个初一新生班中随机抽取两个班作为实验班，并在学校推荐和自愿报名相结合的基础上进行实验教师的选拔，每位实验教师负责一个实验班的英语教学。三年中共有六个实验班和六位教师——张健、周华、陈斌、李英、景秀、王萍[①](教师具体信息见第四章)参与实验。其中，张健老师和周华老师 2009 年参与实验教学，陈斌老师和李英老师 2010 年参与实验教学，景秀老师和王萍老师 2011 年参与实验教学，他们是本书个案

① 本书中对六位实验教师进行了化名处理。

研究中关注与发展的对象,也是教改实验中教师教育活动的主体[①]。

**(二)教改实验中的教师教育**

由于我国教育体制的压力,要克服传统教师教育的诟病,进行教师教育模式与方法的探索与改革并非易事,这也是造成现有的教师专业发展研究中,“对教师专业发展实际变化的研究较为成熟,成果也相对较多,而历时较长的、有意识地促进和影响教师专业发展的研究则比较薄弱”的一个原因(叶澜等,2001:218)。

教师是教学的执行者,是教学改革的实践者,任何一次教学理念与方法的革新无不需要通过教师的教学实践而得以贯彻与实现。教师培训是本次实验各方面工作的重中之重,也是保证本次教改实验顺利进行并取得预期成果的关键,因为实验的成功取决于学生与教师的成功,而学生的成功需要以教师的成功为前提和保障。

本次实验中,研究者在分析我国目前英语教师在职教育现状和国内外外语教师校本教育研究现状的基础上提出了多元互动英语教师校本教育模式,并针对实验学校教师的培训需求和具体的教学环境等做出了实验中教师教育的阶段定位、制定了这一模式在实验各阶段教师教育工作中运用的具体工作方案并在实践中不断调整、完善。通过集中讲座、教学日志反馈、课堂观摩、主题研讨、课型研讨、课例分析、专家咨询会、学习交流、行动研究等一系列教师与其教育教学环境中各种因素的积极互动,来唤醒教师完善自我、实现自身专业发展的生命意识,培养教师的反思意识与能力,旨在实现教师持续、自主的专业发展。

实验的开展受到了 Rod Ellis、刘骏、袁振国、庄智象、程晓堂等国内外知名外语教学专家、教育专家、实验学校领导及当地教育主管部门的大力支持;实验教师也积极投入,在实验的进展过程中付出了大量艰辛的劳动,承受了理想与现实之间的巨大压力。在内化新理念、使用新教材、实施新课型的过程中,他们不断反思、大胆尝试与探索,在实验中逐渐从困惑迷茫走向自信坚定,在无数次的自我否定中经历了可谓脱胎换骨的成长与蜕变,在行动与研究中使反思成了自己的一种职业精神与生活态度,从而提升了自身的生命价值。而高校研究者也在参与实验的过程中真正了解了中学英语教师的生存与工作状态,并学会了与他们在相互尊重、相互支持、相互理解中共同努力,不断推动着实验的进行。通过合作与互动,高校研究者与一线教师在理论实践化和实践理论化的过程中

---

① 2009 年 5 月的第一轮实验教师选拔确定了张健、周华、李英和景秀四位实验教师,由于实验的具体操作与实验班级的设置,第一年由张健和周华两位老师承担实验班的英语教学,李英和景秀两位老师分别在 2010 年和 2011 年正式参与实验教学。王萍老师后因身体原因调离实验学校,因此,在本书中未对其在实验中的反思能力发展情况进行跟踪关注。

都在他们各自专业成长的道路上向前迈进了一大步。可以说，这样的一次教改实验为我国英语教师在职教育模式与方法的构建拓宽了思路，提供了宝贵的实证研究的契机，也为英语教师教育领域的理论探索积累了有力的实践依据。

## 结 语

本章首先介绍了经济全球化背景下英语作为世界语言地位的日益凸显及由此带来的英语教师队伍专业素质提高的现实意义。针对我国目前各阶段英语师资不尽如人意、英语教师在职教育在内容、形式和效果上存在诸多弊端、无法满足教师持续专业发展要求的现状，简要介绍了为英语教师在职教育探索提供实证研究机会的、在本书中作为个案的一次初中英语教学改革实验中的教师教育工作。

# 第二章　外语教师教育研究

外语教师教育研究在基本概念、研究范式和教育模式等方面都经历了漫长的发展与更替过程，而校本教师教育因其立足教师教育实际，具有较强的可操作性、针对性及有效性，故而成为外语教师教育中的一个重要组成部分与理想途径。对于这两部分相关文献的分析与梳理将有利于理清外语教师教育领域的发展趋势与研究现状，为本书中英语教师校本教育模式的理论建构提供依据，奠定基础。

## 一、概念、范式与模式

### (一)外语教师教育的概念界定

Freeman(2001:72)将外语教师教育定义为“个人学习教授语言的专业活动领域”。在外语/第二语言教师教育中，通常有三个术语用来表示这些专业活动——教师培训、教师发展和教师教育。这三个概念在文献中频繁出现且时常互指，尽管国内外有一些学者对三个概念的内涵并没有进行详细的区分，而是将它们等同起来，交互使用(叶澜等，2001:225)，但大多数学者还是认为这三个概念所暗含的对教师培养的教育理念、内容、方法以及侧重点上存在着一定的差异，在意义上也不尽相同。

Freeman (1989)认为，教学过程是教师不断地作出决策的过程，而决策的作出主要基于四个基本要素：知识、技能、意识和态度。知识和技能是看得见、摸得着的具体的东西，教师也比较容易理解和掌握，因此，可以通过培训中的展示、描述或讲解的方式来传授；但是意识和态度却无法通过传授的方式传达给教师，只能通过发展的方式来实现，通过教师在教学实践中的反思、与学生的交流和互动、通过他们对教学问题的分析和解决逐步培养意识、形成态度。根据Freeman(2001:72-76)的观点，教师培训一般指专门针对具体教学方法和技巧的培训活动，这些培训通常是“正式的、直接的、由外部施加的干预性活动”；教师发展是指那些基于教师个人意愿的“内在引领的、非外部施加的变化”；而教师教育则是一个上位概念，统指“个人学习教授（第二）语言的经历、活动和过程的总和”，这一概念把培训和发展作为“互补和综合的策略”融合起来。

Richards 在其《超越专业技术训练》(2001) 一书中指出：教师培训强调有关教学的具体技能与策略，是一种基于“教”的教师教育途径；而教师教育强调教师作为一个完整的人来理解和学习教学的过程，是基于教师“学习”的教师教育途径。从培训到教育概念的转变，意味着第二语言教师培训的重新定位，即教师培训不应局限于专业技术训练，而应是整体素质教育，“它包括高级的认知过程，不能通过简单、直接的教学来实现”(Richards，2001：29)。

Richards 和 Farrell 在《语言教师专业发展》一书中也对教师培训、教师发展和教师教育三个概念进行了阐释，他们认为培训和发展是教师教育的两个不同层次的目标。培训直接关注教师的现有责任，为教学的短期目标服务，教师培训的内容包括帮助受训者理解基本的教学概念和原则、使其学会在教学实践中运用并展示这些原则、观摩受训教师的课堂教学并给予指导与反馈等，培训内容通常是由专家根据教学法专著、遵循标准化培训计划和安排而制定的自上而下的活动；发展是指教师的专业发展，它强调教师综合素质的提高，旨在促进教师对教学实践和对自身作为教师的不断深入的理解与认识，它关注教学的不同方面并以此作为反思回顾的基础，因此是一个立足教师自身教学理论的自下而上的过程(Richards & Farrell，2005：3-4)。

Ur (2000)指出，教师培训与教师教育的概念在有关教师培养的文献中常常互换使用，但是很多人更倾向于使用教师教育的概念，因为培训暗含将学习教学看成是形成教学习惯的过程，忽略教师的认知与思维，过分强调技能与技巧的传授，而教师需要学习理论，需要培养课堂决策的能力，需要专业素质的全面发展，因此，教师教育一词更为合适。Ur 引用 Peters(1966)的观点，将教师教育定义为“教师作为个人和社会成员的发展道德、文化、社会和智力等的全人(whole person)学习过程”；而教师培训则是“为某一职业培养从业者”(转引自 Ur，2000：3)。

Widdowson (1997) 从教学侧重方面对教师培训和教师发展的概念作了区分，指出教师培训侧重技术行为，而教师发展则侧重认知能力，其教师发展的概念与 Richards(2001)所界定的教师教育概念基本一致。

根据 Wallace(1991)对教师培训（教师教育）和教师发展所作的区分(Wallace 对于教师培训和教师教育并未进行区分，在他的著作《培训外语教师：反思方法》中也将这两个概念互换使用)，培训或教育可以由他人来进行和管理，而发展只能依靠自己。不少学者也持有相同的观点：Bowen(2004)曾系统、全面地阐述过"培训来自外部"和"发展来自内部"的观点；Mann(2005：104)也指出，外语教师培训就是介绍外语教学中的可选教学方法，使教师熟悉、了解语言教学领域的重要术语、概念、行为和技能等，这一概念中带有"接受外部施加的输入与干预"的含义。

在国际教师教育领域中，对于教师的在职教育活动，一般采用"在职教师教育与培训"(INSTET：In-service Teacher Education and Training)这一术语来指代教师在从业过程中继续获取专业知识、掌握专业技能的主要方式。这一术语是由"在职教师培训"发展到"在职教师教育"再合并而来的，体现了"教师培训"和"教师教育"两个术语间存在的区别，也将它们作为教师在职教育活动中两个不可分割的部分或阶段。对于这一术语，不同的学者做过不同的定义和阐释，但是基本的共识是：在职教师教育和培训指教师在获取从业资格后，为了提高和改善自身专业知识、技能和专业态度所参与的各种教育和培训活动(Bolam，1986)。

在国内，很多外语教育专家与学者也对这三个概念做出过阐释。

刘润清认为教师教育与发展领域中所用术语的改变在一定程度上反映了该领域研究重心的转移与观念的转变。最初，研究者使用"教师培训"一词，但后来不少研究者认为，"培训"更多是指技术、手艺上的培训，有培养教书匠之嫌，忽视了对教师的通才教育及他们认知能力的发展，于是，就用"教师教育"一词代替了"教师培训"。"教师教育"不再局限于给教师教学方法上的具体指导，而是通过开设普通语言学、应用语言学、语言测试和评估、科研方法等课程，提高教师的理论意识，拓宽他们的思路，帮助他们更好地理解和把握语言教学。但是，后来人们认识到"教师教育"仍然只是把现成的理论或发现直接传授给教师，于是又采用"教师发展"这一概念，更强调在教育的基础上，鼓励教师去反思自己的教学，观察自己的课堂行为，评估自己的教学效果，开展基于课堂的行动研究(刘润清，2000)。

张莲(2008：48)将外语教师教育界定为"外语教师学习教授外语的所有内在、外在活动的总和"。教师教育的内容是教学，外语教师教育的内容是外语教学，其目的是培养能够实施有效外语教学的教师。这一定义将教师教育界定为包含教师培训和教师发展的一切教师学习活动的总和。

从广义上讲，无论是"培训"、"教育"还是"发展"，其目的都是围绕"教师"这一主体，以促进其从不成熟到成熟、从新手到专家的培养教学能力、发展专业知能的成长过程。在综合国内外研究者对于这三个概念分析的基础上，本书中采用了"教师教育"的概念，因为培训以技术理性为基础，更侧重教学的知识与技能方面的训练,将教师看成是教学方法和技能传授的被动接受者,忽视了教师作为成人的认知和学习特点,容易落入传统的知识本位的讲座式、观摩式培训的窠臼;发展更多的是从教师自我成长的角度来探讨,而本书更多关注教师教育者的做法与具体的教育模式,更侧重从教师教育者应该做什么、怎么做的角度来讨论,力求在教师教育中培养教师的反思能力,促成教师的专业发展。本书中的教师教育特指教师的在职教育,是指通过教育者与教师的互动与交流,促进教师对教学和对自身教师角色的不断深入理解与认识,培养教师的反思意识与能力,鼓励教师在观察、反思和评估自身课堂教学实践的过程中内化教育教学理论,提炼并升华自身的教学实践知识,成为自身教学实践中积极的反思者与研究者。

**(二)外语教师教育的研究范式**

范式(paradigm)一词源于希腊语中的 paradeigma。根据维基百科定义,范式是"任何科学学科和认识论情境下特有的概念与思维模式"[①],是"特定的科学研究团体在进行某一类研究活动时所普遍遵循的模型,包括共同的世界观、基本理论、方法、工具和标准等与科学研究相关的所有东西"(Kuhn, 1962:10),通常被用来描述某一特定时期被普遍接受的一种广义的模型、框架、思维方式,或一套理解现实的思维体系。

20 世纪 60 年代开始,教师教育与发展成为整个教育研究中最具活力的研究领域,围绕教师专业发展所进行的相关理论与实践探索不断深入。与之相比,外语教师教育领域的研究起步较晚,发展也相对滞后,但是这一领域的研究自 20 世纪 70 年代开始到 90 年代间在经历了一段彷徨与徘徊后,吸收了包括教育学在内的社会科学领域的相关研究成果,形成了强劲的发展势头,如今,已成为应用语言学的一个重要组成部分(Davis & Elder, 2005)。

随着这一领域研究的不断深入,人们对于外语教学及外语教师教育的本质不断经历着概念重构,各种新兴社会科学理论的蓬勃发展,又为这一领域研究范式的转变提供了新的概念框架,产生了深远的影响。根据多位研究者的研究成果(Roberts, 1998; Freeman, 1996a, 1996b; Chaudrom, 1988; Clark & Peterson, 1986),外语教师教育经历了从"过程—结果范式"到"认知范式"到"社会文化范式"的转变。

1. 过程—结果范式

20 世纪 70 年代中期以前,行为主义在外语教学研究中占据主导地位。"教学即行为"(teaching as doing)(Freeman,1996b)的观念为这一领域的众多研究

---

① 维基百科,引自网页:http://en.wikipedia.org/wiki/Paradigm.

者所接受,教学被看成是一套可以通过模仿、强化和训练而掌握的行为。教师教育研究主要通过对教师课堂行为的观察、描述与系统分析,发现有效教学的特征,关注高成效教师的教学行为及其与学生学习之间的关系,将教师的教学过程作为解释学生学习结果的依据与变量,因此,被称为"过程—结果"研究范式(Freeman,2002; Freeman,1996a)。这一研究范式中有四个重要因素:教师思维(A)、教师行为(B)、学生思维(C)和学生行为(D)(Shulman,1986:5),Freeman (1996a) 引用 Shulman 的观点,将教师思维、教师行为与学生思维、学生行为的关系做了如图 2-1 的表述。

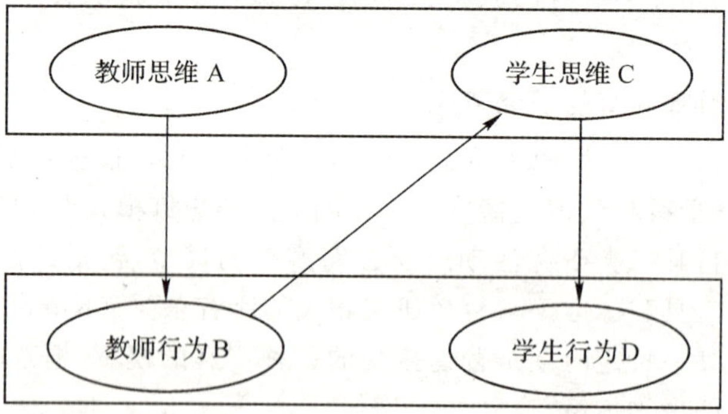


图 2-1 过程—结果研究范式

从图中可以看出,在过程—结果范式中,教师行为(B)与学生思维(C)之间的关系是教师教育研究的焦点,而教师思维因素(A)则往往被忽略,教师的思维过程在其教学行为中的作用显然缺失。教师的教学行为通过学生学习的效果来进行评价,因为研究者们相信教师在组织教学的方式、所使用的教学方法和教学材料以及他们与学生的互动方式上的不同将会对学生的学习产生不同的影响(Shulman, 1986:10)。教师教育者致力于总结有效的教学模式与行为并应用于教师教育工作中,帮助教师掌握他们所要教学的内容,并以有效的方法进行知识的传授,从而使学生获得更好的学习效果。

2.认知范式

随着语言学领域中乔姆斯基生成语言学理论带来的认知革命(Chomsky, 1965,1972),认知心理学对行为主义形成了巨大的挑战。人们开始批判过去将教师教育视为提供一整套教学理论与教学技能的传统观念,教学不再被看成是一套简单的外在行为,而是一种复杂的、具有个人解释性质的认知活动——"教学即思维"(teaching as thinking)(Freeman,1996b)。

20 世纪 70 年代中期在美国国家教育学院规划教学研究改革方向的会议上,一份题为《教学作为一种临床决策》的报告获得了以 Shulman 为主席的教育研究小组的一致认可；1976—1977年，英国社会科学研究委员会工作小组作了一份关于教学过程中的教师决策的报告。这两份报告确立了"关注教师认知"的新的概念框架。

根据这一框架，研究者将对教师可观察的课堂教学行为的关注转向对行为背后的教师思维与认知活动的关注，"将对教学的话语权还给了教师"（Elbaz，1991：10）。教师认知研究，即对教师认知世界或精神生活的实证研究，自20世纪80年代以来逐渐成为教师教育与发展研究的重要内容。与过程—结果研究范式不同，认知范式并不试图将教学情境的复杂性归纳为几个可控制的研究变量，而是努力发现教师应对这些复杂情况的方法与途径（Halkes & Olson，1984）。这一时期社会科学领域的理论发展也为教师教育研究范式的转变提供了巨大的推动力。认知学习理论和信息加工模型的兴起，实践认知论（Schön，1983）、个人知识理论（Polanyi，1958）和个人构念心理学（Kelly，1955）等理论的发展使对教师思维过程的研究成为教师教育领域研究的一个重点（Clark & Peterson，1986），研究的焦点转向教师有怎样的教学思维、他们的思维基于什么样的知识与信念体系、他们如何使用这些知识和信念体系进行课堂决策、他们的决策对于教学产生了什么影响、他们的知识与信念体系如何形成和变化等，教师教育领域开始以认知科学为理论依据，从而带来了研究范式上的又一次转变。

3. 社会文化范式

教师是在课堂、学校或实践共同体等社会环境中形成教学信念、决策和行为的，这些情境因素对于教师的认知研究不可或缺。随着社会建构主义理论、社会文化发展理论、解释主义和情景学习理论的发展，人们对于教学的认识超越了信息加工和在线认知的构念，而是将其看作教师对教学情境的体认与理解，即"教学即解释"（teaching as interpreting）（Freeman 1996b），是一种具有情境性、社会性的人类活动，是教师在他们的教学环境中通过体验、合作和反思实现的一个对话性的、社会协商的过程（Freeman，2002：12；Richards，2008：165；Johnson，2006：239），是教师获得共同体身份感的一种社会化的体验（Lave & Wenger，1991）。

社会文化的范式转向成为教师教育领域的发展趋势，在这一研究范式下，教师教育被定义为教师在特定的社会情境下通过互动与合作来建构新知识的过程。这一定义中，不仅融入了教师的个人变量，包括教师的已有知识与经验及对于语言教学的理解，还融入了教学环境的社会变量。社会文化视角下教师教育的作用不再是知识的简单传授，而是被重新诠释为通过教师的社会参与为建构性的教师学习提供环境（布兰福斯特等，2000；Richards，2008），为教师参与合作与对话创造条件。教师教育者开始关注社会文化环境是如何促成并转变了教师的所学和他们学习的方式,这些环境因素如何在新教师的专业学习和有经验的教师的知识转变中发挥了支持性的作用。因此,教师教育的工作重心也就转向了如何通过教师教育者的专业引领促成教师与其教学情境中各种因素的互动并在此过程中建构自己的教学知识体系和信念体系,提高自身的专业发展意识与能力。

### (三)外语教师教育的主要模式

随着研究范式的转变,国外第二语言/外语教师教育在模式上也经历了从匠才模式(the craft model)、应用科学模式(the applied science model)、反思模式(the reflective model)到加强式反思模式(the enriched reflective model)的发展过程。这一部分将结合 Wallace《培训外语教师:反思方法》(1991)和 Ur《语言教学教程:实践与理论》(2000)两本论著中有关外语教师教育模式的相关论述,介绍四种模式的主要观点,并通过对四种模式的对比分析,着重阐述反思模式与加强式反思模式,探讨反思及反思性教学概念对于外语教师教育的重要意义。

#### 1. 匠才模式

匠才培养模式指在培养专业技艺的过程中,学徒在师傅的建议和指导下通过模仿师傅的技能进行学习、获得技艺。在模仿和实践的过程中,专业技艺得以世代传承。这一模式应用于语言教师教育领域中,就是有经验的教师告诉新手教师教什么并演示如何教,但是并不向新手教师解释教学方法背后的理论或原则,新手教师通过观察和模仿有经验教师的演示学习教学。这种教师教育模式如图 2-2 所示。

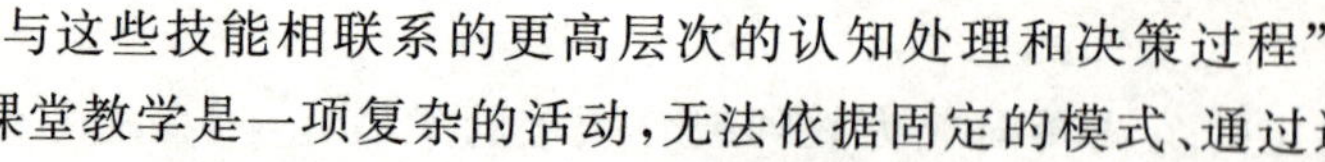


图 2-2　专业教育中的匠才模式(Wallace,1991)

直到 1945 年第二次世界大战结束前,该模式一直是传统教师教育实践的组织形式。但是"这种将高质量教学简化为一系列彼此分离的行为或者技能的做法忽视了与这些技能相联系的更高层次的认知处理和决策过程"(Richards,2001:5)。课堂教学是一项复杂的活动,无法依据固定的模式、通过逻辑方法来进行完全的预测,因此,这一机械模仿的教育模式遭到了很多教育家与研究者的批判。Stones 和 Morris(1972:7)认为这种专业教育模式无异于工厂流水线上新工人学习完成机械常规任务的方式,并指出,无论这一模式在实践中具有多大的有效性,其在本质上都是保守的,只有在一个发展相对缓慢的"静止"社会中才具有可行性。当今社会发展迅速,教育领域中新的教学理论、教学方法和教学大纲不断涌现，学校教育也需要进行相应的调整，以改革教育理念，适应社会发展的需求，而特定历史时期优秀教师的教学难以突破其时代与社会的局限。在这种情况下，完全靠经验教师向新手教师传授教学技艺的做法很难维持。于是，在英语教育领域，随着语言学研究的革命以及心理语言学和社会语言学等新兴学科的兴起和快速发展，教师教育中的"应用科学模式"应运而生。然而，匠才模式并未就此完全退出历史舞台。20 世纪 70 年代中期，著名教育学家 Sternhouse(1975:75)曾引用 Atkins 所做的将这一模式与冶金术中师傅带学徒方式的类比强调了教师教育领域中匠才模式的作用，因为，不可否认，在培养教学技能等方面，专家教师与新手教师之间的帮带不失为一种有效的教师教育模式。

2. 应用科学模式

应用科学模式以实证主义为理论基础，是一种自上而下的教师培养理念，是从过去到现在专业培训或教育领域中使用最为广泛、也最具影响力的一种教育模式。这一模式的基本思想是专家学者把各学科的理论研究成果传授给学习者，学习者在了解掌握理论之后，就能够自然而然地将理论应用于实践并获得专业能力的提高。在这一模式下，教学就是应用科学知识完成某个目标的活动；研究者的任务是通过相关研究归纳高成效教师的特征与行为变量，如提问的方式、所提问题的类型、反馈的方式、课堂活动的组织形式等，作为教师教育的内容和教师教学行为的指南；而教师则是教学理论的被动接受者和执行者。这种教师教育模式如图 2-3 所示。

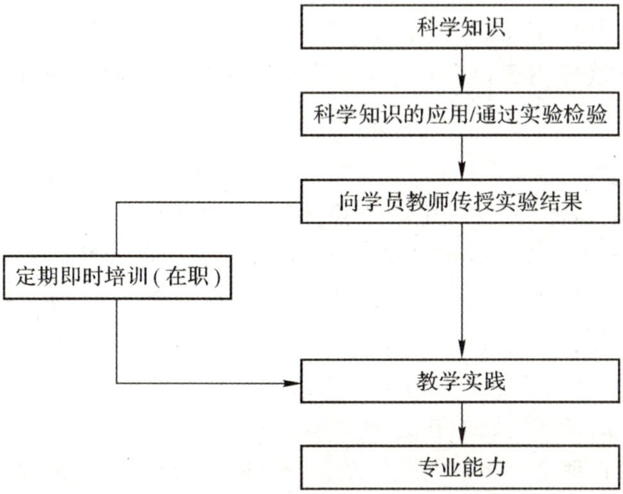


图 2-3　专业教育中的应用科学模式(Wallace,1991)

应用科学模式的优势是能将外语教育领域的研究成果快速、直接地传递给参加培训的教师，但是，却忽视了教学是一个包含诸多变量的复杂过程的事实，对于理论实践化过程中的情境性、个性化因素都难以顾及，教学中很多无法量化的行为特征也不可能通过这一模式来进行传递。另一方面，这一模式也造成了理论和实践的分离、理论研究者与教学实践者之间的分歧。作为教育教学理论创造者的研究者往往脱离教学实际，而教学一线的教师也很难理解专业研究论著。教师被认为是教育教学理论的被动执行者，无需对理论提出质疑，如果理论在付诸实践时没有带来理想的效果，那么原因归于教师对于理论的理解有误或是操作不当，而很少会从理论方面分析问题产生的原因。可见，在这一基于"技术理性"的教师教育模式下，理论研究凌驾于教学实践之上，研究者与教师也产生了明显的等级差异，甚至引起了相互之间的轻视和反感：研究者看不起一线教师，认为他们不懂理论，盲目教学，缺乏科学性；而一线教师则认为研究者脱离课堂，所进行的研究华而不实，因为尽管进行了大量研究，教学实践中的很多难题依然存在。

正如 Chomsky 所直言的，行为主义理论在语言学习中的很多"应用"事实上只是简单的类推，根本不具备实证研究的基础，他也时常怀疑自己的研究发现对于英语教学是否真正具有直接的应用价值。因此，应用科学模式作为一种教师教育的模式遭到了不少质疑：所应用的"科学"是否是经过实践检验的，还是只是强加在教学复杂性上的一个未被证实的类推？即使是经过某一实证研究证实的，是否可以由教师直接应用于课堂？Widdowson(1999:3)曾指出，"任何来自外部的研究，无论是描述性的、实验性的还是思辨性的，都不可能直接移植于课堂情境中"。语言教学有其自身的规律可循，应用语言学的作用不是将语言学理论直接应用于语言教学，而是探讨这种应用的正确性(Widdowson, 2000)。

3. *反思模式*

匠才模式重视专业发展中的经验性知识，但是在本质上它是模仿性的、静止的，对于相关领域理论发展的关注不够，因此无法应对社会和学科知识快速发展的需求；应用科学模式虽在一定程度上弥补了匠才模式的缺陷，但是却造成了理论与实践的二元分离，强调专业权威的地位，忽视了课堂教师的实践经验，而且所谓的"科学"理论并不是放之四海而皆准的真理，也不能完全解决复杂教学情境中的具体问题。在这两个模式基础上发展而来的反思性教师教育模式则强调教育理论与教学实践的融合，教师在对教学实践的反思中不断充实完善个人的知识体系，通过"行动中的反思"形成"行动中的理论"。在外语教师教育领域，教师间接获得的理论知识与其经验性知识相互作用，指向其实践和反思，而实践和由反思推进实践形成的连续反思回路成为外语教师专业能力得以持续发展的动力来源。与之前两个模式不同的是，在反思模式中，教师将所学知识与自身经验相结合，在实践中内化知识、检验经验，而非停留于被动接受知识的层面。图 2-4 描述了外语教师专业教育中的反思模式。

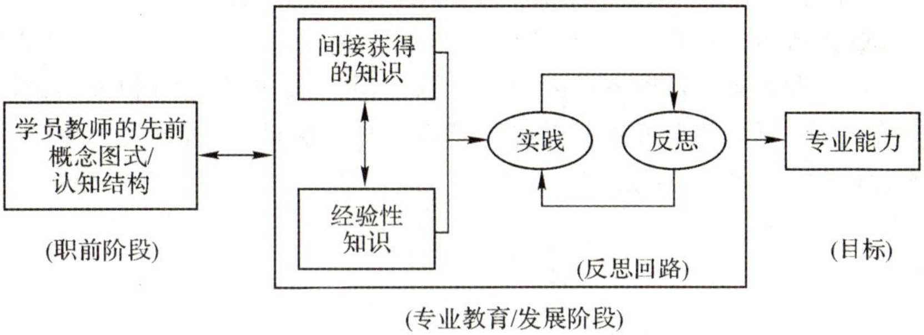


图 2-4　专业教育中的反思模式(Wallace,1991)

从图 2-4 中可以看出，间接获得的知识(received knowledge)，即理论知识与经验性知识(experiential knowledge)两者相辅相成，协同作用，成为教师实践与反思的理论基础与源泉，充分肯定了外语教师的实践经验和理论知识在其自身专业发展中的重要地位，有利于克服传统教师教育中理论与实践脱节的弊端。实践与反思回路是一个对理论知识和经验知识不断反思的实践过程，通过反思与实践的螺旋式循环过程达到专业能力的提升。

这一模式鼓励教师在实践中提炼个人的理论见解，而不是盲目追随他人的理论；强调教学实践者与理论研究者的平等地位；体现个性化，关注教师个人对教学实践的不同理解(McNiff,1993:23)。可见，与匠才模式和应用科学模式相比，反思模式更重视语言教师在其自身专业发展中的重要作用，重视教师的体验与反思性教育行为。Wallace(1991)指出，反思模式是发挥教师主体地位的模式，其核心是教师的自我发展。这一模式与当今语言教学领域中注重人的情感与价值的人文主义取向相一致，因此成为当代外语教师教育的趋势与主流。

4. *加强式反思模式*

加强式反思模式(the Enriched Reflection)是由 Penny Ur(2000) 提出的外语教师教育模式。Ur 认为建立在反思模式上的外语教师教育往往会“矫枉过正”，过分强调经验，而忽略了理论学习、他人的教学等外部输入形式对于理解教学实践的作用。她指出真正有效的反思模式应该为个人输入和外来输入都留有空间，因为教师反思的作用在于保证教师能有效处理各种输入(包括个人输入和外部输入)，并使输入的知识内化为个人的实践知识和教学理论(2000:6)。

加强式反思模式以 Kolb(1984)的体验学习理论为基础，在原有学习循环的各个阶段充实外部输入以促进教师反思。Kolb 的经验学习理论具体阐述了“经验＋反思”的思想，提出了四种学习方式：具体经验（Concrete Experience）、反思性观察（Reflective Observation）、抽象概念化（Abstract Conceptualization）和积极试验（Active Experimentation）。Kolb 认为，要想产生最佳的学习效果，任何一种方式获得的知识都需要在下一种学习方式中进行进一步的加工，一步接一步，形成循环。因此，由直觉获得的具体经验，应该通过反思性观察得到进一步的加工，再形成理智思考后的抽象性概念，在此基础上进行积极的试验，采取即时的行动，而行动会带来获得具体经验的又一次机会，进入下一轮的循环。图 2-5 为体验学习的具体模式。

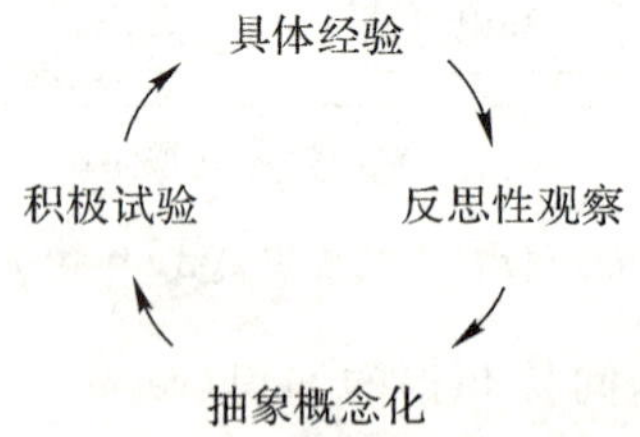


图 2-5　经验学习模式(Kolb, 1984:42)

Ur 认为 Kolb 的经验学习模式需要得到外部输入的充实，教师需要借助间接知识来更好地理解自己的实践经验。有很多知识可以从有经验的教师那里获得（如匠才模式），或从专家、研究及阅读中学得（如应用科学模式）——只要这些知识能够被纳入教师通过自身反思建立的教学实践理论中。因此，Ur 建议在 Kolb 的体验学习模式的每一阶段上增加外来输入，在原有的具体经验、反思性观察、抽象概念化和积极试验基础上，吸收间接经验（Vicarious Experience）、他人的观察（Other People's Observation）、专业研究理论（Professional Research Theorizing）和他人的试验（Other People's Experiments）四种外部输入形式（如图 2-6 所示），并指出这一反思模式的学习循环过程可以从八个点中的任何一点开始进行，而并不限于以具体经验为起点。Ur 强调指出，教师借以反思的知识可以来源于个人的教学实践，也可以是经过实践检验的外来的思想和输入，但在任何一种情况下，这些知识都应该融入教师的螺旋式反思循环中加以内化和吸收，以实现有效的学习。

可见，反思已成为提高外语教师专业能力的重要途径与有效手段，成为“外语教师教育的核心支柱”（Freeman，2002：11）。因此，本书中也将提高教师反思能力作为英语教师教育的主要目标，鼓励教师利用各种外部输入对自身的教学实践与专业发展进行积极的反思，以提升专业素养，实现持续的专业发展。反思、反思性教学、反思能力成为本书理论架构与实践探索中的关键词。

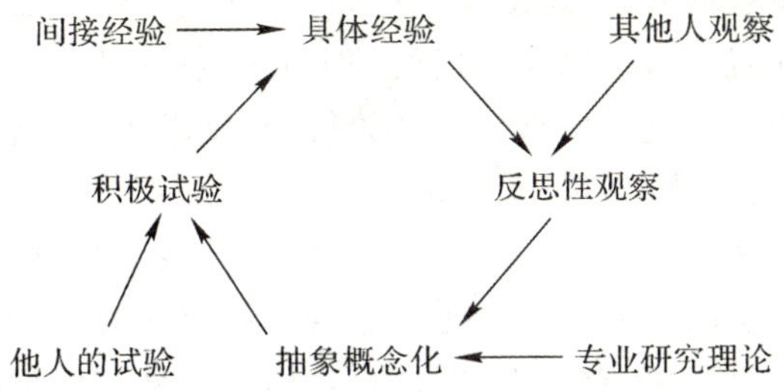


图 2-6　加强式反思模式(Ur, 2000:7)

## 二、反思能力培养——核心

### (一)反思

反思最初是一个哲学概念,黑格尔把反思看作是一种反复思考的过程,一种思想的自我运动,一种把握事物内在本质的方式(阎国忠,2000:40),是通过对自己的活动及活动方式的关注和反省,产生知识与"内部经验"的途径。Morgan 等人(1986)认为,反思性思维,即反思,实质上就是审视、检验人们理性认识的过程。反思者以一个局外人的身份去审视、检验既定的概念和假设,并在实践中加以应用、验证以修正谬误。因此,可以说,反思者即他自己的批判者(转引自 Tarvin & Al-Arishi,1991)。

在教育领域中,Dewey 早在 1933 年就在《我们如何思维》一书中对反思概念做出了界定,他认为反思是"人们为解决现实问题而进行的一种能动的、审慎的高级认知加工过程","对于任何信念或假设性的知识,根据其所依据的基础和进一步结论而进行的主动、持久和周密的思考"(Dewey,1933:30—32)。与简单反馈或是零星回顾不同,反思是对问题所做的整体性的分析与处理,需要全面了解事物的情况,是一种理性的解决问题的方法(Dewey, 1933; Greene, 1986; Stanley,1998)。Dewey 认为,教师的反思是指教师在教育教学实践中,对自我行为表现进行解析与修正,进而不断提高教育教学效果和专业素养的过程。

与 Dewey 的技术理性观点不同,Schön 构建了反思的直觉基础。他认为反思是一种直觉性的、个人的行为,是教师在教学实践中从特殊的、不确定的情景中建构或重构自己的实践经验的过程(Schön,1983)。这两种观点相结合为教师"实践中反思"和"实践后反思"提供了一个相对完整的解说(Jay & Johnson, 2002;Ryder,2012)。在其《反思性实践者:专业人员如何在行动中思维》(1983)一书中,Schön 指出,从业者结合亲身经历中的疑惑,通过一系列的反思、研究活动来寻求解决疑惑的方法,是从业者提高自身职业能力的最有效的途径。

Kemmis(1986)认为,反思并不仅仅是个人的心理过程,而是植根于社会历史和政治范畴之中。通过反思与其带来的行动,反思者可以转变与其工作环境有关的社会关系(转引自 Bailey 等,2009)。

Bartlett(1990)指出,反思不仅仅是一种思考,更是教师对于每日教学的关注及对其所处的社会教育环境的关注。他将反思定义为一种回忆、思考和评价社会经历的活动和过程,是对过去经历的回顾,是一种有意识的回忆和审视,以此作为评价和决策的基础、计划与行动的依据。在 Dewey 有关反思的论述的基础上,Bartlett 提出了教师反思所应具备的十个条件(Bartlett,1990:207—208):

(1) 教师反思的内容必须产生于发生教学活动的社会环境中;

(2) 教师必须对有待解决的问题具有兴趣;

(3) 反思的内容必须来自教师个人的教学实践;

(4) 反思的重点是解决教师所在的教学环境中的问题;

(5) 反思的问题来自教师并由教师本人解决;

(6) 反思过程必须遵循一套系统化的程序;

(7) 对问题的观察所得出的信息来自教师的教学经验;

(8) 教师的观点需要经过教学实践的检验;

(9) 教学观点一旦经过实践证实必须产生一定的行动,观点与行动之间的互动具有可逆性;

(10) 这种可逆的行动可转化为新的教学观点和新的教学行动。

不难发现,"社会环境"、"行动"和"教学实践"是在这十个条件中反复出现的关键词,由此也反映出 Bartlett 反思概念中的两个重要层面,一是个人的思想与行动之间的关系,二是个人教学行为与其所处的社会环境的关系。Bartlett 指出,第一层关系存在于教师个人的主观意识中,第二层关系强调个人教学行为与社会教育环境与目标之间的关系。

武继红(2003)指出,在教育领域,反思是教师对自己的教学实践进行深入思考,主动审视、分析自我的教学行为、教学决策以及由此带来的教学效果,并采取相应对策改进教学的过程,是一种通过提高参与者的自我监测能力来促进专业发展的途径。

**(二)反思性教学**

反思性教学又称"反思性教学实践"或"反思性实践",这一概念源于 Dewey 的反思性思维概念,后由美国教育家 Schön 在其著作《反思性实践者:专业人员如何在行动中思维》(1983)一书中正式提出。Schön 认为,能够促使从业者专业能力提高的并非是外来的研究性理论，而是从业者对自己的实践行动以及内隐其中的知识、观念进行的有意识的思考，并把这种思考的结果回馈于行动之中，使之得以改善。因此，反思性教学以反思性思维为核心理念，是教师批判性地审视自身的教学行为，寻求更有效促进学生学习的方法并积极地付诸实践，旨在使教学取得合理的成效，达到既定的教学目标。反思性教学是教师在教学中不断发现问题、分析问题和解决问题的过程，是教师专业化发展的重要途径。

对于这一概念，很多国外研究者都从不同的角度做出过定义(Boud, Keogh & Walker, 1985; Richards & Lockhart, 1996; Cruickshank & Applegate, 1981; Zeichner & Liston, 1996; Bartlett, 1990; Bailey 等, 2009)。

Cruickshank 和 Applegate (1981), Boud、Keogh 和 Walker (1985)、Richards 和 Lockhart(1994)认为反思性教学能够由教师个人独立进行。根据他们的观点，反思性教学是"教师对于课堂教学事件及达成教学目标的不同方法的思考与探索"(Cruickshank & Applegate, 1981:4)，教师收集关于教学的数据，审视自己的教学态度、信念、假设和教学行为，并将这些信息作为反思教学的基础(Richards & Lockhart, 1996:1)。在这样的教学中，教师冲动、直觉、陷于常规的教学行为转变为具有批判性思维的行为。

而不少其他的研究者则将反思性教学置于社会环境下进行了界定，其中以 Bailey 等(2009)、Zeichne 和 Liston(1996, 1987)的观点最具有代表性。

Bailey 等(2009)认为反思性教学在很大程度上虽然是一种由个人进行的情感与认知活动，但是这种活动必然在教与学的社会过程中进行，也是围绕这一过程而进行的。

Zeichner 和 Liston 认为反思性教学是教师对于自身教学信念、教学经历、教学态度、知识结构、价值观和对于其所处的教学环境中的机会与制约因素的认知、检验及思考(Zeichner & Liston, 1996:6)，旨在发展教师对于他们的教学行为的出发点与结果、教学材料和对他们的课堂、学校和社会环境进行考量的能力(Zeichner & Liston, 1987:4)。他们指出，仅仅进行有关教学的思考不一定是反思性教学，"如果一个教师从来没有质疑指导他教学的目标与价值观，没有质疑他教学的环境，没有质疑他的假设，那么他并不是在进行反思性教学"(1996:1)。也就是说，Zeichner 和 Liston 对于反思性教学的定义中包含着对于自身教学目标、理念和行为的批判性的审视。如果一个老师只是在做着备课、批改作业的工作，那么他的教学工作并不一定能称为反思性教学。

Zeichner 和 Liston(1987)描述了反思性教学的五大维度，包括快速反思(Rapid Reflection)、修正(Repair)、回顾(Review)、研究(Research)和理论重构(Retheorizing and Reformulating)。其中，第一、第二维度属于行动中的反思

(Reflection-in-action),其他的三个维度属于对于行动的反思(Reflection-on-action)(如表 2-1 所示)。

**表 2-1　反思性教学的五个维度(Zeichner & Liston 1987:4)**

| 维度 | 定义 |
|---|---|
| 1. 快速反思 | 即时的、自动的行动中的反思 |
| 2. 修正 | 深入的行动中的反思 |
| 3. 回顾 | 对于某一时间行动的非正式的反思 |
| 4. 研究 | 对于某一段时间行动的更为系统化的反思 |
| 5. 理论重构 | 长期的、结合理论进行的对于行动的反思 |

除了 Zeichner 和 Liston 的框架,其他不少外语教育家、研究者也都提出了反思性教学的发展框架及英语教师反思理论模型。

Bartlett(1990:205)指出,要成为反思型教师就必须要超越教学的技术理性层面,从关注"怎么教"到关注"教什么"和"为什么"的问题。在对"教什么"和"为什么"的反思中,教师开始拥有并实施他们对于自己教学的控制力,也使得改变并完善他们每日的课堂生活成为可能。这种控制的过程就被称为反思性教学。在对反思性教学作出界定的基础上,Bartlett 构建了实施反思性教学过程循环图,包括映射(Mapping)、渗透(Informing)、质疑(Contesting)、评价(Appraising)和行动(Acting)五个因素(如图 2-7 所示)。

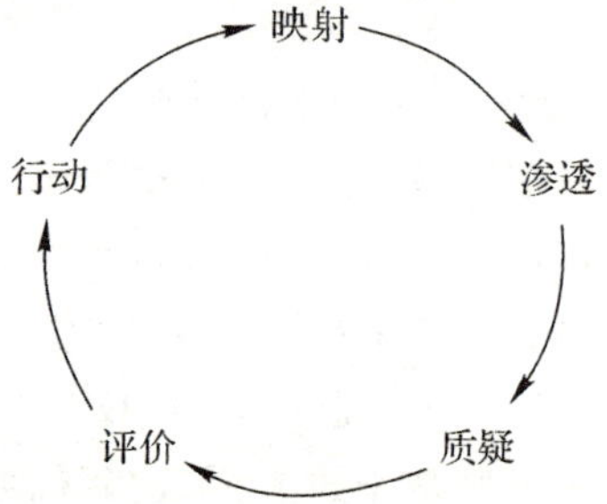


图 2-7　反思性教学过程循环图(Bartlett,1990:205)

映射阶段回答"作为教师,我在教学中做了什么?"的问题,即通过观察,收集自身教学实践的数据,旨在为反思的第一步——发现问题——做好准备;渗透阶段回答"我教学的意义何在?""我在课堂上的行动的意图是什么?"的问题,在映射之后开始寻找行为背后的依据;质疑是在找出教师现有的教学指导思想与教学策略之后进行的对其合理性的思考,因此,质疑的阶段也是发现自身假设信念体系的过程；对于教学行为的质疑必然会带来对于更优化的教学行为的探求，在评价阶段教师关注“如果我换一种方式，那么会带来什么样的学习效果？”这样的问题；行动阶段是反思性教学中的最后一个阶段，也是最为关键的一个阶段，旨在回答“现在我应该教什么，怎么教？”的问题。Bartlett 指出，上述五个因素构成了反思性教学的过程，但是这五个因素并不是完全线性或程序性的，在进行反思性教学的过程中教师可能会经历几次这样的循环，各因素之间也不是按照固定的顺序排列，某个因素在循环中可能会被省略。

Wallace(1991)在其著作《培训外语教师：反思方法》中描述了在西方教师教育界中早已深入人心的反思型教师的理想模式：能够对他们的专业经历进行批判性的反思，而不仅仅是教育教学理论的被动接受者和追随者；能够成为善于接受新思想的专业人员；能够灵活适应教学环境；能够进行独立的专业学习；能够以理性方式解决教学中的问题；能够在深入理解分析的基础上快速决策(Wallace，1991：26)。

Stanley(1998)通过对职前和在职教师的研究发现反思性教学是一种可以获得与发展的技能，并提出了发展反思性教学技能所需要经历的五个阶段：进入反思(engaging with reflection)、反思性思考(thinking reflectively)、使用反思(using reflection)、持续反思(sustaining reflection)、实践反思(practicing reflection)。其中，进入反思指教师决定对于自己的教学实践进行深入的探索与研究；反思性思考不同于一般的对于课堂教学进行的简单回顾与描述，而是对课堂教学行为的深入思考；当教师理解了什么是反思，如何进行反思性思考时，他们就能将反思当作一种改进教学的工具，在使用反思阶段，教师开始整理出对于他们的教学最为有益的形式；在使用反思的过程中，教师会遇到很多的困难，包括很多心理上的不适，需要通过多阅读、参与工作坊(workshop)、与其他教师或专业人员交流等方式来实现持续的反思；当反思成为教师教学实践的一个不可分割的组成部分，通过与他人的交流或撰写反思周记或日志来发展反思性教学都是非常重要的手段。Stanley 指出，这些阶段并非完全按照严格的线性程序发展，但是却为教师和教师教育者更准确地评价他们反思性教学的实施与发展提供了可借鉴的理论框架，也成为本书中教师反思能力发展评价框架的一个重要来源。

Akbari 等(2010)首次在相关文献综述、专家访谈、前测的基础上提出了一个包含 6 个因子、42 个反思行为描述项的英语教师反思理论模型。这一反思模型博采众长，全面体现了反思性教学的丰富内涵，其结构因子定义及样例如表 2-2 所示。

**表 2-2　反思模型因子定义及样例(Akbari 等,2010:215)**

| 因子 | 定义 | 样例 |
|---|---|---|
| 实践 | 通过不同的工具,如写日志、与同事交流等方式进行的反思实践 | 每堂课结束后我会记录课堂教学的成功和不足之处 |
| 认知 | 通过参加学术会议或阅读专业书籍、期刊的方式,以个人专业发展为目标而进行的主动努力 | 我通过阅读期刊文章或上网检索了解本专业的最新发展 |
| 情感 | 主要涉及对于学生及其情感、认知状态的了解 | 我跟学生交流以了解他们的学习风格和喜好 |
| 元认知 | 涉及教师对于自身的信念、个性、对教学的定义以及对教师职业的认知的了解 | 我会思考我作为一名教师的优势与不足 |
| 批判 | 主要涉及对教学的社会政治方面的反思 | 我思考发生在身边的社会不公平的实例,并在课堂中讨论 |
| 道德 | 主要涉及对价值观、移情、社会公平等方面的反思 | 我相信社会公正,并努力在我的教学中体现公正 |

Akbari 等经过探索性因子分析(EFA)、验证性因子分析(CFA)和模型拟合度评价(Model Evaluation),删去原始模式中的道德因子,剩下 5 个维度。李斑斑、徐锦芬(2011)在对中国高校外语教师进行问卷调查的基础上,验证了原始理论模型的 6 个维度,并增加了课堂规范因子,即对学生课堂纪律、课堂要求方面的行为规范的反思。

在我国,也有不少学者结合反思性教学的发展历史和我国教育改革现状对这一概念作出了定义。

熊川武(1999)将反思性教学定义为"教学主体借助行为研究,不断探索与解决自身和教学目的以及教学工具等方面的问题,将'学会教学'与'学会学习'结合起来,努力提升教学实践合理性,使自己成为学者型教师的过程"(熊川武 1999:3)。在此定义的基础上,他又探讨了反思与反思性教学的联系与区别:"反思性教学实践中必然存在反思,但不是有反思的教育实践都是反思性教学……反思性教学是教育主体从教育问题出发通过假说与实验等自觉调节自己的教育思想与行为,不断提升教育实践合理性使自己获得更大幸福的过程。"(2007:47)

于兰(2008)在其博士论文中将反思性教学定义为"教师凭借其具有实际教学经验的优势,在教学实践中对所出现的问题进行内省,并通过深入的思考和观察,力求找到一种解决问题的方法和策略,以期达到自我改进、自我完善的目的"(于兰,2008:74)。于兰认为,教师的反思性实践并不是指某一种特定教学方法的使用,而是教师通过对教学实践的反思,运用不同的教学方法使教学更加合理、有效，并在此过程中实现自身的专业发展。

刘学惠（2004:73）综合了以往学者的相关研究，从七个方面来确定反思性教学的概念：

（1）反思性教学是以追求实践合理性为目的的教学探究活动；

（2）反思性教学是以提升专业知识为目的的教师学习活动；

（3）反思性教学是以问题解决为导向的教师思维方式；

（4）反思性教学具有程序性和循环性；

（5）反思性教学需借助一定的活动形式；

（6）反思活动的主体需具有高度的自觉性和主动性；

（7）反思性教学会处于不同的水平和发展阶段。

甘正东（2000:13）结合 Schön（1983）、Wallace（1991）、Kember 和 Mckay（1996）、Kwo（1996）、Bailey 等（2009）诸人的观点，指出反思性教学所具有的特点：

（1）反思性教学将教学与研究融为一体。教师作为外语教学研究的主体，既是教学者，又是研究者；

（2）反思性教学中的研究活动立足教师自身教学与专业发展的需求，即教师所探究的问题或领域是他们觉得最有意义或教学中亟待解决的；

（3）反思性教学中，各种新思想、新理论、新方法主要通过教师的反思产生，不同于专家型的理论研究；

（4）反思性教学伴随着教师大量系统性的观察、积极的思考和理性的选择，是一个循环往复、螺旋式上升的过程；

（5）反思性教学中，教师教学行为的改进与提高不仅包含理智因素，也包含情感因素，支持性的学校环境对于反思性教学的开展极为重要。

高翔和王蔷（2003:87-88）结合 Wallace 确定的反思型教师培养模式，指出其中所反映出的反思性教学的四方面特征：

（1）主动性。实施反思性教学的过程是教师独立地、自觉地调整自己教学实践活动的过程，具有主动性的特征。

（2）反馈性。在实施反思性教学的过程中，教师对其教学实践活动进行回顾和审视，以获得各种信息，作为批判性反思与进一步调整教学的基础。

（3）调节性。在反思性教学中，教师会根据各种反馈信息，对教学目标的设定、计划安排、内容与方法的选择、评估方式等进行有针对性的调整与修正，以优化教学效果。

（4）有效性。教师通过反思性教学，努力协调教学实践中的各种因素，使自己的教学过程最具有合理性和有效性。

综合国内外学者对于反思性教学这一概念的阐释，本书将反思性教学定义为教师对于自身教学实践和专业发展的理性审视与思考,关注学生的学习、认知与情感现状,关注自身教育教学理念与职业素养的发展,通过在教学中不断地发现问题—分析问题—解决问题来提高教学实践的合理性与有效性、提升自我专业素质的主动探究、积极学习、持续发展的活动与过程。

### (三)反思能力

反思能力,简言之,就是教师进行反思性教学的能力。根据本书中对于反思性教学的定义,反思能力即教师对于自身教学实践和专业发展进行理性审视与思考的能力,在教学中发现问题、分析问题和解决问题的能力,以及主动探究、积极学习和持续发展的能力。

根据 Bartlett(1990)、Wallace(1991)、Stanley(1998)、Zeichner 和 Liston(1996)提出的反思性教学的发展框架、Akbari 等(2010)提出的英语教师反思理论模型及中国高校外语教师反思理论模型(李斑斑、徐锦芬,2010),结合国内外学者对于反思性教学概念与特点的界定,本书将反思能力的衡量标准归纳为教学探究与教师学习两大范畴[①],分为七个评价指标,渗透英语教师反思理论模型中的实践、认知、元认知、情感、道德等因子,并将其作为本书中个案研究部分对于教师反思能力发展评价的框架(表 2-3)。

**表 2-3 个案研究中英语教师反思能力发展评价框架**

| 评价指标 | 所属范畴 | 包含因子 |
|---|---|---|
| 1. 是否能够对自身的教学实践进行深刻的反思? | 教学探究 | 实践 |
| 2. 是否能够通过与他人的互动交流改进教学? | 教学探究 | 实践 |
| 3. 是否能够通过教学研究解决教学中的问题? | 教学探究 | 实践 |
| 4. 是否注重在教学中进行情感与道德教育? | 教学探究 | 情感、道德 |
| 5. 是否有意识地审视与调整自身的教学信念? | 教师学习 | 元认知 |
| 6. 是否自觉地进行外语教育教学理论的学习? | 教师学习 | 认知 |
| 7. 是否关注自身作为英语教师的专业发展? | 教师学习 | 元认知 |

### (四)反思能力培养与外语教师教育

教师的发展意味着变革,但是卓有成效的变革如果没有反思是相当困难的(Wallace,1991:54)。可以说,教师的专业发展过程就是教师自我反思、自我更新的过程 (Doyle,1990)。因此,正如 Freeman(2002:11)所指出的,反思能力培

---

① 严格说来,教学探究与教师学习两大概念并不完全独立,教学探究的过程也是一种教师学习的过程,是教师学习的一种重要形式。本书中作者将教学探究与教师学习分为两大独立的范畴,其中,教学探究侧重于教师对于教学实践的反思、教学问题的解决、教学效果的优化;而教师学习则侧重于教师对于教育教学理论的学习、教育信念的修正和专业发展意识与能力的增强。

养必须成为外语教师教育的一个核心支柱，理由如下：

首先，鼓励教师实施反思性教学，提高教师反思能力是外语教师教育的发展理念与趋势。反思性教学的理念将教师从教学工具论的角色定位中解放出来，关注教师的认知发展与意识提升，把教师对于课堂教学的话语权真正交还给他们。教师在对自身的教学实践进行批判性的观察、审视和反思的过程中收集数据，调整并修正自己的教学理念、教学方法与教学行为，从被动的课程执行者提升至主动的教学研究者和知识建构者。在教师的教学思想、观念转化为合理的教学行为的过程中，教师经过不断的反思与实践，优化教学质量，掌握教育教学规律，提升专业素养，成为自身专业发展的真正负责人。国内外很多学者提出的教师学者（teacher scholar）、教师学习者（teacher learner）、教师研究者（teacher researcher）、反思性实践者（reflective practitioner）（Schön，1983；Belanger，1992；戴炜栋等，2006；顾佩娅，2009）的概念也清晰地诠释了教师教育领域中凸显的反思性教学的意义和内涵，反思成为贯穿外语教师专业发展的终生教育。

其次，鼓励教师实施反思性教学，提高教师反思能力是外语教师教育的重要目标与使命（Richards，2001：144）。一个真正专业的外语教师是能够对其教学实践进行批判性反思的教师，是能够随时对他们的教学进行审慎质疑与评价的教师，是具备独立的、理性的思辨能力的教师（Randall & Thornton，2001：3）。当教师对自己的教学行为及其背后的理由进行有意识的审视时，他们需要将自己内隐的、缄默的、镶嵌于课堂教学实践中的知识和信念外显出来，这一过程能够提高教师的自我意识，缩小教育理念与教育行为之间的差距（Wallace，1991；Richards & Lockhart，1996；Woods，1996），做到“知”与“行”的统一。因此，英语教师在职教育的首要目标就是要传授教师研究自己课堂教学的方法，使他们具备研究课堂教学的能力（Nunan，1990：62），培养他们“在面临问题时进行反思的能力”（王洁、顾泠沅，2007：15）。教学反思能够开发教师的思辨能力与批判态度，鼓励教师研究自己的教学实践，观察自己的课堂行为，评估自己的教学效果，理性解决自身教育教学实践中的问题，使教学与理论研究融为一体，实现教师持续的专业发展（Ryder，2012）。在反思型教学中，外语教师不再局限于语言问题，而是更关注外语教学理论、教育学理论、教育目标与理念等更深层的问题，寻找并反思他们教学行为背后的理据，在不断拓展观察、分析、解释和决策能力的过程中提高和发展自己的理性思维能力，成为课堂教学的研究者、教育家。这样的教师才是我们的外语教师教育要培养的教师，才是能够肩负培养高素质英语人才、应对经济全球化趋势、提升国际竞争力的优秀外语教师。

最后，鼓励教师实施反思性教学，提高教师反思能力是实现有效外语教师教育的重要途径。Ur（2000：7）曾指出：任何学习最重要的基础是学习者个人的专业实践,直接从这种实践中获得的知识或是从其他来源获得的、经过自身的教学实践证实的知识是最有用的知识。同样,教师学习中最重要的基础是教师的教学实践,教师的学习是在教学实践中实现的(Randall & Thornton,2001:39; Johnson, 2006:239),是在对每日发生于课堂上的教育教学事件的反思中成就的(Ur,2000:319)。可见,反思性教学不仅是外语教师的专业行为,也是促进外语教师自主专业发展的基本动力和实现高效外语教师教育的有效途径(Schön, 1983, 1987; Richards & Nunan, 1990; Wallace, 1991; Nunan & Lamb,1996; Richards & Lockhart,1996)。反思性教学提供了理论与实践相结合的具体方法:一方面鼓励教师在实践中思考,运用已知的理论展开教学研究,对教学行为进行调整与优化,提升专业能力;另一方面对实践进行反思与总结,使得从实践中获得的经验理论化、形式化,成为教育教学理论的创造者。

外语教师的专业发展是一个长期的、逐渐进步的过程,是在探索性、反思性教学实践中成就的(吴一安,2007:xxi),教师教育应该帮助教师从日复一日的重复性、常规性教学中走出来,重新认识和理解自己的课堂,积极反思、大胆质疑、勇于尝试,树立自我发展的意识,具备自我发展的能力,成为外语教学实践的主动探索者和自身持续专业发展的负责人。

外语教师教育从匠才模式到应用科学模式到反思模式到加强式反思模式的变迁与发展体现了这一领域中从过程—结果范式到认知范式到社会文化范式的概念框架与研究方法上的转变,是对于外语教师教育的本质不断深入理解与认识的必然结果。在外语教师教育中关注教师的思维与认知发展(尤其是教师反思能力的培养与发展),关注社会文化环境对于他们专业成长的作用,已成为这一领域研究发展中的两大必然趋势,是外语教师教育中社会性、科学性、高效性、人文性的现代教育理念的体现,也是本书中多元互动英语教师校本教育模式构建的两大依据。其中,社会文化范式是视角,教师反思能力培养是目标,而国内外外语教师校本教育研究的现状是这一模式构建的另一重要因素——研究起点,三者结合,成为多元互动英语教师校本教育模式理论架构的三个重要基点。

## 三、校本教育①——理想途径

### (一)校本教师教育定义

Clair(1998:466)曾指出:有效的教师教育应该包含两大因素:一是真实性,

① 在这一部分引用的文献中,不少使用了“校本培训”的概念,但是在对这些概念的诠释中都强调了对于教师专业发展意识与能力培养的关注,因此,这一部分中将“校本培训”、“校本教研”认为是与本书的“校本教育”同义的概念,着眼“校本”,对于“培训”、“教研”与“教育”的意义不作特别的区分。

即立足学校生活实际；二是参与性，即教师应成为教育活动的积极参与者和主体，而不是外部输入的被动接受者。而校本教师教育正是具备这两大因素的教师教育方式。

20世纪70年代中期，校本培训作为教师在职培训的新概念和新策略在英、美等国应运而生(Howey, 1980)。由于传统的由高等院校或教师培训机构承担的培训课程缺乏实效性和针对性，容易导致教育理论与实践的脱节，教师通过培训获得的抽象的教育理论很难帮助他们应对复杂的教育实践，解决教育教学中的现实问题。“校本”思想由此发端，其初衷是为了克服传统教师教育中的弊端，提高教师队伍的整体专业素养。英国著名的《詹姆斯报告》(1972:21)中明确指出：“教师的在职培训应始于学校。学校是各种课程与教学技能得以发展的场所；是各种教育需求与不足得以体现的场所。每一所学校都应将其教师的在职教育视为其任务的一个必要部分，而且学校的每一位成员都应对此负有责任。”20世纪80年代起，英国、美国、德国、荷兰等国开始实施校本培训计划，从学校教育教学实际出发，利用中小学校的一切有用资源、加强与大学及其他机构的合作。80—90年代，东南亚、非洲、拉丁美洲的一些国家也开始采用这一方式来组织较大规模的教师培训。在我国，随着素质教育与基础教育课程改革的不断推进，不少学者(郑金洲，2000；叶澜等，2001；刘尧，2001；朱益民，2001；顾泠沅、杨玉东，2003；崔允漷，2009，2011a，2011b)也提出以基于岗位、基于学校、基于具体教学实践的校本教师教育来改革传统的知识本位的教师在职培训模式，目的是促成教师的终身学习、实现教师的专业发展。

Craft (1996) 根据教师学习场地的不同，将教师教育分为场外(off-site)和校本(school-based)两种。场外教师教育主要通过校外培训的形式，将不同学校的教师集中起来学习预设的培训内容，培训活动并不局限于某一个学校；校本教师教育是指教师在各自学校内部进行的专业发展活动(转引自陆敏，2009:22)。

根据教育部师范教育司的观点，校本培训包括两种含义：一是以地点为依据，指完全在中小学内进行的教师在职培训活动；二是以培训内容为依据，即以促进教师专业发展、改善学校和教学实践为中心的培训(教育部师范教育司，2003:309)。

教育部基础教育司副司长朱慕菊在为《校本教研在行动》(2006)所作的序言中指出，校本教研，即以校为本的教研，是将教学研究的重心下移到学校，以教学实践中教师所面对的各种具体问题为研究对象，以教师为主体，理论和专业人员共同参与的教研。强调理论指导下的实践性研究，既注重解决实际问题，又注重经验的总结、理论的提升、规律的探索和教师的专业发展，是保证新课程改革向纵深发展的新的推进策略。

国内很多学者也从不同方面对校本教师教育进行了定义。从校本教师教育的本质来看,校本教育是学校作为一个社会组织对其组织内所有成员负责的行为,学校不仅“应该对学生的成长负完全和完整的责任”,还“应该对教师团体在学校中的生活负责,应该对教师的专业发展负责,更应该对教师的可持续发展负责”(康丽颖,2006:36);从教育者来看,教师校本培训是“在教育专家的指导下,以教师任职学校为基本培训单位,以提高教师教育教学能力为主要目标,通过教育教学和教育科研活动来培训全体教师的一种全员性继续教育形式”(刘尧,2001:47);从培训的形式上来看,校本培训是一种“以学校为基地、采用互教互学或专家指导等形式而进行的在职培训”(王雪梅、康淑敏,2004:72);从培训组织和目标层面上看,校本培训是在教育行政部门、教师培训机构的规划指导下,由中小学校长组织领导,学校自主开展,结合学校教学工作实际,以提高学校教学质量、促进教师专业发展和职业修养为目的的教师在职培训形式(杨骞,2006)。

根据上述研究,本书将“校本教师教育”定义为在教师教育者或研究者的指导下,立足学校教育教学实际开展的教师教育活动,以提高学校教育教学质量为中心,以构建教师终身学习体系为重点,以加强教师的反思意识与能力、促进教师持续专业发展为目标。

**(二)校本教师教育的意义**

学校是教育的真正发生地,教学研究的问题是在学校的教学实践中产生的,而不是预设或推演的,教育教学研究只有基于学校真实的教学问题才有现实意义,教师也只有在真实的教学实践中才能获得进步与成长。因此,将教学研究的重心置于具体学校教学情境中的校本教师教育是一种理想的教师在职教育方式。

首先,校本教师教育立足于教师的教学实际,能够克服传统教师培训中教育理论与实践的二元分离问题,在教育内容与教育方式的选择上更具针对性,可以直接体现和关照学校和教师的个性需求,着眼于学校教育教学改革和教师发展中的现实问题,帮助教师扫清专业发展中的障碍,使理论不再是泛泛而谈的空中楼阁,实践也不再是缺乏指导、盲目为之;更具实践性和可操作性,可与多样化的教学实践紧密结合;更具实效性,教师通过校本教育不仅能够获得专业发展的动机,而且还能丰富教育理论知识和经验,并将理论知识融入他们个人的知识体系,丰富实践智慧,转化为他们的教育能力、教育信念和教育行为,有利于突破教师在职教育中从理念到行为转移的瓶颈。

其次,校本教师教育注重教师的主体性,充分利用各种教育资源,为教师专业能力的提高创设反思与知识建构的条件,采用平等、合作的方式进行问题的研究与讨论，教师教育者不再以权威的角色出现，教师也不再是传统教师教育中的被动接受者，而成为知识的主动建构者、反思性实践者和核心参与者。

最后，与传统的讲座式教师培训不同，校本教师教育受时间与空间的限制相对较小，教师可以着眼于学校的教学改革和教师发展中的现实问题，通过更多的灵活的方式不断地学习、反思与探究，不断地丰富、充实和完善自我，为持续的专业发展提供不竭的动力源泉。可以说，在校本教师教育中，教师才能真正成为自身专业发展的主人，学校也才能真正做到“对教师的可持续发展负责”。国内外无数优秀教师、教改先行者的成长经历都向我们表明：在课堂教学中学会教学，是教师成长与发展的共同规律（王洁、顾泠沅，2007；Ur，2000）。

从《世界银行报告》中对于发展中国家有效与低效的教师培训策略的对比分析（表 2-4）中也可以看出相对于传统的教师教育，校本教师教育中包含更多的有效策略，能够有效解决传统的培训层面的教师教育在内容、形式与效果等方面的弊端，使教师在自己课堂教学过程中实现增值，是一种更为合理、更具针对性、实效性和持续性的教师教育方式。

**表 2-4 发展中国家的教师培训策略：有效与低效的比较（《世界银行报告》，2006）**

| 较有效的培训策略 | 成效较低的培训策略 |
|---|---|
| ■ 大部分培训在学校进行，受训者在那里进行观察、协助和教学。培训在正式和非正式两种情形下进行 | ■ 培训主要在大学、师范学校或教育部进行 |
| ■ 培训一直贯穿教师的职业生涯 | ■ 培训仅是一次性的职前活动 |
| ■ 注重实际课堂教学中的教学行为 | ■ 注重获得证书和文凭 |
| ■ 成组或成队的教师一起接受培训 | ■ 教师单个地受训 |
| ■ 教师培训的改革是课程改革和其他改革的必要组成部分 | ■ 教师培训的改革与其他体制改革的尝试相分离 |
| ■ 督查体系对好的教学实践予以支持 | ■ 除非由于处罚性的原因，教师很少接受督导 |
| ■ 培训始于由教师提出的学习需求和要求 | ■ 培训是出于理论上的考量，也可能与教师的需要和要求相关 |
| ■ 自主研究和自学至关重要 | ■ 只认可由教育部或大学传授的知识 |

### （三）外语教师校本教育途径

受教师教育领域校本化趋势的影响，在外语教育界，很多外语教育专家和教师教育者（Freeman & Johnson，1998；Ur，2000；Richards，2008；王雪梅、康淑敏，2004；张雁玲，2007；韩红梅等，2007；陆敏，2009；程晓堂、孙晓慧，2010）也纷纷呼吁外语教师教育实现校本化，立足教师的教学实践，使学校不仅成为学生学习的场所，更成为教师专业成长的重要基地。近年来，传统外语教师教育中的理论灌输模式正在被对话式、合作性的探究活动所代替，教师学习不再是将理论运用于实践的过程，而是基于课堂教学，通过实践共同体中的社会互动建构实践性知识并将实践性知识升华为理论的过程(Richards，2008)。根据本书中校本教师教育的定义，外语教师校本教育是指在教师教育者或研究者的指导下，立足学校教育教学实际开展的外语教师教育活动，以加强外语教师的反思意识与能力，促进外语教师持续专业发展，构建外语教师的终生学习体系，提高学校外语教学的质量。

徐碧美(2003:72)曾指出，"工作环境是促成教师发展知识的地方，这包括他们与同处在这一工作环境中的其他人的互动"，也正是在这样的互动中，教师不断地建构和重构着自身对于教学工作的理解。因此，赋予语言教学以活力的教师专业发展需要从课堂教学活动本身，而不应该"从超越于它之外的工作中去发掘"(Freeman，2000:1)。那么，作为教师教育的一种理想形式，校本教育在外语教师教育领域中实施的现状如何？要克服传统外语教师教育的弊端、优化外语教师教育的质量，校本教育应如何具体实施？在实施中又会遇到哪些困难，应该如何解决呢？我们希望能够通过本次研究，以这些问题为起点，进行外语教师校本教育的理论与实践探索，共同探讨，寻求答案。

通过对国内外相关文献的分析，我们发现外语教师的校本教育研究中，虽然在其重心和实施的具体方式上，各国各校都不尽相同，但从互动视角来看，主要有以下四种形式：

一是教师与研究者之间的互动，研究者深入学校，立足学校教育教学实际，利用教育教学理论指导实践(Clair，1998；Hollingsworth，1992；Oprandy & Golden，1999；Schinke-Llano，2002；Connor & Sharkey，2004；Hawkins & Legler，2004；Frankham & Howes，2006；Ryder，2012；刘学惠，2004；郭书彩等，2007；文秋芳、任庆梅，2010，2011；王蔷、张文华、林周婧，2010)。

二是教师与教师之间的互动，在学校内部创建教师学习共同体，通过教师间的相互合作提高教师的反思能力，优化教学质量(Clair，1998；Brock，Yu & Wong，1992；Ribisch，1999；Byleen，2002；Zwart，et al.，2009；Bailey et al.，2009；Kiely，2010；Dove & Honigsfeld，2010；周燕等，2007；文秋芳、任庆梅，2010，2011；张雁玲，2011)。

三是教师与学生之间的互动，教师通过指导学生的课内外学习、了解学生对于教学的需求和反馈来改进教学，提高教学能力(Cray & Currie，1996；Cowie，2001；高翔、王蔷，2003)。

四是教师与自我的互动，即对于教学实践、教育教学理论、教师角色等的自我反思(Richards & Ho，2001；Tsui，2003；Pineiro，2002；Ryder，2012；Bailey等，2009；张雁玲，2007；吴丽荣等，2011)。

不可否认,这些研究为外语教师校本教育探索奠定了坚实的理论与现实基础,但其中很少有综合利用这四种互动形式以最大限度提高教师教育的效率、实现教师专业发展的实证研究(吴宗杰、黄爱凤,2007)。

Clair(1998)在其研究中,以一个参与性观察者和教师教育者的身份,对其组织和指导的两个教师学习小组进行了为期一年的研究,旨在发现这一教师教育形式在实际操作中的复杂性及存在的问题。这一校本书中包含两种互动形式:教师与研究者之间的互动和教师与教师之间的互动。教师学习小组是针对传统教师专业发展中的弊端而提出的一种旨在帮助教师共同探讨他们教学中遇到的问题的校本教师教育形式。一年的校本教师教育虽然使部分教师开始独立思考、信任自身及同伴的专业知能、重视持续专业发展的价值,但是还有不少教师对于外来研究者过分依赖、缺乏合作意识与能力。因此,Clair 指出,教师学习小组虽然是一种具有前途的教师教育与发展形式,但是它存在着一些内在问题需要进一步的理论探讨与实证研究,如:教师教育和教师社会化如何帮助教师解决教学实践中的问题?如何帮助教师克服他们对于社会及教育环境变化的无助感以促进其发展?如何使教师学习小组中的合作成为教师每日工作的一个特征?教师教育者如何处理好教师自主决策和教育者专业指导之间的关系?

Connor 和 Sharkey(2004)记录了对于一项并不成功的教师与研究者之间的合作项目的回顾和反思。合作项目涉及美国湖畔地区一所小学的六位英语教师,由于学校教学质量不高,教师们都面临着改革的压力。作为教师教育者的 Sharkey 每周一次对六位教师进行个别的观察与交流,指导教师进行教学研究,并组织每月一次的小组交流。但是现实情况下,教师很少有时间进行集中的交流来分享各自的研究进展,合作项目难以开展。作者通过反思发现教师与研究者合作中最大的障碍是教师繁重的教学任务和日常工作以及他们对于教师研究作为一种合法的专业发展途径的地位认识不清,并指出“教师与研究者之间通过合作来优化教学的前景令人兴奋,但是真正付诸实施却并不是一件易事”(Connor & Sharkey, 2004:335)。

Hawkins 和 Legler(2004)的研究也是利用教师与研究者的合作进行的一次校本教师教育活动。针对大学研究者与中小学教师的合作中对于课堂教学的研究较少、一般仅仅停留于描述研究者与教师的关系,并比较注重过程描述的教师教育现状,Hawkins 和 Legler 指出,之前的很多研究只是讨论合作对于转变教师思想与信念的意义,而没有研究讨论合作对于学科理论发展和课堂教学的意义,因此就以幼儿园英语教学中研究者 Maggie 与教师 Lynn 的合作为个案进行了深入的研究。在这一个案中,研究者与教师共同确定研究问题、进行研究设计、确定研究工具、设计课堂教学、收集和分析数据，这一研究产生了基于数据的理论视角，探讨了社会、学术与语言互动与发展的联系，并提出了设计和管理课堂生态环境的具体策略。虽然作为一种尝试，这一研究具有其成功之处，也为研究者与一线教师的合作提供了可资借鉴的经验，但是作为教师教育的一种方式，这种一对一的合作形式惠及面较小、效率不高，因此复制与推广价值也有待商榷。

Richards 和 Ho(2001)的研究是鼓励教师进行自我反思的实例。在一次教师在职教育项目中作者要求教师结合自身教学实践通过写日志的方式进行自我反思。在对 32 名英语教师在为期 10 周的教育项目中提交的 275 篇日志进行分析后，研究者并没有发现教师在此过程中提高了反思能力的显著证据。在之后的调查中，71％的教师认为写日志进行自我反思的形式是有效的，25％的教师认为比较有效，4％ 的教师认为没有效果。作者指出，写日志的方式为教师们提供了对他们的教学进行反思的机会，但是这一形式并不一定会提高教师的批判性反思能力。由于反思意识与能力的培养不是一蹴而就的，这一研究历时较短，因此，并没有带来预期的理想效果。虽然研究者也对教学日志的书写方法与内容等方面进行了指导，但是由于未深入教师教育教学实际，因此很难进行有针对性的指导，单一的教师教育形式很难带来教师反思能力的提高。

Zwart 等(2009)对于同伴互助的五大特点范畴(轨迹、互动、互助组、学校、个人)与教师学习的相关性进行了探讨。这项为期一年的研究涉及 28 名荷兰高中英语教师(分为 14 组)，以同伴间的相互指导、观摩和所有教师间的工作坊、研讨会为主要形式。研究发现：①当教师具有参与专业发展的内在动机、当他们在尝试使用一种新的教学方法而感到有压力或当他们能够在一种安全的、建设性的、相互信任的环境中交流他们的教学体验时会带来积极的、合作的、有效的学习；②无论是从学生的评价还是从教师的自我陈述和评价中都可以看出，那些在同伴进行课堂观摩时尝试采用新的教学策略与方法的教师在他们的教学行为上获得了更大的进步；③在同伴互助关系中，当教师认为自己是一个很好的同伴指导者或认为其同伴是一个具有良好专业素养的指导者时，他们从这种关系中获得的经验与学习机会会更多。但是该研究也指出：教师的学习和发展是一个长期的过程，仅仅一年的研究时间无法实现教师教学行为的系统转变；另外，对于教学改革带来的不适应的恐惧、互助组教师之间的合作不和谐、缺乏对于教师教学的及时有效的反馈等也会导致同伴互助无法真正地、最大限度地发挥作用。研究者指出，教师之间的相互观摩对于提高教学质量非常重要，但是这种形式在常规的教学中很难持续进行；教师也缺乏从与学生的互动中获得教学反馈的意识与能力，可见，单一形式的教师间的互动合作形式很难实现教师的有效学习及其专业能力的提高。

Kiely(2010)的研究通过一项为期12周的持续教师专业发展项目探求如何通过教师与同事间的交流,以及阅读课堂教学研究方面的文献来实现教师学习。这项研究融入了反思、合作和研究等因素,不再灌输理论研究领域的成果来弥补教师知识的不足,而是鼓励教师理解他们的教学实践,并将他们的教学工作与个人的专业学习联系起来(Burns, 2009)。教师们在校外研究者的指导下,以共同的价值观为基础,创设支持性的教师发展环境,相互交流、相互合作,通过对于教师课堂关键事件的分析与反思,教师改善了教学行为,丰富了学习内容和教学实践,并使学校成为教师的学习共同体组织。但是在鼓励教师进行理论文献的阅读这一方式上并不成功,作者将其原因归为教师的工作负担重,很少有时间来进行理论学习;教师对于课堂教学研究与他们工作的关系认识不清,因此在分析关键教学事件时仅仅停留于个人的教学经验、原则和价值观,而不能灵活运用相关理论来服务教学。该研究更多地着眼于教师间的互动与合作,虽然在教师互动中也有研究者的指导,但是这种指导却并没有成为教师合作的前提和保障,未能提高教师研究课堂的意识与能力,在校本教师教育中教师对于理论学习的意义仍然缺乏正确的认识,因此,很难从根本上提高教师的反思意识与能力,也难以使教师的实践经验得以升华,使他们真正成为课堂教学的研究者和知识的建构者。

刘学惠 (2004)介绍了在两所中学进行的以反思性教学促进教师专业发展的一次试验。作者在这一试验中担任反思性教学支持者(reflection facilitator),旨在了解反思性教学使教师的教学认识及行为、自主发展的意识及能力等方面发生的变化。反思性教学支持者按照"确认问题—计划对策—行动与监控—评价成效"四个基本环节指导教师开展不同形式的反思活动,以反思支持者和教师之间、教师和教师之间的交谈和讨论为主要的教学反思方式。试验结果表明有目的地开展教师反思性教学活动对教师的专业发展具有显著的促进作用。教师们认为,大学合作者深入他们教学实际进行的指导以及与他们的交流作用很大,相互或集体听课、评课的效果也很好。但是两年多后,作者在对这些学校和教师进行追踪访问以评价试验的持续性效果时发现,在大学支持者离开之后教师的反思意识有所懈怠,自主性也有所下降。其中一个重要的原因就是教师之间的互动停留于由大学支持者指导下的集中活动,并未形成一种长效的共同体机制,难以实现教师持续的专业发展。因此,作者指出,校本教师教育中如何在大学研究者离开之后将其作用转移给校内支持者是实现反思性教学持续开展的关键,而如何实现这种转移还有待进一步的研究。

文秋芳、任庆梅(2010,2011)记录了北京外国语大学开展的"建设基于课堂关键问题研究的教师—研究者合作共同体"课题。这项课题由专职研究人员和一线大学英语教师组成,由教师先诉说他们在教学中遇到的困惑与难题,课题组成员经过讨论、协商,确定关键问题,之后研究者通过课堂观摩、课后讨论等形式,学习并挖掘教师的实践智慧,鼓励教师在专业引领与同伴互助下,成为主动的行动研究者和知识建构者。

针对我国由基础教育教师开展的行动研究为数甚少的现状,北京师范大学外文学院外语教育与教师教育研究所、北京市海淀区教研机构与一线英语教师合作开展了由基础教育教师主持、教育管理机构提供资源及环境保障、高校研究者提供理论与方法指导的行动研究模式的实践探索。在历时两年的合作行动研究过程中,一线教师优化了教学质量,反思能力与教研能力也得到了提高,高校与基础教育英语教师的合作共同体初步形成,这一研究对于深化基础教育课程改革,培养研究型、专家型教师,促进教师自主的、可持续性的专业化发展起到了积极的推动作用,但是研究中也存在着不少问题,如教师的时间问题、高校研究者的自我职业提升问题、高校与基础教育英语教师合作共同体的机制保障问题等(王蔷、张文华、林周婧,2010)。

张雁玲(2007,2011)提出了"校本教研是大学英语教师专业发展的有效途径"的观点,并在校本教师教育中做了很多有意义的尝试。她在其所在学校通过组织教师进行理论阅读、听讲座、观摩教学、座谈、交流教学研究成果等教师与研究者之间、教师与教师间的互动形式,来提高教师的教学质量与科研能力,增强教师的专业发展意识与能力;其博士论文记录了她如何从一个封闭的教师转变为一个促进其他教师变化的责任人,最后成为一名教师教育者的心路历程。整个研究分为三个阶段:第一阶段是作者通过自我反思参与教学研究;第二阶段她组织六名教师成立了合作学习小组,为期六个月,希望通过教师之间的互动与交流促进教师反思能力与研究能力的提高,但是由于各种因素的制约,教师合作学习小组并未取得预期的效果;第三阶段作者通过对前两阶段研究计划失败的反思,将提高教师研究能力的重点转向职前教师教育。她对二十名英语专业研究生开设了"教育理论与实践"课程,并有意识地强调行动研究对于教师专业发展的重要性,通过一系列活动,使学生们体会到了教师研究的价值。作者在自我发展并带动学校其他教师发展的过程中,使教学研究成为自己教学生活的一部分,并且在不断的反思中成长进步。虽然这一研究留给我们很多继续努力的空间,但是诚如作者自己所说的,这是"一个具有挑战性并有所收获的过程"(张雁玲,2011:148)。

吴宗杰、黄爱凤(2007)进行的"RICH 课程与教师发展"项目是一个历时较长(10 年)、规模较大的校本教师教育项目,旨在"发展学生作为自然人的知的天性，并通过课程实现教师作为人的全面发展的目标”(2007:183)。这项外语教师校本教育研究中，以课程改革为载体，通过外来研究者的指导、教师之间的合作与交流、教师的自我反思及教师与学生之间的交流，为实现教师与学生的共同学习与进步构建平台。这项研究也是外语教师校本教育中利用四种互动形式以优化教师教育效果的一个范例。但是这一项目中，研究者更多的是从课程改革的视角来讨论教师的在职教育与发展问题，对于这些不同的互动形式在教师专业发展中应该如何相互补充发挥作用并没有形成清晰的概念框架，只是在实践中根据现实情况进行了经验性的使用。

**(四)外语教师校本教育研究中的不足**

纵观国内外外语教师校本教育的研究现状，尽管目前对于以上提到的四种互动形式——教师与研究者之间的互动、教师与同事之间的互动、教师与学生之间的互动以及教师与自我的互动，国内外学者已经进行了不少相关的探讨和较为深入的研究，但是却很少有人关注过他们之间的内在联系，也没有在实践中尝试如何利用这四种互动形式的相互作用来最大限度地趋利避害、实现外语教师持续的专业发展。我国教育部提出校本教研的三大因素，即专业引领、同伴互助、自我反思，涉及了教师与研究者之间、教师与教师之间以及教师与自我之间的三种互动形式，但是却忽视了师生之间的互动对于促进教师专业能力发展的重要意义，也并没有对三种互动形式之间的相互关系进行系统的分析，没有提供综合运用这三种互动形式的校本教师教育的具体途径与模式。

我们认为，这四种外语教师校本教育的互动形式各有其利弊。第一种方式能够使教师在研究者的指导和帮助下切实反思和解决教育教学中的实际问题，但是容易使教师过分依赖研究者(Day, 1999:171)，教师的反思能力不能得到充分提升，难以实现自主、持续的专业发展。第二种方式注重教师间的专业合作，倡导构建合作的教师文化，但是如果缺乏专业引领，也容易使教师缺乏专业合作的意识、需求和能力，只是迫于行政指令参与“集中”而非“集体”活动，从而使教师学习共同体组织流于形式。而且，由于缺乏专业引领，教师的专业发展也可能会“囿于同水平反复，甚至退步或走入误区”(王洁、顾泠沅，2007:11)，从而限制教师反思意识与能力的提高。师生互动也是外语教师校本教育中一种重要的互动形式，因为研究教师发展的目的之一就是寻求教师发展与学生发展的最佳结合点，实现师生共同进步的双赢局面(Ellis,2009；文秋芳、任庆梅，2010)。教师发展的最终目的是为了促成学生的发展，其发展的有效性也需要通过学生学习与成长的结果来进行检验。一方面，教师在指导学生学习的过程中发现自身教学中的不足，在此基础上不断地修正教学理念、调整教学方法、开发教学资源，将课堂作为他们研究学生学习情况的实验室，有技巧地、系统性地观察学生(Cross,1988:3),在不断的研究与学习中实现自身专业素质的提升;另一方面,作为教师教学实践中最直接的互动对象,学生对于教学的反馈是教师进行教学反思、提高教学质量的一个重要依据。但是如果缺乏自我反思的意识、相关的理论指导和同事间的互助交流,教师也不能及时、有效地获得学生的教学反馈并利用反馈来改进教学。另外,由于学生对于教学的反馈难以全面、客观地评价教师的教学情况,师生交流也不可能成为教师反思能力提高唯一的有效途径。作为第四种互动形式的教师自我反思固然重要,但是如果缺乏研究者的指导、与其他教师的交流沟通和师生间的互动,仅靠外部的行政指令,教师很难培养自我反思的意识,也无法获得其自我反思所需要的外部输入,仅凭个人智慧进行的反思所能达到的效果也必然是有限的。可见,现有的外语教师校本教育中单一的互动形式无法有效利用教师教育教学环境中的互动因素来帮助教师尽可能多地获得其专业发展所需要的外部支持与输入,无法有效地培养教师的反思意识与能力,实现教师自主、持续的专业发展。

至此,我们对外语教师教育的基本概念、研究范式、主要模式、核心支柱——反思能力培养及国内外外语教师校本教育的具体途径与研究现状进行了回顾与综述,了解了外语教师教育领域的发展历史与研究趋势,并确定了本书中多元互动英语教师校本教育模式建构的三个重要基点——社会文化范式、教师反思能力培养及外语教师校本教育研究现状。其中,社会文化范式为模式的建构提供了视角,也为校本教师教育中互动概念的提出提供了理据;教师反思能力培养是模式建构的目标;外语教师校本教育研究的现状是模式建构的起点,三者结合,成为本书中多元互动英语教师校本教育模式提出的重要框架与依据(如图 2-8 所示)。

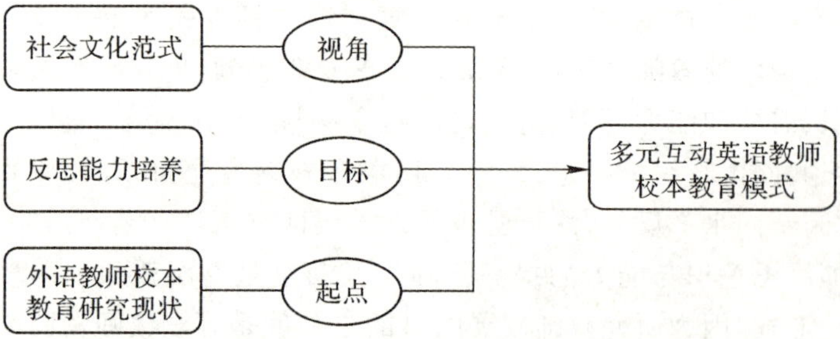


图 2-8　多元互动英语教师校本教育模式理论构建三基点

## 结　语

本章对外语教师教育的基本概念、研究范式、主要模式、反思和反思性教学及国内外外语教师校本教育现状进行了回顾与梳理，归纳了这一领域研究与发展的两大趋势：社会文化的研究范式及对教师反思能力培养的关注。在社会文化范式下，教师教育被定义为帮助教师在特定社会情境下通过互动与合作进行知识建构的过程，教师教育的作用不再是简单的知识传授，而是为建构性的教师学习提供环境、创建支架；反思能力培养即鼓励教师研究自己的课堂教学实践，理性解决教育教学实践中的问题，使教师真正成为课堂教学的研究者和教育理论的创造者，是实现教师持续专业发展的有效途径，也是外语教师教育的核心支柱与目标。在对两大趋势进行深入分析的基础上，本书结合国内外外语教师校本教育研究的现状，提炼了英语教师校本教育模式理论建构的三个重要基点——社会文化范式、教师反思能力培养及外语教师校本教育的研究现状。其中，社会文化范式为视角，教师反思能力培养为目标，外语教师校本教育研究现状为起点，为多元互动英语教师校本教育模式的论证奠定了坚实的理论与现实基础。

# 第三章　多元互动英语教师校本教育模式:理论篇

多元互动英语教师校本教育模式是在对外语教师教育领域发展趋势与国内外外语教师校本教育现状进行整理与回顾的基础上提出的。本章将从模式的理据、内容、特点及多元互动与反思能力培养的辩证关系等方面进行分析与阐释,旨在回答"多元互动英语教师校本教育模式包含哪些互动形式?各种互动形式对于提高英语教师的反思能力有何作用?他们之间的相互关系如何?"等模式理论架构中的一系列问题。

## 一、模式简介

高素质英语教师队伍的建设及其专业发展目标的实现不仅需要教师对于教育教学工作的热情与投入,更需要他们具备理性思考的能力与主动探索的精神,通过不断的反思与实践深化对语言教学本质的认识、探索语言教学的基本规律、不断追问自身作为英语教师的角色与责任。

当代学习研究不止一次地证实,"学习的本质是社会性的"(赵健,2008:23),最佳的教师学习环境不是在脱离实践的大学课堂里,也不是在缺乏互动的专家讲堂或培训活动中,而是在教师的专业实践中、在批判性的反思过程中、在教师的相互合作与分享中、在对于学生学习的理解中(Darling-Hammond,1998;赵健,2008)。教师的学习与成长需要回归真实的教学实践,积极反思、大胆尝试,从而积累实践知识,成就自身的专业发展。多元互动英语教师校本教育模式正是在深入分析外语教师教育领域发展趋势的基础上,针对国内外外语教师校本教育现状而提出的旨在通过立足教师的教学实际、利用教师教育教学环境中的多元互动形式来提高外语教师反思能力的校本教师教育模式。这一模式以社会文化理论为视角,以自我反思、师生互动、同伴互助、专业引领[①]四种互动形式为主要内容,以提高英语教师的反思能力为目标。

## 二、模式理据

由于目前国外对于第二语言教师教育的研究基本上都是以一般教师教育的理论与实践经验为基础与导向的,因此,英语教师校本教育模式的构建也顺应了国际教师教育研究领域中多学科发展的趋势,不囿于语言学和语言教学理论的局限,不把语言学和语言教学理论作为英语教师教育唯一的渊源学科(Richards, 2001:29;Kumaravadivelu, 2012:1-3),而是立足多学科整合的视角,在语言学与语言教学领域之外,还从哲学、社会学、教育学、心理学等领域汲取思想精华,为模式的建构奠定坚实的理据。

### (一)二语习得理据

输入假说(Input Hypothesis)是 Krashen 监察理论(Monitor Theory)的一部分。Krashen 认为,学习者是通过对外部语言输入的理解而逐步习得语言的,而稍高于学习者目前语言水平的输入,即可理解性语言输入,是语言习得的必要条件,难度过低或过高的语言材料对于语言习得都没有意义。Krashen 将学习者原来的语言水平定义为“i”,语言发展的下一个阶段定义为“i+1”,当外部语言输入处于“i+1”的水平时,才能对学习者的语言习得产生积极的作用(Larsen-Freeman & Long, 2000; 束定芳,2008)。

输出理论(Output Theory)由 Swain(1985)提出。Swain 认为,单纯的语言输入不足以带来成功的语言习得,因为在语言习得的过程中,学习者不断地对目的语提出假设,他们需要在语言使用的体验中对这些假设进行检验或修正。因此,除了获得可理解性的外部语言输入,学习者还要有机会使用语言,即要有语言输出的机会。语言输出能够促使学习者主动调用语言知识、在实践中进行假设验证和自我修正,从而调整学习策略、提高语言使用的熟练度和准确性。

这两个理论运用于英语教师的校本教育中,就是要求教师教育者为教师的专业发展设计稍高于他们现有专业能力的活动,为教师的专业发展提供处于i+1发展水平上的、有意义的外部输入。在多元互动英语教师校本教育模式中,这种“可理解性的输入”就是由教师教育教学环境中各种互动主体(如学生、学

---

① 本书借用教育部校本教研中三个因素——专业引领、同伴互助、自我反思的提法,并加入师生互动概念,作为英语教师校本教育模式中多元互动形式的内容,在下文中将对这四种互动形式分别进行界定和阐释。

校的其他教师、外来研究者及教师本身)之间的相互作用而提供的。研究者在分析英语教师发展现状与需求的基础上,与教师在其教育教学生活的各个方面、各个层次上进行积极的互动,通过各种专业发展途径唤醒教师的生命意识,使其获得自主专业发展的意识与能力,从而促进教师与学生间的互动、教师与教师之间的互动以及教师与自我的互动,使教师在各种形式的互动中获得促成其专业发展所需要的外部输入。教师结合自身已有的知识与经验,对这些外部输入进行加工、内化和吸收,并转化为自身的教育理念与教学行为,在教学实践中加以体现,或"输出",对于由外部输入而做出的假设进行检验,从而在实践中获得新的知识与经验,提高自身的教学能力与专业素养。

### (二)哲学理据

#### 1. 内因外因理论

唯物辩证法认为,任何事物的变化发展都是内因与外因共同起作用的结果。内因,即事物的内部矛盾,是指事物内部各因素之间的对立统一关系,是事物自身发展变化的根本原因;外因,即事物的外部矛盾,是指一事物同其他事物之间的对立统一关系,是事物发展变化的第二位的原因。内因是事物发展的根据,外因是事物发展的条件,外因必须通过内因起作用。

英语教师的专业发展同样是内因与外因共同作用的结果。其中,内因是教师的自我专业发展意识与能力,是教师专业发展的内部驱动力;外因是教师所处的教育教学环境中对于教师的专业发展具有一定作用的各种外部因素,是教师发展的外部条件与影响力。外部环境的驱动只是为教师的专业发展提供外在条件,外因必须通过内因才起作用,英语教师教育高效实施的关键是激发教师在教学中的自我反思意识,只有这种内驱力的激发才是实现教师持续专业发展的保障。因此,在英语教师教育中应始终将教师置于教育的主体与核心地位,在教育中倡导教师通过对于自己教学行为的反思,将内隐知识外显出来,形成清晰的自我意识并进行适当的自我调整,将提高教师的反思意识、自我发展意识与能力作为教师教育的首要目标,为达到这一目标创设条件,使教师教育教学环境中可利用的重要因素发挥积极作用,通过外部环境因素的改变促成教师内部因素的转变,从而带来教师的成长与发展。

多元互动英语教师校本教育模式就是包含了校本教师教育环境下对于教师专业发展产生作用的若干因素,包括内因(教师自我)与外因(学生、学校其他教师、外来研究者)以及他们之间的相互关系(自我反思、师生互动、同伴互助、专业引领),并在此基础上探讨校本教师教育中如何利用这些互动关系来促成英语教师反思能力的提高。其中,教师的自我反思是内因,是教师专业发展的内在因素;师生互动、同伴互助和专业引领是外因。在校本教师教育中,教育者就是通过多元的互动形式和多样化的教师教育途径来鼓励和促进教师的自我反思,从而实现"提高英语教师反思能力"的目标。

2. 交往行动理论

哈贝马斯的交往行动理论(Theory of Associating Behaviour)中将社会行为分为四类:目的性行为、规范控制性行为、戏剧性行为和交往行为,但他认为这四种行为中只有交往行为最具有合理性。交往行为是一种主体间以语言为主要媒介、遵循一定的规范进行的相互协调的活动,旨在通过语言交流,达到人与人之间的相互理解和一致,是一种以理解为导向的行为。哈贝马斯指出:要使社会行为合理化,只有开展对话沟通、协商交流,建立和睦、融洽的人际关系。为了实现这一目标,哈贝马斯认为,①要建立一套共同的行为准则,以实现对话交流,达到相互理解的目的;②在民主、平等、和谐的气氛中开展对话活动,保证交往主体享有平等、自由的话语权利,相互理解、相互尊重;③对话双方必须选择一种能让对方理解的合适的语言来表达自己,达到以言行事的目的;④对话双方进行真诚对话,建立和谐关系(转引自陆敏,2009:43)。

交往行动理论指出,只有遵循一定的规范、以语言为交流媒介、以相互理解为目标和导向的社会行为才是具有合理性的交往行为。因此,在英语教师校本教育中,应注重教师与其教育教学环境中其他因素的合理交往,鼓励教师在一种真正自由的公共空间里,按照人际关系的基本准则与外来研究者、学校其他教师和学生之间展开平等对话,建立和谐、融洽的人际关系,达到相互理解与尊重,为教师的专业发展提供良好的资源与环境保障。多元互动英语教师校本教育模式正是致力于通过师生互动、同伴互助和专业引领等多种教师与其他交往主体的互动形式来促进主体间的相互理解,实现教师的专业发展。此外,哈贝马斯提出的实现交往行为的四点建议也为英语教师校本教育中多元互动的开展和良好人际关系的建立提供了思路与启示,是英语教师教育具体实施中可资借鉴的哲学理据。

**(三)社会学理据**

1. 群际接触理论

群际接触理论(Intergroup Contact Theory)是在 Allport(1954)群际接触假说的基础上形成的理论体系,它着眼于社会互动,其目的是减少群际偏见,增进社会不同群体之间的和谐关系。Allport 认为,群际间的合作有利于增强群组间的向心力与良性互动,因此建议不同种族间在相互依赖与平等的前提下,创设合作的机会,以促成群体间的相互接纳。按照 Allport 的观点,减少群际偏见的主要方式是与外群体在最佳条件下进行接触,而最佳的群际接触必须符合四个关键条件：①平等的地位：在群际接触中，群体双方应该拥有平等的地位，一方面，平等前提下的群际接触会更有效；另一方面，群际之间的接触也有助于平等地位的形成。②共同的目标：接触的群体双方具有明确的、共同的目标并为此相互协作、共同努力，而共同目标的实现也能够进一步强化成员之间的友好关系。③合作的群际关系：共同目标的作用只在群体间存在合作关系时才能发生，在竞争关系下共同的奋斗目标无法实现。④权威、法律或习俗的支持：群体双方均接受权威、法律或习俗支持的群际接触更有成效。

就接触理论而言，它不仅适用于不同种族间的相互关系，也适用于不同年龄、性别、社会地位和能力的人的共同学习(陆敏，2009：44)，因此，这一理论就成为本书中多元互动英语教师校本教育模式建构的社会学理论依据。教师是一个群体，其专业发展需要学生、同事及外部研究者群体与他的社会性互动来提供有效的外部输入。由于教育背景、学习经历、社会地位等多方面的因素会导致这些群体间的差异，并可能因此引起相互间的沟通与互动不力，因此，在英语教师校本教育中应发展教师间的合作关系，创设教师学习共同体，提供教师间互动与交流的平台；建立平等和谐、教学相长的师生关系；有效利用外部研究者的专业引领，营造生态合作的学校文化，为教师的专业发展提供丰富的外部资源，实现学校中教师的整体发展。

2.符号互动理论

符号互动理论(Symbolic Interactionism)起源于美国，是一种通过分析人们在日常环境中的互动方式、机制与规律来研究人类群体生活的社会学理论流派，Mead 被认为是符号互动理论的开创者。“符号”、“自我”和“互动”是这一理论中的三个核心概念。根据 Mead 的阐释，“符号”是指所有能代表意义的事物，如语言、文字、物品、手势、场景等，是被人们赋予了某种具有公认意义的事物。“自我”是社会互动的产物，可以分为“主我”和“客我”两个部分。客我即作为社会客体的自我，因为人不仅与他人、环境发生互动，还与自我发生互动，这种互动形式就是人在社会互动中的自我反思，但是人的自我反思也离不开与他人的相互作用。Cooley 据此提出“镜中我”的概念，他认为，一个人的自我产生于和他人的社会性交往，人们需要别人的映照来反思自己，这是他们认识自己的必要途径(转引自陈向明，2003：164-166)。“互动”是符号互动理论中的另一个核心概念。当人们由于某种社会行为与他人产生关系时，这些相互的社会行为就是互动。在社会性互动中，人们不断对变化着的行动进行相互的调适，一方面要向他人表明自己行为的意义，另一方面又要对他人的行为作出解释。互动是日常生活中普遍存在的社会行为，在学习过程中亦是如此。一个人处于学习群体中时，他的行为必然会对群体中其他人的学习产生影响。

符号互动理论为教师教育过程中互动概念的提出提供了社会学依据。教师在参与校本教师教育的过程中,一方面,应与其教育教学环境中的其他因素发生积极的互动;另一方面,还应将自我作为一种社会客体,进行自我审视与反思,而这种反思的展开也离不开与周围环境中其他互动因素的相互作用。因此,多元互动英语教师校本教育模式提倡通过专业引领、同伴互助、师生互动和自我反思等多种互动形式来提高教师的反思能力,实现他们的专业发展。

### (四)教育学理据

#### 1.成人学习理论

自1968年,Knowles提出成人教育学(Andragogy)概念以来,成人学习理论得到了长足发展。Knowles在《成人学习者:一个被忽略的物种》(1990)中将成人学生与儿童学生作了比较,提出了"成人学习的基本预设",包括:①自我概念。成人具有清晰的自我概念,在心理上和社会性上已走向独立和自律,能够指导并控制自己的行为和活动,因此具有以自我为导向的学习倾向,具备自我教育的能力。②经验。与儿童相比,成人具有丰富的生活和工作经验,这些经验本身成为成人学习者的一种重要的学习资源。③学习的准备状态。成人已具备较为成熟的学习条件,学习准备性好,这为他完成各种学习任务、承担社会责任奠定了良好的基础。④学习取向。与儿童相比,成人在学习中任务取向明确,更倾向于进行以问题为中心的学习,强调学以致用。⑤学习动机。成人学习者在学习中更多地受到内在动机的驱动,他们通常是为了解决工作及生活中的问题而进行学习的,在学习之前已经具备了明确的学习目标。

成人学习理论对于英语教师教育具有很大的启示意义。教师学习作为成人学习的一种重要形式,是一种自我导向的学习,是丰富多样的人格化经验参与的学习,是以问题为中心的学习。教师的学习是资源共享的学习,是以提高绩效为目的的学习,是保持智力和情感平衡的过程(鱼霞、毛亚庆,2004:16-17)。因此,在进行英语教师教育时,要立足教师的教育教学生活,以其教学中的实际问题与困难为教师教育的出发点,以点带面,促进教师的专业发展;要尊重教师作为人的发展需求和他们已有的知识与经验,发挥教师的自主意识,鼓励并帮助教师在教学中进行积极的自我反思,优化教学效果,使他们真正成为教师教育及自己专业发展中的主体;要提倡教师在教学工作与专业发展中进行互动式的学习,鼓励教师与同事合作,与学生交流,向外来研究者学习,把不同互动主体的经历与背景作为教师教育工作中的重要资源,在群体间相互交流,取长补短,丰富集体的认识,实现教师的共同发展。

多元互动英语教师校本教育模式体现了教师作为成人的专业发展中所具备的自我导向性和群体合作性。一方面,将教师的专业发展看作是一种自我导向的学习过程,鼓励教师与自我的积极互动,立足自身教学实践,利用自身已有的知识与经验,建构新的学科知识与专业技能,并将这一互动形式作为多元互动模式的核心;另一方面,承认教师专业发展的社会性,将教师的学习与发展看作是一个资源共享、相互合作的过程,因此,关注教师与其校本教学环境中其他主体的互动,关注教师与学生、与学校其他教师及与外来研究者的互动,并将这三种形式的互动作为促进教师自我反思的外部因素,使校本教师教育成为一种持续的互动与对话的过程,而教师就是在这种互动与对话中进行自我导向的学习,实现自身的发展。

2. 生态取向的教师专业发展观

教师专业发展是"教师的心智、经验和情感不断发展的过程"(Lange, 1990:250)。教师专业发展理论可以归纳为三类取向:理智取向、实践—反思取向和生态取向(教育部师范教育司,2003:27)。理智取向的教师专业发展是由教师教育者向教师传授某一学科的学科知识、教育知识和学科教学法知识;实践—反思取向的教师专业发展是使教师通过各种形式的反思深化对于自身的教学活动及专业发展的理解与认识,从而促成教师在反思性实践中的专业成长;生态取向的教师专业发展认为教师专业知识与能力的获得并不完全依靠自己,更多是通过向他人(校外专家或同事)的学习获得,教师合作文化是教师专业发展的必然诉求。因此,教师应多向专家和同伴学习,在积极互动中形成并改进自己的教学方法与策略,以形成教师文化和教学文化,推动教师群体专业化发展的进程。

本书认为三种取向的专业发展观都有其可利用与借鉴之处。教师的专业发展需要有扎实的专业知识为基础,要以教师对于自身及自身的教学实践进行的不断探索与反思为发展的原动力,需要有健康、合作的学校文化为保障,因为教师反思能力的获得与提高不仅仅来自教师个人的学习或偶尔的同事之间的交流,而应该是一种置于学校环境中的、合作的学校文化中的发展。生态取向的教师专业发展观正是在前两种教师专业发展取向的基础上,以更为宏观的视角来认识和理解教师反思能力的发展与专业素质的提升,旨在从体制和文化上为教师持续的专业发展提供外部条件。

多元互动英语教师校本教育模式是基于生态取向的教师发展观而建构的。它利用教师教育教学环境中的各种互动形式来构建健康、合作的学校文化,如利用同事间的互动建立教师学习共同体,为教师的学习与专业发展创建平台,形成教师学习与合作的长效机制;利用教师与外来研究者的互动为教师的发展提供支架,丰富教师的专业知能,培养和提高教师的反思能力、合作能力与专业发展能力;利用教师与学生的互动来建立良好的师生关系,将学生对于教师教学的反馈作为教师反思的基础,营造一种平等、开放、合作的教学文化和教师文化,使教师真正在教学中做到"教学相长"。可见,多元互动英语教师校本教育模式是通过立足教师的教学实践,利用教师教育教学环境中的各种互动形式,建立教师分享与交流的平台,创设教师学习共同体,营造合作的教师文化与学校文化,培养具有扎实的学科专业知识和反思能力的英语教师,实现教师持续的专业发展。

3."做中学"教育理论

"做中学"的教育理论是由 Dewey 针对当时美国教育中脱离儿童生活经验、进行知识灌输的现状而提出的。他认为,教育不应该局限于让学生记忆百科全书式的知识,而应成为学生的一种体验,一个帮助他们掌握学习方法的过程。因此,应让学生"从活动中学","从经验中学",注重经验学习的价值,让学生成为"做"的主体,成为学习的主人,成为知识的探索者和创造者。教师应该将知识的获取置于真正具有教育意义、学生真正感兴趣的活动中,使学生从探究性的行动中发现世界的真相。在此理念的基础上,Dewey 提出了"创设情境—明确问题—提出假设—解决问题—检验假设"的五步教学法。

根据这一理论,英语教师教育应该立足于教师的教学实践,帮助教师在教学实践中发现问题、分析问题、解决问题,在"实践—反思—再实践—再反思"的过程中深化对于英语教学本质的认识,内化外语教育教学理论,从而提高专业素养,实现自身的发展。多元互动英语教师校本教育模式旨在为教师的"做"提供一个思路、一种途径。根据这一模式,教师在进行教学实践之余,还应该通过各种互动途径对教学进行审慎的思考与评价,在实践中不断修正、调整自己的教学理念、教学行为与教学方法,建构、丰富并完善自身的知识体系,在行动与体验中学会教学。在本书所倡导的多元互动英语教师校本教育模式中,教师利用外来研究者创设的支架,学会进行理性的思考和深入的反思,在实践中理解和内化教育教学理论;学会做学生学习的促进者,培养学生自主学习的意识与能力,倾听学生反馈,并将其作为依据积极地改进教学;学会与学校其他教师沟通交流、相互学习,在拥有共同愿景的教师学习共同体中、在健康而平等的学校文化中充分发挥主体性、自主性、合作性,实现自身及学校教师整体的专业发展。可见,在校本教师教育中,教师教育者要做的就是为教师的发展提供支架、搭建平台、营造适合教师发展的良好的外部环境,使教师能够真正做到在做中学,在学中做。

**(五)心理学理据**

心理学中的建构主义(包括社会建构主义)理论和中介作用理论也为多元互动英语教师校本教育模式的提出提供了坚实的理论依据。

1.建构主义理论

建构主义理论是20世纪末具有深远影响的心理学理论。建构主义理论认为:学习是积极主动的意义建构过程,而非被动的知识传授过程,是学习者在一定的社会文化情境下,利用必要的学习资源,通过与他人的积极互动,依据其原有的知识结构进行的意义协商和知识建构的过程。因此,学习者是学习的主体,是信息加工与知识建构的主体,而不是外部输入的被动接受者和知识的灌输对象。建构主义主张“以问题为中心”的学习,即让学习者在“发现问题—分析问题—解决问题”的过程中以自身已有的知识与经验为基础,主动地、创造性地建构新的知识,掌握学习的方法,培养学习的能力。

英语教师的学习与专业发展也是在其与周围环境积极的相互作用中通过各种实践活动实现的,是基于自身教学、不断在问题中重构自身经验的过程(Schoonmaker, 2002),是一个动态的、发展的过程。教师是其学习及发展过程中的主体,他对于自身教学实践的反思与探究是其获得专业知能的重要途径。

Vygosky(1978)的社会建构主义理论强调社会环境与互动的重要性,它认为人的认知能力的发展是在与周围环境的相互作用过程中逐渐实现的,学习即是在一定的社会文化背景下,发生于主体之间的一种社会性的活动,学习者与周围环境的交互作用对于知识的理解和建构起着关键性的作用。这是本书中“多元互动”概念提出所依据的最直接的心理学理论基础。

社会建构主义提倡学习主体间的合作,提倡学习者之间在相互尊重、彼此信任的基础上进行平等的沟通和理性的交流,这一思想也为教师学习共同体这一教师专业发展载体的建立提供了理论支持。

社会建构主义理论中的“最近发展区”概念(Zone of Proximal Development, ZPD)指比学习者的现有能力与知识技能水平略高出一个层次、经他人的帮助可以达到的水平。根据这一概念,学习者得到比他现有知识与技能水平高的成人或同伴的帮助是使他进入潜在发展区的最好的学习方法(Williams & Burden, 2000:44),因此强调教师和学习者同伴为学习者创设支架,促进学习者在已有的知识和经验的基础上,借助外部支架,实现从现有发展区向潜在发展区的转变,从而获得新的知识。多元互动英语教师校本教育模式就是希望教师教育者能够通过多种教师教育的途径与策略为教师的发展构建支架,并努力促成教师与同伴、教师与学生间的对话、协商与合作,使教师在已有知识与经验的基础上,借助这些外部支架,对于自身教学实践进行研究与反思,从而跨越自身专业能力上的最近发展区,获得对于教学的新的理解与认识,在更新理念、优化行为的过程中达到仅凭个人努力无法达到的专业发展的新阶段。

2. 中介作用理论

中介作用理论是由 Feuerstein 等(1991)提出的。Feuerstein 等认为儿童自出生之日起其学习就受到了对他有着重要意义的成人的干预和影响,他们将这些在儿童的学习和成长过程中施加作用的人称为中介者(mediator),将他们为儿童提供的学习体验称为中介作用下的学习体验。在现实生活中,中介者首先是由父母、之后也可以由教师来充当,他们为儿童选择和组织在他们看来是合适的外部刺激,以他们认为最有利于促进学习的方式来呈现这些刺激,并通过干预儿童对刺激的反应来引导和鼓励儿童对于刺激作出更为恰当的回应。在中介作用理论中,成人与儿童的互动关系被认为是对儿童的认知发展起着关键作用的因素。

在教学领域,教师作为中介者,打破了传统教育中他们所扮演的知识传授者的角色,旨在通过与学习者之间的互动帮助学习者掌握学习的方法、技能与策略,学会处理学习中的各种问题,学会独立思考和自主地管理自己的学习,适应各种文化情境和社会变化,使他们获得进步与发展(Williams & Burden, 2000:67-77)。同样,在英语教师校本教育中,教师教育者就是教师专业发展中的中介者,通过与教师的互动,促进同伴互助、师生互动和自我反思,使教师在多元的互动中学会审视自己的课堂、理性地反思自己的教学行为,培养自我的专业发展意识。

Feuerstein 等(1991)还提出了中介作用的 12 个主要特征:

(1)重要性:教师要使学生认识到学习任务的意义,让他们明白这些活动对于他们个人发展以及对社会的价值。

(2)超越当前的学习目的:学生需要认识到某个学习体验除了达到当前的学习目的之外,还具有更深远的意义。

(3)让学生了解意图:在呈现某个学习任务时,教师必须有清楚的意图,让学生理解这一意图并对此作出反馈。

(4)胜任感:使学生感到自己能成功地完成所面对的任务。

(5)对自己行为的控制:使学生有能力控制和规范他们自己的学习、思想和行动。

(6)确立目标:使学生有能力制订现实的目标和制订达到目标的计划。

(7)挑战:使学生需要挑战、寻求挑战,满足他们对于挑战的需求。

(8)认识变化:使学生理解认识是不断变化的,使他们有能力认识和评价发生在自己身上的变化。

(9)相信积极的结果:使学生相信即使面对困难,也总能找到解决困难的办法。

(10)共享:使学生理解合作,使他们懂得合作可以更好地解决问题。

(11)个性:承认和尊重学生的个性和独特性。

(12)归属感:使学生感觉到自己属于一个团体和一种文化。

Fuerstein 等指出,前三点特征适用于所有的学习情境;第(4)点到第(9)点旨在帮助学习者对自己的学习负责;第(10)点到第(12)点特征旨在促进学生的社会化发展。这些特征也指出了英语教师校本教育中教师教育者在扮演中介者角色时需要注意的问题与遵循的原则,旨在通过教师教育者与教师之间的互动帮助教师对自己的教学与专业发展负责,鼓励教师通过相互支持、分享经验、交流思想,创建合作的教师与学校文化,使他们在"学会教学"这一社会化的过程中不断地成长与进步。

在多学科的理论基础之上,多元互动英语教师校本教育模式试图为我国英语教师的校本教育寻找具有强大理论依托和可操作性的有效途径。

## 三、模式内容

### (一)互动与多元互动概念

互动(Interaction)是一个社会心理学概念,从构词角度来看,"互"是"交替、相互"的意思;"动"是"使起作用或变化"的意思,因此,"互动"就是指一种使彼此发生作用或变化的过程。《新牛津英汉双解大词典》中将"互动"一词解释为"reciprocal action or influence"(相互作用、相互影响)。互动的动词形式为 interact,前缀"inter-"有"相互"、"彼此"、"共同"之义,"act"是"行动"、"行为"的含义,因此,interact 一词为"相互作用(to act mutually)"的意义。

在社会生活领域中,互动指"互动主体之间通过言语或非言语进行信息、思想、情感的交流"(刘尧、戴海燕,2010:66)。这一概念中包含三层含义:首先,互动依赖于一定的媒介,这种媒介可以是言语的形式,也可以是非言语形式;其次,互动的内容除了信息外,还有思想与情感等;最后,互动的目的在于实现主体之间的交流与沟通。社会生活领域的互动强调特定的社会情境,强调动作或情感相互作用的对等性或对称性,强调互动双方的相对独立性及其作为互动主体的双向交流和沟通的过程。

根据互动概念的定义,本书中将"多元互动"界定为"处于特定社会情境中的由多个互动主体构成的多种形式的互动,是互动主体之间在信息、思想、情感方面交互作用的结果"。多元互动中的各种互动形式不是孤立、分散存在的,而是一个相互联系、相互作用、互为补充、发挥合力的整体,以实现共同的目标、谋求共同的发展。各种互动形式与整个多元互动体系之间是局部与整体的关系,多元互动体系是由各种互动形式构成的，其整体功能大于各互动形式功能之和。

英语教师校本教育置于教师具体的教育教学环境中，是一个包含诸多因素的复杂过程。研究证实，多元的、互动性的教师教育与发展活动能够使教师获得更多的研究和反思他们自己教学的机会（Gebhard & Oprandy，1999：28），能够让他们从不同层次、不同角度更好地了解、分享自我，即“公开的自我、秘密的自我、盲目的自我和未知的自我”[①]（转引自 Richards，2002：119）。因此，在英语教师校本教育中，利用教师与其教育教学环境中诸因素的多元互动能够促成教师反思意识与能力的提高，使他们成为反思性实践者和课堂教学的研究者，成为学者型、专家型的符合时代发展需求的高素质英语教师。

**（二）多元互动形式**

本书在对英语教师的教育教学环境及国内外外语教师校本教育研究中涉及的互动主体进行分析的基础上确定了多元互动英语教师校本教育模式中的四个主要因素，或主要的互动主体——教师、学生、同事与外来研究者。尽管目前对于外语教师校本教育中的四种互动形式——教师与自我的互动、教师与学生之间的互动、教师与同事之间的互动以及教师与研究者之间的互动，国内外已有不少学者进行了相关的理论探索和实证研究，但是对于这四种互动形式之间的内在联系、对于如何在实践中利用他们之间的相互联系来最大限度地趋利避害、提高教师教育的效率却很少有人进行过深入探讨与尝试。因此，如何促成四大因素之间的良性互动，如何使各种互动形式在教师的专业能力发展过程中相互作用、互为补充，是英语教师校本教育探索中值得认真思考的问题，也是英语教师校本教育高效进行的重要保证。

四大互动因素之间呈现什么样的相互关系？四种互动形式之间关系如何？它们对于模式目标的实现又起到了什么作用？在构建多元互动英语教师校本教育模式时，作者从 Korthagen（2004）的“洋葱圈模式”中受到了启发。“洋葱圈模式”认为，对教师工作影响最大的因素是“使命”，它处在“洋葱圈”的最里层，依次往外分别是自我认同、信念、能力、行为、环境（如图 3-1）。

---

① 教师自我评估中的四个层次。“公开的自我”指教师自我与他人都了解的关于该教师的信息；“秘密的自我”是指教师自己知道，但是一般不愿与他人分享的信息；“盲目的自我”是指他人知道，但是教师自己不知道的关于他自身的信息；“未知的自我”是教师自己与他人都不知道的关于他的信息（转引自 Richards，J C. *The Language Teaching Matrix*. Shanghai：Shanghai Foreign Language Education Press，2002：119）。

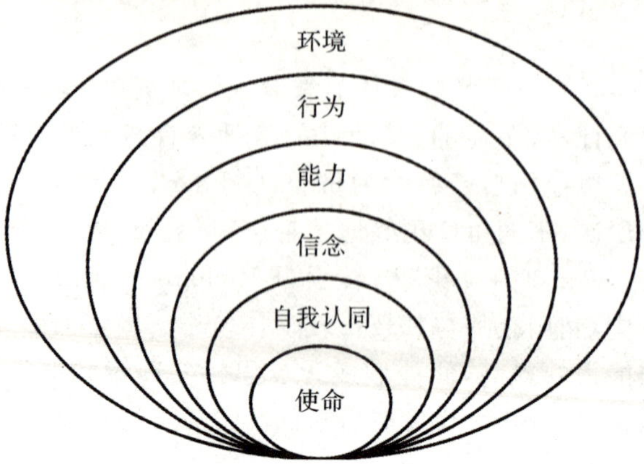


图 3-1 Korthagen 的“洋葱圈模式”

我们认为,从社会文化视角来看,英语教师校本教育环境中的四大互动主体——教师、学生、同事与外来研究者同样也构成了一个具有层递关系的四层体系(如图 3-2),即一个“洋葱圈体系”,它们之间的相互作用构成了英语教师在其复杂的教育教学环境中所经历的主要互动形式,是在英语教师校本教育实现培养和提高教师反思能力目标中起着关键作用的因素。可以说,“互动”概念有效统整了英语教师专业发展中的主要环境因素。处于最内层、最核心的因素是教师本身,其互动形式就是教师与自我的互动,即教师的自我反思;其外圈是在教学实践中与教师有着最直接关系的学生,构成了多元互动模式中的第二层互动关系——师生互动,包括教师对于学生学习与成长的指导、学生对于教师教育教学工作的反馈以及师生间在信息、思想和情感等各方面的交流;处于第三层的是校内的其他教师,包括同一学科的教师和不同学科的教师,这一层的互动关系包括教师与同事间的相互观摩、相互交流、相互协作与共同发展,即同伴互助,旨在创建教师学习共同体,营造有利于教师持续专业发展的学校文化;最外圈为教师与校外研究者之间的互动,包括研究者对于教师的专业引领及教师与研究者之间的相互学习、共同发展。因此,这一模式包含了 Grundy 和 Robinson(2004)提出的教师专业发展中的两股推动力:一是来自系统的推动力,包括学校和社会等因素的影响(师生互动、同伴互助和专业引领);二是个体自身的推动力,即自身职业发展的阶段和职业发展的意识(自我反思)。

以下将对多元互动英语教师校本教育模式中的四种互动形式——自我反思、师生互动、同伴互助、专业引领一一进行具体的阐述。

1. 自我反思

自我反思是教师与自我的一种互动形式,是教师专业发展最重要的基础

(Ur, 2000)，它具有内在指向性，是指教师对于自身教学实践和专业发展进行的自我观察与理性思考，关注自身教学行为的改进、教学质量的优化和专业素质的提高，通过在教学实践中不断地发现问题、分析问题、解决问题来提高教学实践的合理性与有效性，不断地检验、修正、内化教育教学理念与思想，从而建立和发展个人的知识体系，提高批判性反思意识与能力，实现自身的专业发展。自我反思是反思的一个方面，可以采用教学日志、自我课堂观察（录像、录音）、行动研究、教学档案袋、理论文献阅读等方式来进行。

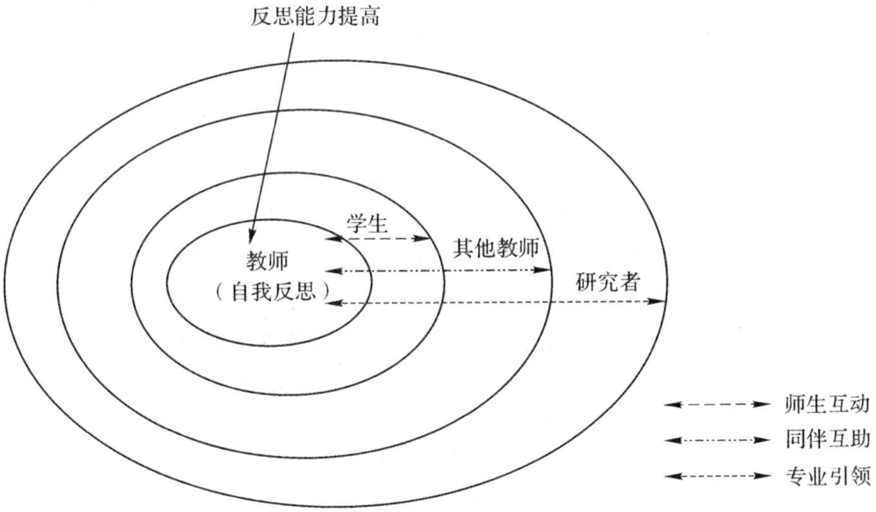


图 3-2　多元互动英语教师校本教育模式

教师职业一直以来都被认为是一种“鸡蛋盒的职业”(Lortie, 1975:223)，职业的性质决定了在日常的教学活动中，每个教师都必须要独立地面对教材、课堂和学生，独立地去处理课堂教学中的所有问题，独立地对学生的学习效果作出评价。因此，每一位教师都需要成为自身教学实践场域中的主体，对自己的教学效果负责，在教学中不断反思、不断学习，客观审视、深入理解自己的教学过程，增强对其自身教学实践中优势与不足的自我意识程度，缩小实际教学行为与教学理念之间的差距，实现教学专业知能的发展和实践智慧的提升。美国 2000 年通过的《外语教学标准》中将“分析和评价自己的教学以强化教学效果和促进学生学习”作为对于教师教学的要求之一（转引自梁中贤，2004:60)。拥有 40 余年外语教学与外语教师教育经历的 Julian Edge 也曾说过，“作为一个独立的个体，我的发展是掌握在我自己手中的，只有我自己才能够真正理解我的课堂教学行为，感受到我从中得到的收获，体会到强烈的个人成就感。对于我来说，每一堂课都是进一步了解教学、了解自身的过程”（转引自 Bailey 等，2009:12)。

因此,自我反思是多元互动英语教师校本教育模式中最核心的互动关系,因为教学是一个自觉的探究事业(Widdowson,1990),最有效的教师发展与变化源于教师个人本身(Randall & Thornton,2001:3),源于其对自身课堂教学反思与研究意识的觉醒。"没有个人的思考,没有对自己教学的寻根究底的精神,任何提高教学法的工作都是不可思议的。"(苏霍姆林斯基,1984:115)在校本教师教育活动中,教师的成长是由其自我专业发展意识所驱动的,无论提供多少外部输入,其目的都是为了鼓励和实现教师对于个人教学实践的探索,都需要教师以个人的专业经验为基础,通过自我反思来进行个性化的诠释(Cook & Seidlhofer, 1995:35),来加以内化与吸收。对于一个缺乏自我发展的内驱力与自我反思能力的教师,一切外部输入都将是徒劳的,正如孔子在《论语》中所言:"不愤不启、不悱不发。"

当然,尽管从某种意义上来说,教师的成长是一个高度个体化的过程,但它并非发生于真空之中,而是个体教师与其教学情境中的各种因素交互作用的结果(Williams & Burden,1997)。封闭型的个人反思能够促进教师的专业发展,但是其效果是有限的(韩刚,2008),正如Clair(1998:467)所说过的:"我承认教师专业发展中个人努力的作用,但是我更清楚教师教育中集体能量的必要性。"因此,教师教育要将教师作为一个富有生命力的个体来看待,也要将其作为一个具有社会性的、整体的人来看待,强调教师保持开放的心态向他人学习,强调教师协调各种可能和现实因素以实现自我专业发展意识与能力的提高(叶澜等,2001:221),鼓励教师通过与外部因素的互动来获得其对自身教学实践进行反思的外部输入,并在与这些互动因素的对话所形成的社会性框架中实现他们的专业发展(Roberts, 1998)。Forsdale(1981:92)曾说过,由于与周围环境的孤立而产生的焦虑、孤独感推动着作为"孤岛"的教师们建立相互间意义沟通的桥梁与道路。在自我发展过程中,需要寻求他人的帮助,因为教师对于其教学实践的探索不可能在真空中进行。Edge(1993:3-4)也曾对此进行过论述:"我想要研究我的教学,但如果不理解它我就无法研究,我一个人也无法理解它……我需要其他人——同事、学生。只有通过与其他人的合作,我们才能够理解我们自己的经历,也才能够用他人的经验和理解来丰富和充实我们的实践。"可以说,这些"其他人"为教师进行教学研究与反思提供了外部输入,是教师成为反思性实践者的重要的外部环境因素。在与这些"其他人"互动并进行意义协商的过程中,教师们也实现了对于自身教学实践认识上的拓展与重构(Bailey et al.,1998)。因此,在本书中我们尝试利用师生互动、同伴互助和专业引领等多元的互动形式来为教师提供个人反思的内容与依据、指导反思的方法与策略,提高其对于自身教学实践的反思能力与效果。

2. 师生互动

多元互动英语教师校本教育模式中的师生互动是指在英语教学过程中教师和学生两大主体间的各种交互作用与影响,是师生间因教学关系而产生的社会交往活动。这种互动形式并不局限于课堂教学环境中,而是可以拓展至非正式的课外活动中,包括教师对于学生学习与成长的指导、学生对于教师教育教学工作的反馈以及师生间在信息、思想和情感等各方面的交流。

教师与学生是教育过程中两个不可或缺的因素,尽管他们在教学中所承担的任务各不相同,但却是教育活动中的"复合主体"——教师是"教"的主体,学生是"学"的主体(叶澜,1991:12-15)。然而,传统的师生关系中,教师是知识的传授者,是绝对权威,始终把握着师生互动过程中的主动权;学生则处于被动的地位,扮演着接收知识和服从命令的角色,教师怎么教,学生就怎么学。随着终身教育理念的深入人心,教师和学生之间已不再是一桶水和一瓶水的关系,教学也不再局限于知识的简单传授,而是一个教学相长、师生间合作互动、共同进步的过程。因此,本书中倡导的师生互动是一种师生间民主、平等、双向合作的关系。

民主与平等是健康师生关系的基础,因为教师的教育教学灵感主要来源于他们与学生的思想交流与心灵碰撞。没有与学生的平等关系,缺乏对学生的理解与关怀,学生就不可能愿意与教师积极配合,向教师敞开心扉,表达自己真实的感受,教师也就失去了其教学创作的灵感之源,师生间的交流与互动也就失去了效果与意义。

师生互动对于教师而言,意味着教师从原来的知识传授者转向学生学习与发展的促进者,教师要通过指导、启发、鼓励的方式激发学生的学习积极性,帮助学生掌握学习的策略与方法,为学生提供表达思想、展示自我的平台,创造和谐、自主的学习氛围与环境,同时还要建立畅通的师生思想交流和信息反馈的渠道,了解学生对于教学的反馈,以达到共同发展、提高教育实效的目的。在指导学生学习的过程中,在与学生的交流与对话中,教师一方面会对学生的知识、智力与人格发展产生影响;另一方面也能够反思自身在专业知识与教育教学行为中的不足,从而不断学习、进步与成长。可以说,师生互动为教师反思自身的教学实践提供了丰富的内容。学生在课堂教学中的表现、他们对于教师教学的反应、他们的学习效果以及他们对于教师教学的各种形式的反馈都是教师在课堂教学中进行即时的决策(行动中的反思)和对自己的教学实践进行回顾与反思(对于行动的反思)时的重要依据。常常有教师在教学中由于与学生的思想碰撞而产生了灵感,受到了启发,学习到了他们尚不熟悉与了解的知识。正如 Johnston 所指出的,"师生互动为教师提供了深入研究和反思自己课堂的绝好的机会”(Johnston,2009:242)。正是在与学生平等的精神交流中,在日复一日的反思性实践中,教师才能使反思成为自己的一种职业态度,才能在对于教学的不断探索中寻求优化自身教学效果的方法与途径,不断提高自己的专业素养与反思能力。

3. 同伴互助

教师是社会中的成员,他们的专业发展“需要正式或非正式的实践团体的支持,是一个全面持久的团队发展的过程”(袁燕华,2012:22)。因此,他们需要走出各自的课堂,与学校的其他教师分享彼此的教学经验及其对教学信念、教学价值和教学原则的反思,对彼此感到困惑的难题给予反馈,在彼此的沟通交流与思维碰撞中得到启发与激励,从而获得自身专业发展的动力与潜能。

在我国,同事间的互助合作有着深厚的历史基础。早在两千年前,《礼记》中就有“相观而善之谓摩……独学而无友,必孤陋而寡闻”的说法。20 世纪 50 年代开始,我国教育部要求在中小学逐步建立统一的教学研究管理系统,在各学校建立年级备课组和学科教研组,即在同一年级建立备课组,由同一学科各个年级的备课组组成该学科的教研组,这是同伴互助合作组织的雏形。然而,由于学校管理体制、教师工作的性质、教师专业素质等原因,我国中小学,甚至是大学中的教研室、备课组在促进教师专业发展方面所起的作用往往并不令人满意,不少教研室、备课组活动流于形式。很多教师虽然常常要求学生通过小组合作完成学习任务,但是由于“目前教师的专业生活中缺少交流与对话”(徐斌艳,2008:143),教师自己对于如何与他人进行有效的互动、如何与同事分享经验、如何与他人合作解决教学中的问题、如何利用合作来提高教学效果等方面的认识也是相当匮乏的(王洁、顾泠沅,2007)。

本书倡导的校本教师教育中的同伴互助是指英语教师与校内的其他教师,包括同一学科的教师和不同学科的教师,进行专业对话、共享资源、相互协作、相互启发、共同探索、共同发展的过程,旨在创建教师探究、反思和学习的共同体,营造有利于教师持续专业发展的学校文化。教师学习共同体与学校文化的创建是教师实现持续专业发展的基本途径,是教师在外来研究者离开后仍然能够自主发展的有力保障。

同伴互助可以采用多种形式来开展。Little(1990)基于美国教师教育的实践提出了教师合作的四种主要形式:①关于教学的日常交谈;②共同进行教学设计、教材开发和教学方法的开发;③观察同事的教学;④同事间相互接受新的想法和实践方法等。Richards 和 Farrell(2005)也提出了工作坊、教师合作小组、同伴观摩、分析教学关键事件、课例分析、同伴互导、合作教学、合作开展行动研究等可行的同伴互助形式。

教师间对于自身教学中经验的分享、问题的讨论有利于教师克服职业孤独感,为教师构建拓展知识、共享资源、交流思想、共同反思的平台,为他们探讨和解决教学中的实际问题、摸索新的教学方法与策略提供广阔的空间,使教师能够在相互信任、相互支持、相互合作的学校氛围中从其他教师那里获得专业知识和情感上的认同与提升。由于每个教师的学习经历、教学经历、个性与能力的不同,他们对于教育教学事件的认识、理解与处理上也不尽相同,因此,互动合作机制和学习共同体的创建有利于实现教师间的优势互补,最大限度地发挥每一位教师的潜质。在分享同伴的教学经验、为他们在教学中遇到的难题提供建议和反馈的过程中,教师会进行深入的自我反思,重构他们对于自己所从事的教育教学实践以及英语教学本质的认识,会从他人成功或失败的经历中学会理性地思考、汲取养分,不断地修正教学理念、调整教学方法,做到"见人善,即思齐;纵去远,以渐跻;见人恶,即内省;有则改,无加警"(《弟子规·信篇》),在互动中不断地学会教学、学会学习、学会反思。

4. 专业引领

本书中提出的专业引领是指教师与校外研究者的互动。一方面,研究者深入学校,立足学校教育教学实际,为教师的知识建构与专业发展创设支架,培养教师对于自身教学实践的反思意识与能力,实现教师持续的专业发展;另一方面,研究者与教师之间相互学习,共同发展,研究者在指导与学习的过程中寻求理论的实践化,加深对于一线教育教学实践及教学理论的理解与认识,谋求理论与实践的最佳结合,以提升自我的专业素养,更好地发挥专业引领的作用。这里需要指出的是,从字面上来看,专业引领仅具有单向指导的意义,即指研究者对于一线教师专业发展的指导,但是作为一种互动形式,本书中的专业引领也关注研究者在指导教师过程中获得的自身的学习与成长,因为"研究者与教师学习者的高度合作可以促进双方的共同发展"(刘学惠,2007:25)。但是本书并不将这一方面作为研究的重点,因为作为教师教育的一种途径,我们更关注专业引领中研究者作为教师教育者专业素质和能力的提升对于校本教师教育效果的影响。

这一模式中的研究者主要是指高校研究者或本地区英语学科的教研员。我国英语教师中普遍存在着理论素养低、教育教学理念落后、科研意识薄弱、课务压力大、进修资源匮乏等不足,迫切需要校外研究者予以专业上的指导与引领,帮助他们了解本学科、本专业的最新研究成果及其在教学中的运用、掌握外语教学研究的基本方法、培养他们对于自身课堂教学实践的反思意识与专业发展意识,鼓励他们开展基于教学的行动研究,优化教学质量,提升专业素养。以研究者对于中小学英语教师的专业引领为例:

(1)高校研究者对于中小学英语教师的专业引领

在国外，高校与中小学建立专业合作、开展教师教育的思想由来已久。20世纪80年代开始，为顺应美国的师范教育改革，由美国40所研究性大学的教育专家组成的霍姆斯小组发表了《明日之教师》(*Tomorrow's Teachers*)(1986)、《明日之学校：专业发展学校设计之原则》(*Tomorrow's Schools: Principles for the Design of Professional Development Schools*)(1990)、《明日之教育学院》(*Tomorrow's Schools of Education*)(1995)三份报告，提出了"教师专业发展学校"(Professional Development School, PDS)的概念，建议大学教研人员和中小学教师之间建立伙伴关系；英国教育与技能部(Department for Education and Skills)2002年出版的外语教育改革总体目标方案《全民的外语：生活的外语——英国外语教育发展战略》(*Languages for All: Languages for life—A Strategy for England*)中也明确提出"英国政府鼓励高等教育机构与中小学的联系，为中小学外语教育提供支持和帮助，探索中小学外语教师专业发展的有效途径"；我国教育部早在2003年就指出，"校本教师培训的基本特征就是高等教育机构与中小学校之间建立伙伴关系，这种伙伴关系是强化教育理论与实践相结合的基本途径"(教育部师范教育司，2003：315)；北京师范大学、首都师范大学、华东师范大学和中央教育科学研究院都与中小学校开展了多种形式的校际合作，并建立了一批示范学校和实验学校(教育部师范教育司，2003：354)。不少外语教育专家(刘学惠，2004；王蔷，2010；文秋芳、任庆梅，2010)指出，促进高校研究者与一线教师的合作交流是提高英语教师反思意识与教研能力的重要条件，并进行了很多通过院校合作开展教师教育的有益尝试，取得了良好的效果。

加强大学与中小学的联系与交流，开展大学英语教师与中小学英语教师的教研合作，利用高校的资源优势，促进中小学英语教师的专业发展，是发挥高校服务地方文化教育的社会职能与责任、提高我国英语教师队伍专业素质的必要且有效的途径，具有深远的现实意义。

与中小学一线英语教师相比，高校研究者有着较为深厚的理论积累，对于外语教育教学理论、二语习得理论等的理解和掌握都比较深刻，但是却往往不能将理论研究与实际问题结合起来，对中小学常态的教学情况也了解不够；而一线教师具有丰富的外语教学经验，教学技巧熟练，对于学生和学校的具体情况都有着深入细致的了解，但容易局限于自身的经验，在教学实践中缺乏理论的指导。因此，两者在相互尊重、相互信任的基础上建立合作关系，进行积极的互动，有利于发挥研究者的学术研究资源优势和一线教师的课堂教学资源优势(王蔷、张虹，2012)，弥补各自的不足，克服传统的英语教师教育中理论与实践脱节的弊端,打破长期以来“理论研究”与“实践操作”之间的藩篱。研究者对于教师的专业引领重在提供专业支持,并通过多种途径发展教师的合作意识与反思意识,促进同伴互助、师生互动和自我反思,为教师对于自身教学实践的反思与探究指导方法、构建支架,改变基础教育的教研文化,使教师不再是单纯的知识使用者、消费者,而是教育改革的积极参与者、教育实践中自主的反思者和研究者、教育教学理论的创造者(Freeman & Johnson, 1998; Johnston, 2003)。

(2)英语学科教研员对于中小学英语教师的专业引领

对于中小学英语教师而言,除了高校研究者,各地区的英语教研员也是外来研究者的一个重要组成部分。传统的教研活动基本上都是自上而下的,学校教研活动服从于上级教研部门的安排,根据教研部门的要求完成教研任务;而以校为本的教研活动以帮助教师解决其教育教学实践中的现实问题为直接目标,这就需要上级教研部门为学校的现实发展需求提供支持和指导。教研员应定期深入教学第一线听课调研,及时了解并掌握教师在教学中遇到的问题,帮助他们解决教学中的困惑。

英语学科教研员来自学科教学的第一线,与高校研究者不同,教研员对于一线的英语教学有着深入的了解和丰富的实践经验。因此,他们能够以自身的教学经历与体验对中小学英语教师在教学技能、课堂管理、教学方法等方面提供更直接的指导,帮助他们切实解决教育教学中的实际问题,能够使教师在与他们的交流与探讨中,反思自己的教育教学行为,从而在教学中及时地进行调整,以提高教学的质量;另一方面,在对教师的教学实践进行指导的同时,教研员也需要实现自身的发展,即从经验型向科研型的转变。在校本教师教育中,教研员的角色不仅仅是一个教师教育者,更应是一线教师的合作研究者,利用自身的经验与优势,与教师对教学实践进行深入的研究与探讨,帮助教师成为教学中的研究者与知识的主动建构者。

可见,研究者的参与是校本教师教育实现可持续发展的关键,他们能够为教师的成长与发展提供专业的引领,为教师专业知识的建构、教育理念、教育行为的修正与调整、反思意识与能力的培养与提高创设支架。因此,教师与研究者的互动不仅是一个发现问题、分析问题、解决问题的学术过程,更是一个“引起批判性思维和不断探究的学习过程”(王洁、顾泠沅,2007:66),是将研究与学习融于教学工作的过程。

### (三)多元互动间的相互关系

我们认为四种互动形式相互作用,相互充实,互为补充,形成合力,共同促进英语教师反思能力的提高。自我反思是多元互动模式的核心,是一切外部推动力的目标与最终归宿,教师必须在对自身教学实践和教育教学理论等的不断自我反思中实现自身的发展;师生互动提供反馈,旨在鼓励教师通过对于学生的学习指导和与学生的交流了解他们对于教学的需求与反馈,以调整和优化教学,提高自身的专业能力,真正做到教学相长;同伴互助构建载体,旨在通过教师间的相互学习与合作,实现资源共享、思维互动,打造优秀的教师学习共同体,建立相互学习的长效机制,使教师学习共同体成为有能力承载教师专业发展、构建生态教师文化、学校文化的有效组织;专业引领创设支架,促进同伴互助、师生互动和自我反思的有效展开,为教师提供自主、持续的专业发展的能力(Randall & Thornton,2001:55),是教师专业发展的外部助推器,是驱动教师微观教学环境中的主要因素之间产生良性、有效互动的推动力。自我反思需要借助与他人的合作,需要他人的观察、倾听与交流,为其提供反馈、启发思维(舒白梅,2005:383)。专业引领、同伴互助与师生互动正是为自我反思提供了外部刺激与信息来源,专业引领构建外部支架、促成同伴互助和师生互动的最终目标是实现教师的自我反思;而教师自我反思的实现与发展也能够使师生互动、同伴互助与专业引领更丰富、更真实、更有效。师生互动为同伴互助提供内容,同伴互助为实现师生间的良性、有效互动创造条件,同伴互助、师生互动和自我反思为研究者的专业引领提供反馈与动态的需求分析,三者结合也是教师在研究者离开后仍然能够实现持续专业发展的有力保障。据此,我们将这四种互动形式在多元互动英语教师校本教育模式中的作用及相互关系归纳为:自我反思—核心要素;师生互动—提供反馈;同伴互助—构建载体;专业引领—创设支架,如图 3-3 所示。

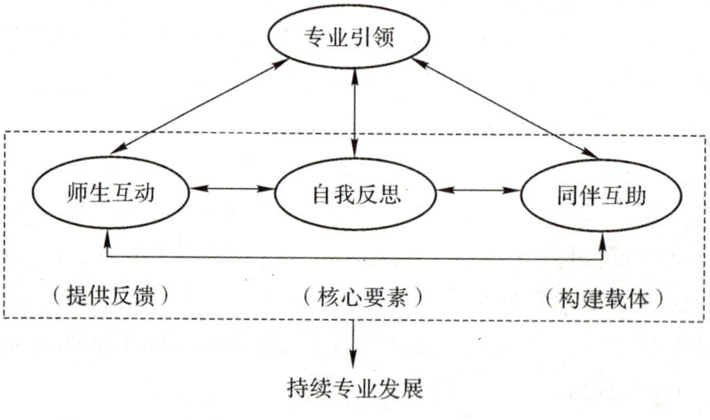


图 3-3 多元互动间的相互关系

### (四)多元互动与反思能力培养的辩证关系

多元互动英语教师校本教育模式是在分析了外语教师教育领域发展趋势

与国内外外语教师校本教育现状的基础上,以社会互动为基本概念与组织形式,以教师反思能力培养为目标的英语教师教育模式。在这一模式中,反思能力培养是多元互动的出发点与最终归宿,多元互动是反思能力培养的有效途径,多元互动与反思能力培养构成了教师专业发展的持续良性循环。

第一,反思能力培养是多元互动的出发点与最终归宿。

在多元互动英语教师校本教育模式中,各种互动形式都以培养教师的反思能力为各自的出发点与最终归宿。

专业引领是外部助推器,它以外来研究者与教师之间的积极互动打破了传统外语教师教育模式中教育者绝对权威、教师被动接受的弊端,改变了教育者理论灌输者的角色,也颠覆了教师教育教学工具的定位,通过有针对性的教师教育活动,为教师的自我反思、师生互动与同伴互助构建支架,帮助教师在与学校其他教师的专业合作中,与学生的相互学习中和对自身教学实践与教师生命价值的审视中学会理性地思考自己的专业行为与能力,将教师的反思能力培养作为教师教育的最终目标。模式中的同伴互助旨在使教师借助同事间互动与合作的平台,在相互交流与观摩中借鉴其他教师教学中的成功之处,在共同探讨教学难题的过程中相互启发,相互学习;在聚焦他人课堂教学的同时获得理解与思考问题的新的视角,反思自己的教学理念、教学方法与教学行为。师生互动旨在使教师通过对于学生课内外学习的指导、通过与学生正式的或非正式的交流深入反思自身教学与专业能力中的不足,提高利用学生这一教学主体资源来反思与完善教学的能力。专业引领、同伴互助与师生互动的最终目的都是促成教师的自我反思,提高教师的反思能力,因为这是实现英语教师持续、自主的专业发展、带来学校英语教育质量提高的核心要素。

第二,多元互动是反思能力培养的有效途径。

在多元互动英语教师校本教育模式中,自我反思、师生互动、同伴互助与专业引领四种互动形式相互作用,互为补充,形成合力,是教师反思能力培养的有效途径。外来研究者有着较为深厚的理论基础,在专业知识与专业能力上具备优势,在多元互动的英语教师校本教育模式所倡导的专业引领中,研究者不再是知识的灌输者和信息的提供者,而是教师学习的促进者和合作者。他们为教师敏锐地发现并解决自身教学中的问题创设条件、提供支架,他们将外语教学理论融入对于教师课堂教学具体事件的分析中,将抽象的理论与教师的教学实践紧密结合,成为教师在教学中可运用、会运用的具体理念与方法,从而帮助教师内化教育教学理论并能够运用这些理论来指导实践和对自身教学实践进行反思。同伴互助旨在创建教师学习共同体,为教师反思能力的提高提供平台。教师由于个人学习、生活经历的不同,其已有的知识体系、认识世界的方式和对于英语教学的看法也不尽相同,因此,教师学习共同体的构建有利于发挥教师的个人潜力,能够为教师的个人反思提供不同的思路与内容,从而提高教师的反思能力与质量。师生互动也是英语教师校本教育中培养教师反思能力的有效途径。多元互动模式认为,教师在对学生的教学与指导中遇到困难时不应一味地归咎于学生,而是应该及时地反思自己专业知识与教学中的不足,及时与学生交流对于教学的意见与建议,并以此作为自我反思的内容与依据,来调整教学,更高效地完成教学任务。最后,教师的自我反思是实现其反思能力提高的最主要的途径。只有将外部的各种互动形式与内容体现并渗透于教师的自我反思中,使教师在此过程中内化知识、学得方法,才能真正实现他们反思能力的培养与提高。

第三,多元互动与反思能力培养构成教师专业发展的持续良性循环。

在英语教师的校本教育中,多元互动是反思能力培养的有效途径,而教师反思能力的提高又能够进一步地促进互动主体间的相互作用,使多元互动更持续、更有效地展开,这是因为:首先,教师反思意识的增强、反思能力的提高,会帮助教师产生问题意识,质疑看似"没有问题"的问题(徐碧美,2003:9),发现自身教学理念与常规行为中的不足,会经常对于课堂教学进行自我回顾与反思,会在遇到困惑时向外来的研究者请教、与同事交流、寻求解决问题的方案,会主动与学生交流,了解学生对于自身教学的反馈,这样的互动立足于教师的教学实践,源于教师教学实践中的问题,并以解决问题为互动的内容与目标。因此,多元互动能够更丰富、更充实、更有针对性地在真实的教学情境中加以落实。其次,反思能力的提高能够使教师在与外来研究者、学校同事及与学生的合作与交流中贡献更多的知识与才智,更好地体现教师在校本教师教育中的主体地位,提高多元互动的质量:在与外来研究者的互动中,教师能够更主动地与研究者探讨自身在教学与专业发展中的问题,能够从与研究者的沟通与交流中培养理性思考的习惯,逐渐学会运用外语教育教学理论来指导自己的教学实践,逐渐从寻求指导与帮助到借助外部支架独立地解决问题,成为教学中的积极反思者和研究者;在与学校其他教师的互动中,教师反思能力的提高能够使他们相互间的交流与沟通更为深入,更富有成效,能够使教师的学习共同体在教师的专业生活中发挥更大的作用,成为教师专业成长的重要平台与载体;在与学生的互动中,教师反思能力的提高能够使他们更好地审视自身的教学行为与学生的学习效果,有针对性地利用学生对于教学的反馈来改进与调整教学,提高师生互动的质量。

可见,在英语教师的校本教育中,多元互动的有效展开能够促进教师反思能力的提高,而反思能力的提高又使得多元互动能够更为持续、高效地进行,由此形成一个多元互动与反思能力培养的良性循环,带来教师持续的专业发展。

## 四、模式特点

### (一)自主建构

舍恩曾说过:“学生是最主要的自我教育者”(舍恩,2009:77),同样,在教师教育领域,环境因素的驱动虽然能够为教师的专业发展提供所需的外部条件,但是教师自我反思意识这一内部驱动力的激发才是教师获得专业知识、实现持续专业发展的保障。与传统的讲座式的、知识本位的教师教育模式不同,多元互动英语教师校本教育模式注重对于教师自我发展意识与能力的激发与培养,它提倡“后灌输”(post-transmission)的教师教育理念(Kumaravadivelu, 2012: 2),将教师的自我反思作为最核心的互动关系,鼓励教师以自身已有的知识与经验为基础,借助多元互动因素,在对自身教学实践进行批判性反思的过程中通过分析问题、解决问题来更新对于教学的认识与理解,自主建构专业知识体系,发展自身的专业能力,因为教学不是“教”会的,而是在教学实践中、在“做”中学会的,外部的支持只能起到辅助作用,就像苏格拉底经典的产婆术原理一样——孕妇必须自己把肚子里的孩子生出来,而产婆的作用只是帮助她更顺利地生产。苏格拉底把教师比作“知识的产婆”——教师可以辅助学生学习,启迪学生思考,但无法将知识直接传递给学生,学生必须通过自己的反思与探究来内化、建构知识(百度百科,2012)。只有当学生对所学的东西“不仅有思想上的认同,而且有身体上的型塑时,他们才能自如地将所学到的东西有效地迁移到自己的行动中”(陈向明,2010:4)。因此,这一模式强调教师与自我的专业对话,强调教师对于自身教学实践经历的回顾、反思与评价,从而了解自我成长的轨迹,把握对自己专业发展的调节与监控,在真正意义上成为自身发展的主人。

### (二)持续输入

教师也是学生,是需要终身学习的学生(韩刚,2008:3)。多元互动英语教师校本教育模式在强调教师自我反思、自主建构重要性的同时,非常注重外部输入对于英语教师学习与成长的重要意义。外来研究者的专业引领、与学校其他教师的互助与合作、与学生的交流与沟通,这些都成为促成教师学习与发展的持续、有效的信息来源,成为教师自我反思的外部输入。在英语教师的校本教育中,外来研究者深入学校,根据教师教育教学的现状和他们对于自身职业发展的需求,利用多样的教师教育途径,如教学日志的反馈、课堂观摩、课例分析、主题研讨等形式为教师的成长与发展构建支架,促进教师与学校其他教师之间、教师与学生之间的积极互动,建立教师学习共同体,为教师间的相互交流与平等协作创设平台,营造合作、积极的教师文化和教学文化。持续的外部输入有利于培养教师的自我发展意识,提高他们的专业发展能力,使教师学会对自身的教学理念与教学实践进行批判性的审视和反思,学会在与其他教师的思想沟通与碰撞中受到启发,学会在对学生的指导和交流中发现自己专业能力上的不足,学会利用他人对于自己教学的反馈来进行教学理念与行为的调整与修正,学会运用适当的外语教育教学理论来指导自己的教学实践,并能够在实践中升华并创造理论,在理论实践化和实践理论化的过程中不断地提高自身的反思能力与专业发展能力。

**(三)合作发展**

合作是持续专业发展的源泉。Edge(1993:3-4)曾说过,"自我发展需要其他人的帮助……通过与他人的合作,我们才能够更好地理解我们自己的经历与观点"。教师的发展不能只靠个人关起门来研读理论、进行教学改革,它更需要教师在与其教育教学环境中的各种互动主体进行交流与碰撞中得到启发与鼓舞。

多元互动英语教师校本教育模式中提倡教师与外来研究者、与学校其他教师、与学生的互动与合作,从而促成教师专业发展中最为核心的互动与合作形式:自我反思,实现教师的专业发展。这一模式希望在校本教师教育中,通过外来研究者与教师的互动与合作这一外部助推器,努力创设一个教师可以相互分享与分担、相互启发与鼓励的平台,营造合作的教师文化和学校文化,令每个教师都能够保持开放的心态,愿意与学生相互交流,愿意敞开各自教室的大门,与其他教师相互学习,打破教师职业的孤立感,增强专业自信,提高自身的反思能力,优化教学实践的效果。

开放、合作、信任的教师文化与学校文化是教师专业成长的支持性环境。在这样的环境中,外来研究者可以通过各种形式的教师教育活动为教师的成长搭建支架,提供专业的引领。具有丰富教学经验的专家型教师可以把自己的教学心得与其他教师分享,供其他教师学习;教师之间可以交流自己在教学中的尝试与做法、个人学习中的收获与体会,畅言各自在教学中遇到的难题与困惑,与其他教师共同探讨解决的方案,在思想、信念、态度方面相互影响、相互促进,从而为教师个体的发展和教学水平的提高创造有利的条件。同时,在这样的教学文化中,教师将他们与学生的交流与互动看成一种学习的途径与机会,为他们深入了解和反思自身课堂与专业能力中的不足提供了可能。学生是教学的主体,他们在教学中的反应、他们对于教学的感受与反馈都是教师调整与改进教学的宝贵的依据,是教师获得教学灵感与启示的一个重要的来源。作为普通人的教师,不可能通晓任何领域的一切知识,因此,如果学生在某些方面胜于教师，那么教师教学的过程也是对自身知识体系丰富与完善的过程。所谓的“教然后知不足”、“教学相长”、“师不必贤于弟子，弟子也不必不如师”说的就是这样的道理。

多元互动英语教师校本教育模式将教师的自我反思作为其核心互动形式，但是这种反思也需要外部的支持与促进，是一个依赖群体支持的合作发展过程。在多元的互动与合作中，教师一方面可以与集体成员共享自己的资源，另一方面也可以在与他人的合作与交流中获得更多的“他山之石”。

**（四）个性参与**

由于教师的学习、工作和生活经历不同，他们对于英语教学的本质及英语教学中具体事件的认识与看法也不尽相同，在其自身专业发展所处的阶段以及对自身专业发展的需求上也存在着个体的差异。另外，由于每一位教师所面对的具体教学情境的不同，他们在教学中所遇到的问题也是具体而复杂的，没有放之四海而皆准的“灵丹妙药”，在解决时需要具体问题具体对待。在多元互动英语教师校本教育模式中，这些差异的存在也会带来教师自我反思质量以及他们与外部互动主体之间相互交往的方式与效果上的不同。因此，模式中的专业引领是具有针对性的、个性化的专业引领，提倡教师教育者在关注教师整体发展的同时，尊重并充分考虑教师的个体差异，根据不同教师所处的专业发展阶段、他们的专业能力、个性特点、他们对于自身专业发展的需求等进行有重点、有针对性的专业引领，鼓励并帮助教师制定个性化的、符合自身情况的专业发展方案，鼓励教师在自己的课堂中进行有理有据的创造，在与同事和学生的交流中不断借鉴、吸收新的知识与信息，在与他人的思维碰撞中反思并修正自己的教学理念与教学行为，弥补自身在专业态度、专业知识和专业能力上的不足。

在校本教师教育中，对于教师个体差异的尊重也能发挥“增权”（陈向明，2008：3）效应，使教师产生主动参与的主人翁意识，对自己的经验价值进行重新评价，使他们愿意为自己的专业学习与发展承担责任，愿意与他人分享自己已有的知识与经验，也愿意以开放的心态来接受他人的观点，主动向他人学习，有利于教师拓宽思路、获得启发，建构新知识，发展新技能。

**（五）情境教育**

多元互动英语教师校本教育模式倡导将教师教育置于教师具体的教育教学环境中，在对英语教师所处教学环境中的互动主体进行分析的基础上，提出了“多元互动”的概念。无论是外来研究者与教师间的互动、教师与同事间的互动、教师与学生的互动，还是教师与自我的互动，无不基于学校具体的教育教学实际。

外来研究者深入教师教育教学生活的各个方面与环节，通过对学校教育教学现状的了解、教师课堂教学的观摩，通过与教师的访谈与沟通，了解他们教学中的难题与困惑，从专业知识、教学信念与情感上给予及时的引领，提供切实的、有针对性的指导与帮助，使教师逐步培养教学反思的意识，学会在日常的教学中“于看似没有问题之处发现问题”，成为课堂教学的研究者。这样的专业引领不同于传统的理论灌输型的教师培训方式，而是立足教师的课堂，聚焦现实问题，在真实的教学情境中研究教学，将教育教学理论融于鲜活的课堂之中，将教师认为遥不可及的理论转化为教师可以理解的教育经验与教学策略，使教师在对于教学事件的探讨与反思中理解和内化教育教学理论，提高自身的反思能力与专业素养。

教师与外来研究者之间的互动除了直接培养教师的反思意识(即带来自我反思)之外，更重要的是促成教师与教师间的互动、教师与学生间的互动，从而形成合力共同促进教师的自我反思。外来研究者鼓励教师立足各自的教学实际，就教学中的关键事件与其他教师进行探讨、针对教学中具有共性的难题开展理论学习与交流、根据学生的学习情况及他们对于教学的反馈进行自我与集体的剖析、及时调整教学。这种以真实情境下的多元互动形式为依托而展开的教师教育更贴近教师的教学实际，更能够满足教师专业发展的现实需求，因此，更具有针对性、更丰富、更充实、更有效。

**(六)注重合力**

多元互动英语教师校本教育模式中的四种互动形式相互作用，形成合力，共同促进教师反思能力的提高。在这一模式中，外来研究者是英语教师教育教学环境中最外围的因素，他们通过深入学校，与教师进行深入的访谈，了解英语教师现实的生存状态，针对他们教学中的问题进行分析、研讨，鼓励教师在教学中进行批判性的反思，教会他们做基于课堂教学的研究，为他们提供解决问题的支架。除了这种直接的作用力之外，研究者还可以通过他们与教师的互动，采用形式多样的教师教育途径，如组织课例分析、读书交流、与教师共同设计阶段性的教学反馈等，促成教师与自我、与学校的同事、与学生进行积极的互动，创设教师学习共同体，建设平等、合作的教学文化和学校文化氛围，使教师间的相互学习、相互切磋成为学校教师教育教学工作中的一种长效机制。这些互动形式成为提高教师反思能力、实现他们专业成长的持续的、强有力的外部推动，与外部研究者对于教师的直接作用力一起促进教师的自我反思，提高他们的反思能力与专业知能。在这股合力中，教师的自我反思、同事间的相互交流、师生间的相互促进是教师专业发展的持续作用力，因为教师学习共同体与良好学校文化环境的建立是教师在外来研究者离开学校之后仍然能够保持持续专业发展的制度与环境保障。

## 结　语

本章是对多元互动英语教师校本教育模式理论架构部分的介绍，主要从模式内容、模式理据、模式特点及多元互动与反思能力培养的辩证关系等方面进行了较为深入、具体的阐述。多元互动英语教师校本教育模式是在分析了外语教师教育领域发展趋势与国内外外语教师校本教育现状的基础上，以社会文化理论为研究视角，以教师反思能力提高为目标，包含自我反思、师生互动、同伴互助与专业引领四种互动形式的一种英语教师校本教育模式。它的提出是基于二语习得、哲学、社会学、教育学和心理学等多学科理据，具有自主建构、持续输入、合作发展、情境教育和注重合力等特点。在这一模式中，反思能力培养是多元互动的出发点与最终归宿，多元互动是反思能力培养的有效途径，两者相互作用、相互依存，构成了英语教师专业发展的持续、良性循环。

# 第四章　多元互动英语教师校本教育模式：实践篇

在理论建构的基础上，笔者将多元互动英语教师校本教育模式在江苏丹阳某初级中学开展的“集中教学·自主学习”英语教学改革实验中进行了运用，旨在通过这样一次摸索与尝试，探讨这一模式在具体学校环境下的运用及其对于提高英语教师反思能力的有效性，发现这一模式在具体运用中可能会遇到的困难和需要注意的问题，为后续研究提供经验与资料的积累，也为我国各级各类学校及教育主管部门在改革英语教师教育与发展模式方面拓宽思路，提供启示，探索我国英语教师校本教育的有效途径。

本章将对多元互动英语教师校本教育模式在教师教育个案中的具体运用情况及其所产生的效果进行全面、真实的描述，并对本次教师教育工作中的成功与不足之处进行深入的反思与分析，为提高该模式具体运用的可行性和有效性奠定实证研究的基础。

## 一、个案简介

2009年8月，“集中教学·自主学习”初中英语教学改革实验在江苏丹阳某中学正式启动。实验旨在“探索‘集中教学·自主学习’这一理念在目前中学阶段，特别是初中阶段实施的可能性，可能遇到的困难和问题，以及可以用来解决这些困难和问题的资源和方法；探索中国环境下中学英语教和学的科学方法和最优方案”（束定芳，2012：5）。实验之初，我们就清楚地认识到教师教育工作对实验的跟进是实验取得成功的重点与关键，因为只有教师的成功才能带来学生的成功，才能带来真正意义上的实验的成功。实验中的教师教育工作历时三年，由束定芳教授领衔，上海外国语大学六位外语教学理论与实践方向的博士研究生与实验学校六位英语教师共同参与，通过校际合作的方式，运用多元互动英语教师校本教育模式分阶段展开。高校研究者深入教师教育教学生活的各个环节,希望通过与教师在各个层次、各个方面的互动唤醒教师的职业发展意识,帮助他们在实践中建构和完善自身的知识体系,提高反思能力,提升专业水平和职业技能,最终促成他们自主的专业发展。实验中采用了集中讲座、教学日志反馈、课堂观摩、主题研讨、课型研讨、课例分析、专家咨询会、学习交流、行动研究等一系列外来研究者与教师之间、教师与教师之间、教师与学生之间以及教师与自我的多元互动形式来培养和促进教师的反思意识与能力,帮助他们丰富理论知识,提升教学智慧,引导他们对自身的教学实践与专业发展进行批判性的审视,使其成为具有反思意识和专业发展意识的学者型、研究型教师。

**(一)实验学校简介**

实验学校建于 2004 年,是一所具有全新办学理念与管理模式的民办学校(2011 年转为公办)。学校设有小学部和初中部,共有九个年级,初中每个年级均有 20 个班,目前学校有教学班 99 个,学生 5000 多人,专任教师 280 多人(其中初中英语教师 35 人,小学英语教师 17 人),其中省特级教师 3 人,市级以上名优骨干教师 120 余人。学校重视教师的专业发展,自办学之初就实施"魅力教师"的发展战略,将"发展教师文化、提升素质内涵"作为学校教学管理工作的一大重点,鼓励教师提高教学水平,提升科研素质。[①] 在学校领导和教师的共同努力下,短短几年中,学校就凭借骄人的教学质量成为当地一所享有良好声誉的学校。

学校在教学管理中倡导教师间的合作教学,各学科组分年级定期进行集中讨论与集体备课活动。英语学科组的做法通常是:同一年级的英语教师组成一个备课小组,每位教师负责制作一个单元的课件、设计单元练习、编制学案,然后上传至学校内网,供同一年级的其他教师共享。集体备课时会讨论每一个单元各个部分的教学方法,反馈教学的效果,但是很少会将这些讨论上升至教学研究的高度,对于教师课堂教学研究的讨论涉及不多。学校每周都有不同学科教师的公开课,要求同一学科的教师进行观摩,参与评课。

但是在应试教育的体制下,实验学校也与其他中学一样,经受着中考的压力,无法摆脱应试的倾向。学校两周一次的随堂考试、各年级统一的月考、期中考试、全市统一的期终考试,各项大型考试都以中考为最终目标。但是即便是在这样的情况下,学校的校长还是以非凡的远见与魄力支持了本次英语教改实验的展开。

实验学校领导善于思考、勇于开拓、敢于创新的精神是学校能够在短短几年的办学时间内在当地脱颖而出的一个重要原因,也是本次教改实验中教师教育工作顺利进行的坚实保障。尽管学校领导层中没有一位是英语教师,但是他

---

① 以上信息来自实验学校网站的"学校简介"部分。

们对于英语教改实验不懈的支持、对于英语教师专业发展的重视,对于教师的帮助与鼓励,为实验中的教师教育工作创建了发展平台,提供了体制保障,营造了良好的外部环境。

**(二)实验教师简介**

教改实验历时三年,共有六位实验教师参与,他们是张健、周华、陈斌、李英、景秀和王萍。其中,张健和周华 2009 年参与实验教学,陈斌和李英 2010 年参与实验教学,景秀和王萍 2011 年参与实验教学(王萍老师后因身体原因调离实验学校,因此本书中只对其他五位教师的反思能力发展情况进行了关注与追踪)。这六位实验教师是在学校推荐和自愿报名的基础上从学校 30 多位英语教师中经过选拔而确定的。第一次教师选拔中(2009 年 5 月),学校领导与英语教研组主任推荐了 6 名英语教师参与,经过上海外国语大学实验组对 6 位教师个人简历的筛选、教学视频的观摩和半结构化的访谈最终确定了张健、周华、李英和景秀 4 位教师参与实验。由于实验教学的具体安排,由张健、周华两位老师承担第一届两个实验班的英语教学。第二次教师选拔中(2010 年 8 月)又确定了陈斌老师参与实验教学;第三次教师选拔中(2011 年 8 月)吸收王萍老师参与实验教学。每位实验教师负责一个实验班的英语教学。

教师选拔是教改实验及教师教育工作中的一个重要环节。由于多元互动英语教师校本教育模式仅仅停留于理论论证阶段,因此,吸收优秀教师参与实验可以为将来有效的教师教育与培训提供启示及教学上的支持(王蔷, 2007),优秀教师在培训中的发展也会对学校其他教师产生积极的辐射作用,他们在教学中的一些好的做法与模式也可以在更大范围内加以借鉴与推广。

从实验教师的整体情况来看,他们都是学校英语学科中的中青年骨干教师,也代表了实验学校英语教师中年龄、职称层次相对比较集中的群体。他们在年龄、教育背景、教学经历、专业能力和个性特点等方面都存在着一定的差异,既有教学经验较为丰富的"老"教师,如张健老师和李英老师,也有入职时间不长的教学新秀,如周华老师;既有参加过多次在职培训的陈斌老师,也有任职多年却只获得过一次在职进修机会的李英老师;既有具备扎实的英语语言基本功的陈斌和周华老师,又有以关爱学生而深受学生尊敬与喜爱的李英老师。以下就五位老师在教育背景、教学经历和个性特点等方面的具体情况做一个简要的介绍。张健老师 1998 年英语大专毕业,11 年来一直从事初中英语教学,2006 年通过在职函授教育获得英语本科学历,目前是丹阳市的一名骨干教师,在学校也担任七年级英语备课组组长,个性沉稳,在教学中充满激情且非常自信。李英老师 1996 年英语大专毕业,2004 年通过在职教育获得英语本科学历,有 10 年农村高中英语教学和 3 年初中英语教学的经历,个性外向,是一位对学生充满爱心且勤奋好学的教师。周华老师2005年获得英语教育专业本科学历，虽然从事英语教学只有短短四年，但是却在镇江市级授课比赛中多次获奖，是一位具有潜力的年轻教师，她个性活泼，在教学中注重与学生的互动与交流，善于调动学生的学习积极性。陈斌老师2000年大学英语专科毕业，在小学任教6年，后因为教学能力突出，2006年调入实验学校初中部教学。他英语语言基本功扎实，教学经验丰富，获得校英语学科带头人称号、镇江市级初中英语优质课展评第一名。参加工作以来，陈老师获得了多次国内外在职培训的机会。陈老师性格稍显内向，在为人处世上非常谦逊、低调。景秀老师2002年中文专业大专毕业，2008年通过在职函授教育获得英语本科学历，从事初中英语教学有7年时间，在职期间也参加过多次教师培训活动，曾获得镇江市级初中英语教师基本功大赛一等奖，是一位勤奋、优秀的英语教师。表4-1是五位实验教师的个人简历汇总简表（表内数据信息计算至教改实验开始的2009年）（袁燕华，2012：21）。

**表4-1 实验教师的个人简历汇总简表**

| | 张健 | 周华 | 陈斌 | 李英 | 景秀 |
|---|---|---|---|---|---|
| 性别 | 男 | 女 | 男 | 女 | 女 |
| 年龄/岁 | 35 | 26 | 27 | 35 | 28 |
| 教龄/年 | 11 | 4 | 9 | 13 | 7 |
| 学历 | 英语本科 | 英语本科 | 英语大专 | 英语本科 | 英语本科 |
| 职称 | 中教高级 | 中教二级 | 小教一级① | 中教高级 | 中教二级 |
| 在职培训/次 | 4 | 3 | 5 | 1 | 3 |

根据Burden（1980）、Huberman等（1993）对于教师专业发展阶段的划分（表4-2和表4-3）（转引自叶澜等，2001：341-344）及“面向21世纪中国中小学教师队伍建设研究”与“特级教师成长过程调查研究”课题组对我国500多位特级教师的问卷调查分析（表4-4）（转引自方成，2004：5），五位实验教师处于专业发展的不同阶段，在实验之初的教师需求分析及实验进行过程中与教师的访谈和非正式的交流中，我们也了解到他们对于自身的专业发展也有着不同的理解与需求。因此，在本次校本教师教育中，研究者既将他们作为贯彻教改理念的实验教师、接受培训的教师整体来看待，又注重他们的个体差异，在教师教育的过程中对他们进行有针对性的指导，鼓励并帮助他们制定个性化的专业发展方

① 陈斌老师2000年9月到2006年6月间一直承担小学英语教学，2006年9月调入初中部教学，参与实验时，其职称仍沿用小学教师职称体系。

案，并在发展个人的同时提升实验教师小组的整体素养，带动学校其他教师的提高与发展。

表 4-2　Burden P R 的教师阶段发展论(1980)(叶澜等,2001:341)

| 阶段名称 | 时限 | 主要特征 |
| --- | --- | --- |
| 求生阶段 | 第 1 年 | 教师教学活动和环境的知识有限；很少关注学科教学又感到没有多少专业见解；缺乏信心而且不愿意尝试新的方法。 |
| 调整阶段 | 第 2～4 年 | 学到了许多关于组织课堂、学生、课程的方法等方面的知识；开始注意到学生的复杂性，并学习新的技能以满足各方面的需要；对待学生更加开放和真诚，感到更有能力满足学生的需要，更有信心。 |
| 成熟阶段 | 第 5 年及以上 | 感到能更好地控制教学活动和教学环境；以学生为中心；充满自信和安全感，乐于尝试新的教学方法；已经有了自己的专业见解，能够处理可能出现的新问题。 |

表 4-3　Huberman M 等人的教师职业生活周期论(1993)[①](叶澜等,2001:341)

| 阶段名称 | 时限 | 主要特征 |
| --- | --- | --- |
| 入职期 | 第 1～3 年 | 教师的求生与发现期。一方面，课堂环境的复杂性和不稳定性、连续的失误等使得教师对于自己能否胜任教学感到怀疑；另一方面，教师也感到有所发现，他们有了自己的班级、学生和教学方案，成为专业协会中的一员，所以又表现出积极、热情的一面。 |
| 稳定期 | 第 4～6 年 | 教师决定投身于教学工作；初步掌握了教学法，由关注自己转向关注教学活动，不断改进教学基本技能，形成了自己的教学风格；表现出自信、愉悦和幽默。 |
| 实验和歧变期 | 第 7～25 年 | 发展路线表现出差异性。随着教育知识的积累和巩固，教师试图增加对课堂的影响，在教学材料、评价方法等方面开展了不同的个性化的实验；教师改革的愿望强化了对阻碍改革因素的认识，激发了进一步改革的尝试，教师的职业动机强烈，职业志向高；对课堂的职责有了初步了解后，教师开始寻找新的思想和挑战。 |
| 重新估价期 | | 在许多情况下，教师不经过实验和歧变阶段，而是代之以自我怀疑和重新估价，严重者可表现为职业生涯道路上的一场“危机”。年复一年单调、乏味的课堂生活，或者连续不断改革后令人失望的结果都会引发危机。 |

① Huberman 等人的教师职业生活周期论中共包含 7 个阶段，论文中根据实验教师的年龄特点只引用了 4 个阶段，之后的 3 个阶段(平静和关系疏远期、保守和抱怨期、退休期)因为与实验教师的具体情况相关性不大，因此未在文章中作具体的罗列与介绍。

**表 4-4　我国特级教师成长过程调查研究结果(方成,2004:5)**

| 阶段名称 | 时限 |
| --- | --- |
| 入门到胜任教学 | 3 年 |
| 单独承担教学任务、尝试创新 | 4～8 年 |
| 成熟到教学效果的最佳状态 | 8～15 年 |
| 出教研成果 | 15～30 年 |

## 二、实践过程

外语教师的专业成长是一个长期的、渐进的、螺旋式上升的过程,教师教育的道路同样也充满了曲折与挑战。由于各种主客观因素的限制,理想与现实之间的巨大落差,多元互动英语教师校本教育模式在实践中付诸实施的过程并不顺利。可以说,这是一个高校研究者开始了解中学英语教学与中学英语教师真实状况的过程,是他们在实践中不断学习、尝试、反思、调整,努力寻找理论与现实之间最佳结合点的过程,是他们与一线教师在困惑与感悟中共同发展与成长的过程,其间有痛苦、有迷茫、有困顿,但却又充满了喜悦与收获。

根据实验的总体要求、目标和理念,结合中学英语教学的特点、教师们专业发展的实际需求和多元互动英语教师校本教育模式在实验中运用的具体情况,本书中的教师教育工作分为三个阶段,即平台创设阶段、支架创设阶段和组织创设阶段。各阶段的教师教育工作都确定了不同的重点与定位,在多元互动的具体操作形式上也进行了相应的调整,从高校研究者(教师教育者)的专业引领到教师学习共同体的建立,整个校本教师教育过程体现了外来研究者的作用逐渐淡化,教师的自主意识逐渐增强、在自身专业发展中的主体作用不断凸显的趋势。多元互动英语教师校本教育模式在个案研究中具体运用的流程如图 4-1 所示。

以下将从个案研究中校本教师教育三个阶段的重点与定位和校本教师教育途径中互动形式的调整两个方面来介绍多元互动英语教师校本教育模式在实践中的具体运用。

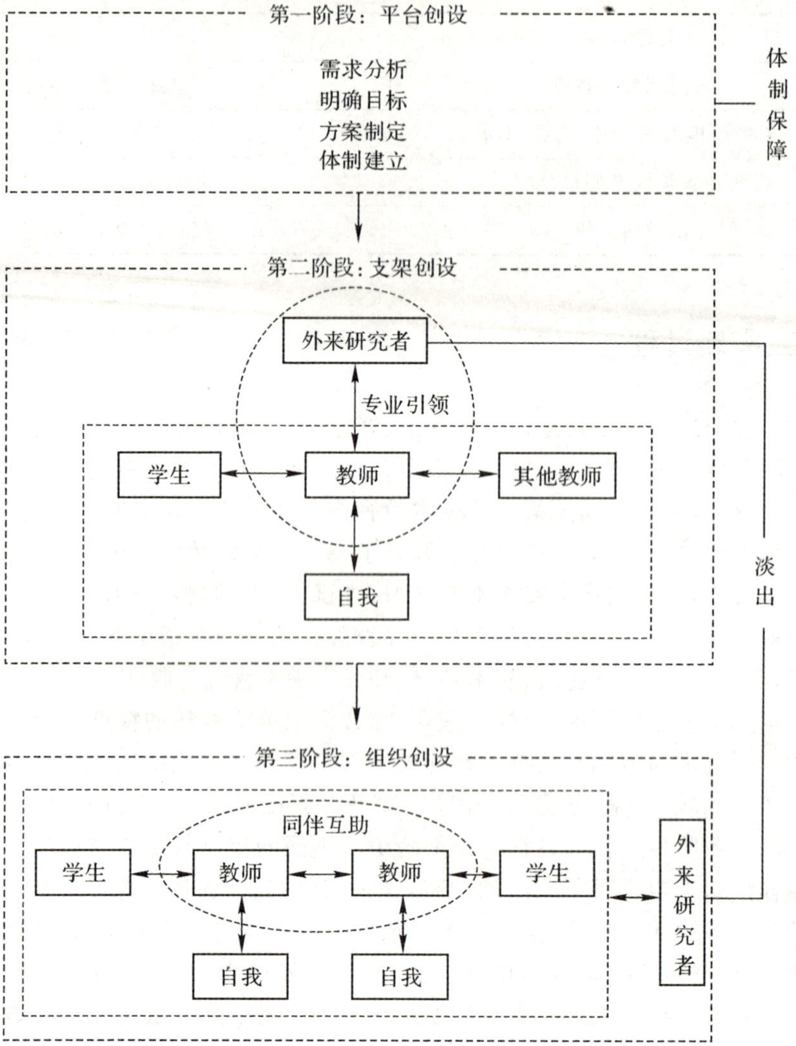


图 4-1　多元互动英语教师校本教育模式在个案研究中具体运用的流程图

### (一)校本教师教育三阶段:重点与定位

1. 平台创设阶段(2009 年 4 月至 2009 年 6 月)

本次校本教师教育是“集中教学·自主学习”初中英语教学改革项目的一个组成部分。教师是改革理念的执行者,教师教育的成功是实验得以顺利进行、取得预期效果的关键,而校本教师教育工作的顺利展开也有赖于学校支持教改的制度落实与平台建立。因此,在对教改实验方案进行分析论证的基础上,研究者于2009年4—6月间多次前往实验学校进行实地考察,明确实验目标与宗旨、确定实验总体方案,并进行了实验教师的选拔与需求分析。为保证实验工作能够在规范、科学、严格、真实的框架内进行,实验学校确立了一个服务实验、指导实验的工作机制:一是组建了由校长亲自挂帅的实验工作领导小组,负责实验的统筹安排;二是设立了上海外国语大学博士生工作室,使之成为课堂之外开展各项实验活动的又一重要基地;三是进行专项投入,购置了实验所需的音像和图书资料及相关的设备设施;四是制定了对实验工作的考核、评估和奖励制度。

在实验的总体框架下,这一阶段的教师教育定位于创设平台,为教师教育各项具体工作的展开建立体制保障,工作重点主要包括需求分析、明确目标、方案制定、体制建立四个方面。

格林(Greene M)(2002)曾指出,我们在培养教师时,要考虑每个不同的个体所带来的先前信念(prior belief),这些信念受到他们各自成长经历的影响,也反映了他们对于自身发展的需求与愿望。因此,实验之初我们就对第一批四位实验教师——张健、周华、李英、景秀进行了半结构化的访谈,旨在了解教师的英语学习与教学经历,了解他们对于英语教学的理解和在教学中采用的方法,了解教师具体的教育教学环境,了解他们过去教师教育的经历以及他们对于自身专业发展的看法与需求,在此基础上进行教师教育工作的准确定位,有针对性地制定教师教育的具体方案,确定具有可操作性的教育途径,保证校本教师教育高效、有序展开。访谈的内容包括:教师英语学习经历与学习方法、英语教学经历与教学方法、英语学习或教学经历中对自己影响较大的人或事、学生的英语能力、学习动机、需求、兴趣和自主意识、教师在职培训的经历、个人发展的需求、对于之前培训项目的评价以及对于本次教改实验的看法。

从访谈中我们发现:

(1)英语学习经历与学习方法

四位老师从自身的英语学习经历中都深切地体会到兴趣对于英语学习的重要性,作为主动的英语学习者,他们都有过自主学习的经历,他们认为兴趣是自主学习的前提,而教师在激发学生学习兴趣、引导学生自主学习方面起着关键的作用。另外,张老师还提到了背诵对于他英语学习起到的重要作用;周老师提到了有效利用课堂时间及时掌握和巩固学习内容给她的英语学习带来的优势;而景老师认为她在学习中善于自主地归纳总结是她学好英语的一个重要原因。

(2)英语教学经历与教学方法

教师(无论是新手教师还是资深教师)都不是空着脑袋走进课堂的。四位老师作为英语学习者的经历对于他们的教学都产生了不小的影响,他们自身的学习经验也都在各自的教学中有所体现。张老师在教学中注重学生对于课文及其他不同文体的英语材料的背诵,采用不同方式激发学生对于英语背诵的兴趣,他对于课堂笔记的背诵也相当重视,提出老师应该在备课时将教材中的重点及难点进行归纳,并以讲义的形式发给学生课后去背去记。他觉得在应试教育的体制下,学得扎实与学得有趣之间存在矛盾,对于如何优化课堂、提高教学效率感到困惑。周老师注重充分利用课堂教学的时间来帮助学生当堂的吸收和巩固,课堂上尽可能为学生提供使用语言的机会,努力营造生动活泼的课堂气氛,因此,学生都很喜欢上她的课。景老师对于不同的课型,采用不同的教学方法,如新授课基本上以师生交流为主,而语法课基本上以教师讲授为主,也鼓励学生对于语法规则的发现与归纳。李老师觉得在应试教育的体制下,英语教师的压力很大,迫切需要一种能够使教师更轻松地进行教学的模式,老师教得轻松,学生学得轻松。

从老师们对于他们英语教学的描述可以看出,他们都认识到了要在教学中培养学生的学习兴趣,鼓励学生自主学习,提高课堂教学的效率,但是对于如何实现这样的目标,老师们还是显得比较茫然。在应试教育的压力之下,他们仍然无法摆脱传统教育的窠臼,对于自己的课堂教学也缺乏自我反思与研究的意识,从众思想比较严重,缺乏创新的意识与尝试、探究的精神。

(3)英语学习或教学经历中对自己影响较大的人或事

老师们谈到的对于自己的英语学习具有较大影响的人或事包括:①教育家,如张老师提到了张思中、魏书生的著作对他的影响;②学校的公开课制度,如景老师和李老师都觉得她们从学校其他教师的公开课中学到了很多;③自己的老师,如李老师提到了她中学时的两位英语老师,虽然他们在教学风格、教学方法上迥然不同,但都让她受益匪浅。可见,老师们希望阅读一些教育教学的专著、了解他人教学研究的成果、希望通过课堂观摩从学校的其他教师那里获得一些教学上的灵感与启发。

(4)学生的英语能力、学习动机、需求、兴趣和自主意识

四位老师都认为与当地其他学校的学生相比,他们学校的生源较好,学生的英语能力整体上也比较强,但是绝大部分学生的学习动机都在于应试。李老师认为不少学生缺乏主动学习的意识,在学习上比较被动,她认为这可能也是受教学模式的影响所致,几位老师都认为在这样的环境下,提高学生的学习兴趣非常重要。

(5)在职培训的经历、个人发展的需求、对于之前培训项目的评价

四位老师都或多或少地参加过一些在职培训,包括:①提高语言能力的培

训活动,如由外教主持的旨在提高教师英语口语能力的引智培训;②提高教师理论素养与教学技能的培训,如张老师参与的丹阳市骨干教师培训;③为开设某一课程而专门进行的有针对性的培训,如景老师和周老师参加的北外主办的“奥尼少儿英语”培训,目的是在学校开设奥尼少儿英语培训班;④赴国外进行的一些短期培训,如景老师去英国史蒂文森学院参加的关于英语教学的培训活动;⑤学历进修,如张老师、景老师和李老师接受的本科函授教育。

由于参与培训的项目、数量的不同,每位老师对于在职培训的感受与需求也有所不同。景老师认为她去英国参加的培训虽然对自己有所帮助,但是帮助并不是很大,因为由于课程设置、班级管理等的不同,很多在国外可行的英语教学方法在我国的英语教学中却很难实施;引智培训也只是进行了一些教学方法的理论层面的讲述,因此,对于自己教学能力的提高和帮助并不是很大。她希望教师培训能够将提高教师的语言能力与教学能力结合起来,并具有较强的可操作性。张老师觉得在他参与的众多培训活动中,为期三年的丹阳市骨干教师培训对他的帮助最大,因为这项培训活动通过学习讲座和观摩课相结合的形式将理论与实践相结合,使他在教学方法上获得了提高,学会了如何通过多样化的、灵活的方式来进行英语教学。从教 13 年的李老师只得到了一次在职培训的机会,之前她一直非常希望能够参加在职培训,特别是希望在教学法方面能够有机会为自己充充电,但是考虑到自己现在已经 36 岁了,再参加进修感到有些力不从心。周老师觉得北外的奥尼少儿英语尽管后来并未在学校初中部推广,但是相关的培训活动却让她学会了如何使课堂教学更活跃、更有趣,她希望能够有机会参与一些对自己的教学有所帮助的、能够真正学到东西的培训活动。可见,老师们都有参与在职培训的愿望,过去的培训经历也或多或少都让他们对于在职培训有了自己的认识与想法,他们希望教师培训能够贴近他们的教育教学实际,能够使他们学以致用,帮助他们解决教育教学中的实际问题,使他们的教学更有趣、更有效。

(6)对于本次教改实验的看法

老师们对于本次教改实验都非常感兴趣,他们认为这样的教改理念与他们理想当中的英语教学比较接近,能够激发学生的英语学习兴趣,培养他们的自主学习能力,对于学生综合语言运用能力的提高是非常有效的,用景老师的话说就是“对学生的语言能力将会是一个飞跃”。但是老师们也表示了担心,因为在目前的应试教育体制下,中考还是教学的指挥棒,这样的教学改革可能会遇到来自各方面的压力,其中比较大的压力会来自学生家长。老师们表示虽然他们之前也参与过一些课改项目,但都是比较形式主义的,他们觉得这样的教改实验如果扎扎实实地去实施,是会取得预期成果的,而参与实验本身对于老师们来说也是一种自我提高的过程。四位老师都表示他们是自愿参与实验的,愿意为实验的开展与成功付出努力,这一点说明四位实验教师都具有自我提高的意识,尽管“专业发展”一词尚未在他们的意识中成为一个清晰的概念,他们也是出于提高教学质量、获得职称晋升等外在动机而有了自我提高的愿望,但是他们已经在专业发展的道路上开始起步了,只是需要教师教育者为他们提供一个外部的推动力,一点催化剂:激发他们成为研究型、学者型教师的愿望,为他们创造一个宽松、安全的专业发展环境,构建一个学习与交流的平台,给予他们一些方法与策略上的引导。

在需求分析的基础上,我们结合外语教师教育领域的研究成果,在实验的大目标下确定了本次实验中教师教育的具体目标,即以课堂教学为抓手,培养教师反思和研究自身教学的意识,提高教师的反思能力,实现教师的专业发展。为达到这一目标,我们制定了教师教育的具体方案,运用多元互动英语教师校本教育模式,通过教师与其教育教学环境中各种互动主体(如学生、学校其他教师、外来研究者)间的相互作用,以集中讲座、教学日志反馈、主题研讨会、教材使用指导、课堂观摩反馈、教师访谈、调研反馈、科研指导、建立教师发展档案、专家咨询会等一系列的教师教育途径与策略,来培养教师的自我反思意识与能力。随着实验工作的逐步推进又灵活地调整了教师教育的途径,以满足教师教学与发展不同阶段的需要,从而更有针对性、更切实地促进教师的成长与发展。

为保证教师教育工作方案的顺利实施与目标的实现,实验学校又在原先实验保障体制的基础上为教师教育工作创设了条件,如:确定博士生工作室为实验教师定期学习、交流的重要基地;购置了大量的教师英语学习资料,在博士生工作室和学校图书馆提供英语教育教学理论方面的专著与期刊供教师们阅读;确定对实验教师实验参与度及工作效果的考核、评估和奖励制度。可以说,这一阶段是实验中教师教育工作的设计、准备阶段,也为整个教师教育项目能够顺利有序进行提供了体制保障。

2. 支架创设阶段(2009 年 7 月至 2011 年 1 月)

2009 年 8 月实验正式启动,但是在此之前,教师教育工作已经初步展开,因此,我们将教师教育第二阶段的时间划定为 2009 年 7 月到 2011 年 1 月。这一阶段,束定芳教授及其外语教学理论与实践方向的四位博士研究生深入实验学校,以外来研究者与教师教育者的身份同实验教师进行了积极的互动。在分析了实验教师的专业发展现状与需求的基础上,我们发现教师对于“专业发展”尚未形成清晰的概念,尽管他们中不少人都具有自我提高与发展的愿望,但是对于如何实现这种提高却倍感困惑。工作任务的繁重也使得老师们除了完成学校要求的集体备课和听课任务之外,很少有时间有意识地去反思自己的教学,因此,他们需要研究者的专业引领,以激发他们自主发展的意识,并给予他们理念与方法上的指导与支持。所以,这一阶段,我们将教师与外来研究者之间的互动作为多元互动中的重点,将教师教育工作定位为“渗入教师教育教学各个环节的、促成教师知识重构与反思能力提高的、研究者与教师之间的互动”,旨在通过以专业引领为主,包含师生互动、同伴互助、自我反思的多元互动形式来丰富教师的理论知识与专业技能,培养其反思意识和能力,在提高教学质量、优化教学效果的同时努力促成教师专业素质的提升。研究者在这一阶段扮演组织者、引导者和资源提供者的角色,旨在创建支架(establish scaffolding),唤醒教师的专业发展意识,培养其对于自身教学进行自我反思与研究的意识与能力。

这一阶段我们根据教师的教学情况和他们的实际需求,借鉴外语教师专业发展的策略(Richards & Farrell, 2005),采用了集中讲座、教学日志反馈、主题研讨会、教材使用指导、课堂观摩反馈、教师访谈、调研反馈、科研指导、教师发展档案、专家咨询会等多种教师教育的途径与策略,以教师的课堂教学为专业引领的抓手,在实践中培养教师对于自身课堂教学进行批判性反思的能力,以提升教师的教学智慧,优化他们的教学效果,为他们自主的、持续的、合作的专业发展活动做好思想意识和能力上的准备。

需要指出的是,在这一阶段,尽管教师与外来研究者之间的互动是多元互动与教师教育工作的重点,但是我们始终将这一互动形式作为促成其他互动形式的外部助推器,努力通过专业引领来促进师生在课内外的互动与交流,引导教师对于教学的自我反思,并强调教师之间的互动合作和相互学习。由于实验教学在课程设置上与非实验班的英语教学不同,加之采用的是上海外国语大学博士生团队自编的英语教材,在编写理念与教学编排体系上与牛津英语教材有着较大的区别,在这种情况下,实验教师在对于教材的使用和课堂教学的设计与实施上无法参照之前已经驾轻就熟的牛津教材,也不能够使用学校内部共享的牛津英语课件,他们能够从其他老师那里得到的教学上的帮助也很少,因此迫切需要在教学中得到研究者的引领,培养他们自我反思的意识与能力,加强他们与学生和其他实验教师的交流,以多元互动提供进行批判性反思的外部输入。实验第二年李英老师与陈斌老师加入实验教学后,研究者们希望张健老师与周华老师能够发挥传帮带的作用,与两位新实验老师分享教学心得,并根据自己实验教学实践中的成功与不足为新老师提供教学设计上的建议并适时地为他们进行必要的指导,帮助两位新老师尽快适应实验教学。我们鼓励四位实验教师在教学中进行集体备课,加强集中的学习与讨论,发挥集体的智慧来自主地解决实验教学中的困难,创建教师学习共同体,通过互动合作机制实现他们专业能力上的优势互补,最大限度地发挥每一位教师的潜质,以推进实验教学与研究的顺利展开、促成教师的专业化发展。

但是在实验初期及之后较长的一段时期内,实验教师都经受着教学中的困惑与无助感和情感上的孤独感。他们将研究者视为权威,对研究者的依赖性比较强,在遇到问题的时候总是希望研究者为他们提供现成的答案。与Clair在她对于教师学习小组的研究中所遇到的情况一样,老师们经常会说:“你告诉我们怎么做,我们照着做”、“你们并没有给我们具体的教学策略和方法”、“关于……我想你们给我一些更详细、更具体的建议”(Clair,1998:475-476)。对此,研究者们一方面对实验教师进行了思想上的疏导与情感上的鼓励,努力与他们建立一种相互尊重、相互信任的平等关系;另一方面,在教师教育的不同阶段,对教师教育途径的具体实施方式也不断地进行了调整,尽可能地避免在教师遇到困难的时候将问题大包大揽,注意适时放手由教师自主地处理和解决,在教师能力达不到的情况下再为教师提供支架,努力做到在专业引领中“到位但不越位”,鼓励教师通过自我反思和与其他实验教师的协作共同完成任务,解决问题,在此过程中提高教师的专业能力及自信。另外,根据教师的实际教学情况以及与他们正式或非正式的交流,又增加了新的教师教育途径,以更好地满足教师对于专业发展的需求。在下文“校本教师教育途径中的互动形式调整”部分中将选取几种主要的教师教育途径的具体实施方式进行具体的介绍,以体现教师教育工作中对于多元互动英语教师校本教育模式的实际运用以及研究者为提高教师的反思能力在实践中所做的思考与调整。

3. 组织创设阶段(2011年2月至2012年6月)

随着实验的稳步推进和教师教育工作的开展,实验教师的自主意识、反思意识和职业发展意识逐步增强,他们对于研究者的依赖也逐渐减少,在教学中能够进行自主的决策与创新,在不断的自我反思和与研究者的探讨中他们对于实验理念的理解逐步深入,对于实验课堂的驾驭能力也有所增强。在这种情况下,尤其是进入实验第三年,景秀老师与王萍老师参与实验教学后,实验教师的队伍逐步壮大,教师学习共同体建设具备了可能,研究者认为他们在教师教育工作中的角色应该逐渐淡化,教师间的互动应成为第三阶段教师教育工作的重点。因此,在Lave和Wenger(1991)的情景学习理论和“学习共同体”概念的指导下,第三阶段的教师教育工作定位于“实验教师在共同的事业、共同的投入、共同的经历的基础上实现互动合作和教师学习共同体的创建(community establishment),使教师的专业发展成为一个全面、持久的团队发展过程,营造合作的教师文化与学校文化,使教师在此过程中获得专业发展的不竭动力”。在此阶段中研究者的角色由原来的组织者、引导者淡化为教师专业发展中的促进者、监督者。

但是，组织创设与机制形成的过程是漫长的，前期的教师教育途径虽然在一定程度上加强了同一年级两位实验老师之间的交流与合作，但是实验教师的学习共同体组织却一直难以成型。为鼓励教师之间的相互合作与交流，尽快创建教师学习共同体，研究者除了增加新的教师教育途径，又根据实验教师的现实需求，在原先教师教育途径的操作方式与具体的互动形式上进行了修正与调整：①建议实验教师确定定期的公开课机制，实现公开课的常态化。每周至少有一位实验教师开设公开课，其他实验教师前往观摩，课后在实验组内进行集中的课例分析，按照"授课教师录像回放并自我分析—组内讨论—研究者点评"的基本程序进行，突出"非指导性"的特征，即研究者避免对教师的教学行为先作判断或直接提供改进意见与建议，而是通过搭建"支架"引发教师反思、聚焦自身的教学行为，引导教师对自己的教学设计与行为进行判断，细化问题，关注并追溯教学行为背后的教育教学理念，从而达到提高教师自我反思和决策能力的目的。②组织教师进行理论阅读，开展定期的读书交流会，每次的交流会由一位实验教师主讲，与其他教师共同学习并分享自己的学习心得。③每月由实验教师在他们的教学日志中挑选出 3～5 篇有价值、有必要与其他教师分享的日志在实验组内群发，供其他实验教师学习与借鉴。④引导教师开展基于课堂教学的行动研究，鼓励教师关注课堂教学中的细节，从平时自己视而不见、听而不闻、思而不想的"平凡"的教学事件中发现问题，并提炼为自己行动研究的课题，在研究者的帮助下，制定较为系统的行动研究方案，在实践中加以实施，以完善自己的教学行为，并与实验组内的其他教师交流自己行动研究的过程与成果。

无论是在支架创设阶段还是在组织创设阶段，尽管工作重点各有不同，但是提高教师的反思能力都是贯穿于各阶段教师教育工作的核心与目标。研究者对于教师的专业引领、对于教师间相互合作与学习的倡导、教师学习共同体的创建、对于师生间课内外不同形式的互动的关注，无不是为了促成教师对于自身教学方法与行为、专业知识与专业能力的反思，最终实现实验教师反思能力的提高。

需要指出的是，教师教育实践中的支架创设和组织创设两个阶段之间并没有清晰的界限，研究者是教师专业发展的"助推器"，随着教师教育工作的展开，教育者作为"外力"的角色逐渐淡化，而教师作为自主的专业发展者的角色则日益凸显。以下将对本次英语教师校本教育中采用的五种主要教育途径及其具体操作方式的调整进行较为具体的介绍，以进一步说明多元互动英语教师校本教育模式在本次校本教师教育中的具体运用。

### (二)校本教师教育途径中的互动形式调整

教师的专业成长与发展是一个漫长的、非线性的过程,在现实情境中,要使教师脱离给他们带来安全感的"舒适地带"而进入未知的探索领域(操太圣、卢乃桂,2003:73),其间的困难、痛苦与挫折在所难免。多元互动英语教师校本教育模式在教师教育个案中的具体运用同样也并不是一帆风顺的。可以说,实验中教师反思意识的培养与反思能力的提高是在研究者对教师动态的需求分析和反复的方案制定与调整中完成的,从将研究者与教师之间的互动作为教师教育工作的重点以促进教师个体的反思能力提高到关注教师间的合作互动、帮助教师创建学习共同体并以此实现教师个体反思能力的提高,研究者一直在不断地尝试、反思与摸索,努力寻求理论与现实之间的最佳结合点。在本次英语教师的校本教育中采用了一系列的教育途径来促进教师反思能力的提高,在具体的实施过程中又对这些教师教育途径中的互动形式进行了适当的调整,以增强教师的参与性和主体性,提高教师教育的针对性和有效性。以下是对个案研究中的五个主要教育途径——集中讲座、日志反馈、教学研讨、专业学习、行动研究的介绍与分析。

1.集中讲座

作为传统教师教育中最重要的一种形式,集中的讲座培训有利于教师教育者进行教育教学理论的系统讲授,有利于丰富教师的专业知识,提高教师的理论素养。实验开展的三年中总共进行了十次集中的讲座培训(表4-5)。在集中讲座的具体操作形式上从最初的"专业引领—自我反思"调整为后来的"自我反思—专业引领—同伴互助—自我反思",即在讲座的内容上从教师教育者以他们认为教师需要了解、掌握的知识与信息作为讲座内容调整为主动了解教师的需要、以教师希望了解的知识、信息与方法为讲座内容;在方式上从研究者讲授后的教师自我反思调整为研究者讲授后教师间相互交流基础上的自我反思,为教师的自我反思与提升拓宽思路、丰富内容,帮助教师提高教学质量及对自身课堂教学实践反思与研究的效果。

**表4-5 2009年7月—2012年6月为实验教师开设的讲座**

| 序号 | 时间 | 主题 |
|---|---|---|
| 1 | 2009.7.10—2009.7.13 | 教改实验情况介绍 |
| 2 | 2009.11.9 | 任务型语言教学实践 |
| 3 | 2009.12.7—2009.12.8 | 基于理解的教学 |
| 4 | 2010.8.25—2010.8.27 | 实验工作回顾总结 |

续表

| 序号 | 时间 | 主题 |
| --- | --- | --- |
| 5 | 2010.10.23 | 课堂教学任务设计 |
| 6 | 2011.12.8 | 论文写作 |
| 7 | 2012.1.7 | 中学外语教师之行动研究 |
| 8 | 2012.2.22 | 论文写作 |
| 9 | 2012.3.22 | 行动研究中的问卷设计 |
| 10 | 2012.5.17 | 有效听课与评课 |

2009年7月10日至13日,第一批四位实验教师在上海外国语大学参加了教改实验的首次教师培训。此次培训活动旨在使实验教师了解实验的总体要求、理论依据、实验宗旨与特色。研究者就实验中的需求分析、课程设计、教材编写、课堂教学和教学评估等方面向老师们进行了介绍,并与他们就教材使用、评估方案设计与实施、课时安排等一些具体操作层面的问题进行了探讨。培训中还对四位老师的教学设计进行了点评,并辅以真实课例使老师们深入地理解了《英语课程标准》中所倡导的任务型语言教学的意义与内涵。第二次集中讲座是2009年11月9日由实验组成员组织的以“任务型教学在课堂中的实践”为主题的专题培训。第三、第四次是2009年12月7日至8日和2010年10月23日国际知名教学法专家Rod Ellis前往实验学校深入课堂为实验教师们进行的以“基于理解的教学”(Comprehension-based Teaching)为主题的讲座以及对实验教师如何在教学中进行有效的任务设计进行的指导。第五次培训为2010年8月25至27日研究者在实验学校进行的为期三天的教师培训,主要内容为对过去一年实验工作的总结以及对下一阶段实验展开与推进的计划。

“支架创设”阶段的这五次集中的讲座培训都是遵循“专业引领—自我反思”的互动形式进行具体操作的,内容是教师教育者从自身的立场与角度出发,认为实验教师需要掌握的知识和了解的信息,也认为这样的活动能够有效地促进教师教学理念与教学效果的提升。在各次集中的讲座之后,研究者都鼓励实验教师进行反思与总结,记录自己从这些讲座培训中得到的收获。虽然经过这几次集中培训,教师的理论意识有所增强,愿意学习一些教育教学理论并开始接受将这些理论运用于他们的教学实践的想法,但是这些讲座究竟满足了教师的何种需求,它们在教师的教学实践中究竟帮助教师解决了什么问题、起到了多大的作用,仍然让研究者们感到困惑。教师教育教学理念和行为的转变、反思意识与能力的培养需要一个长期的过程,仅凭几次集中的教师培训无法使他们获得专业发展所需要的知识与技能,也无法培养他们对于自身教学进行反思与研究的意识与能力。在理想与现实的碰撞中,研究者们越来越意识到教师教育应该将教师作为一个具有丰富的先前知识与经验的"人"来看待,为他们提供自主建构知识的支架,提供他们真正所需要的知识与信息,而不是那些他们被认为所需要的知识与信息,因为在真正有效的教师教育中,研究者的专业引领应该是建立在对教师需求进行动态分析的基础上的、能够满足教师专业发展需要、切实帮助教师解决教学实践中的具体问题的研究者与教师之间的互动。由于集中讲座被认为是传统教师教育的典型形式,而且它在本次教师教育前期的作用似乎也比较有限,因此,研究者在较长的一段时间里都将集中讲座培训"束之高阁",转而以其他的教师教育途径,如教学日志反馈、主题研讨、课堂观摩等来取代它。但是,随着实验的推进,研究者在与教师的各种形式的交流中发现,在了解教师实际需求的基础上进行集中培训不失为一个促成教师发展的必要且有效的手段。

实验进入"组织创设阶段"后,我们在教师教育中进行了多次论文研讨,在形式上既有集体的研讨,也有个别的交流,对每一位实验教师的论文都提出了较为细致的修改意见,也为教师们提供了一些中学英语教师撰写的论文供他们在写作时参考与借鉴。但是几位实验老师对于论文写作还是存在比较明显的消极态度与畏难情绪,在修改论文的过程中,老师们也常常质疑,论文到底应该怎么写?写什么?针对这一情况,研究者于 2011 年 12 月 8 日对实验教师进行了一次论文写作的集中培训,从论文写作的原则、论文的基本结构、论文题目的确定、文献查阅的方法等方面用通俗的语言向老师们说明了什么是科研,什么是论文,打消了他们之前对于科研和论文的一些片面的、错误的理解,使他们认识到教学研究并不是遥不可及的,而是一线教师完全可以做、也做得好的事情,而且这样的研究还可以促进他们自身的教学和专业发展。老师们纷纷表示这样的讲座让他们受益匪浅,景秀老师在 2011 年 12 月的访谈中说道:"我们自己也会写一些论文,但是对于如何写论文,还是很模糊的,上次给我们做的关于论文写作的讲座,我觉得对我很有帮助。"2012 年 2 月 22 日,研究者再一次为实验教师开设了论文写作方面的专题讲座,向实验教师系统介绍了如何利用中国知网来获得论文写作所需要的文献资料,包括如何设置精确有效的检索方式,如何寻找到最新的、相关度较高的、具有权威性的研究成果等,并向他们推荐了适合中学英语教师投稿的一些国内期刊、与他们共同研究了几本期刊中的文章目录及不同期刊的写作体例、要求与规范,鼓励实验教师根据不同期刊的要求进行教学日志的整理及论文的写作,大胆投稿、争取发表。

除了论文写作之外,研究者还鼓励教师开展基于课堂的行动研究。在对行动研究的概念进行了简要的介绍后,研究者就希望实验教师能够制定出行动研究的具体方案并付诸实施,但是在与实验教师面对面的交流或是 QQ 聊天中以及从他们的教学反思中,我们发现教师对于什么是行动研究、行动研究与一般意义上的研究有什么不同、为什么要开展行动研究、如何开展行动研究等概念性的问题并没有形成清晰的认识,更无从谈论如何在实践中去制定行动研究的方案、实施行动研究了。针对教师们的这些困惑,研究者遵循“自我反思—专业引领—同伴互助—自我反思”的思路,于 2012 年 1 月组织了一次以“中学外语教师之行动研究”为主题的集中讲座,通过介绍一个国外的真实案例,向实验教师介绍了行动研究的定义、特点、步骤和意义等,并以一个中学外语教师的行动研究案例为例,与实验教师进行了工作坊形式的讨论,请他们交流自己在教学中的难题与困惑,引导他们根据讲座中介绍的具体步骤与方法来设计行动研究方案,寻求解决问题的办法。通过这次讲座,帮助教师澄清了观念,并通过小组讨论的形式深化了他们对于行动研究的理解与认识,交流各自的行动研究计划,最后再落实到个人的反思与行动。在理清基本观念的基础上,研究者又针对教师在制定行动研究方案和具体实施过程中遇到的“如何设计问卷”的问题于 2012 年 3 月 22 日组织了一次集中讲座,介绍了问卷的组成部分、问卷设计的步骤、问卷设计的相关原则及注意事项等,并在此基础上,以李英老师在行动研究中设计的两份问卷为例与大家进行了讨论,首先肯定了李英老师主动学习、设计问卷来解决教学实践中的难题的探索精神,同时也指出了两份问卷中存在的开放性问题过多、选择性问题的选项较少、问卷设计中考虑不够全面、区分度不高、问题措辞不够准确和严谨等不足,理论联系实际,为帮助教师设计准确、规范、有效的问卷进行了系统、全面的指导。这一阶段中四次集中的讲座培训为实验教师在实验后期行动研究的开展和行动研究报告的撰写提供了理念、方法、工具和学术规范上的指导与帮助。

另外,为了提高实验教师定期开展的课例分析活动的效果,2012 年 5 月 17 日,研究者又组织了一次关于“如何进行有效的听课与评课”的专题讲座,从听课的内容、原则,评课的基本程序、内容和视角等方面向老师们进行了介绍,并与他们展开了探讨。这次讲座使老师们觉得受益匪浅,李英老师在当天的教学日志中写道:“整个过程时间虽然不长,但对我们而言收益很大……我想今后我还要在听课和评课方面多下功夫,当然上课是最重要的,只有自己努力钻研教材,才可能在听课的同时把自己真正融入课堂,听课的过程中才会不断地问自己:‘如果是我,这儿我怎样处理?’只有这样,才会有更快的提高。”(2012 年 5 月 17 日教学日志)

本次教师教育在集中讲座形式上的调整使研究者与实验教师之间的互动更具针对性、更贴近教师的教学实际,从教师的教学与专业发展的需求出发,有的放矢地为教师提供专业的引领与帮助。在集中讲座的具体实施中采用工作坊的形式，利用教师间的相互交流、共同探讨深化教师对于讲座内容的理解，更好地引发教师对于自身教学的思考与研究，对于具体案例的分析又增强了讲座内容的真实性和可操作性，从而有效避免了传统的英语教师培训中缺乏互动、理论与实践脱节的弊端，使集中讲座真正发挥了丰富知识、修正理念、解决问题的作用，使教师通过这样的讲座活动能够对所学内容做到学以致用，解决自身在教学实践与专业发展中的困惑与问题。

2. 日志反馈

布鲁克菲尔德(2002:90)认为，教学日志是"教师对生活实践定期的记录，它有意识地、生动地表现了教师自己。它不仅仅是对生活事件的简单罗列，而是通过聚焦这些事件，更深刻地了解自己的假设"。因此，教学日志是教师对自己教学过程的持续的观察与反思，是教师更新教学理念、拓宽教学思路、提高专业技能、促进自身发展的重要途径。撰写教学日志的过程为教师提供了"对自身的教学实践进行描述与探究的机会"(Ho & Richards, 1993:8)，帮助他们对于自身的教学理念与教学行为进行质疑、反思与分析，也成为他们与同事探讨教学、向教育者、研究者寻求教学帮助的基础与依据，是"教师思考与创造的源泉"(苏霍姆林斯基，1984:123)。

在本次英语教师校本教育中，教学日志反馈是研究者与实验教师互动和交流的一个重要平台，是研究者了解教师的课堂教学情况、对其教育教学设计与行为进行探讨、分析并给予建议的依据，也是研究者对实验教师进行动态需求分析、了解教师现实诉求的一个重要渠道。在教学日志反馈的操作形式上研究者根据实验进展的具体情况进行了几次调整，由最初的"师生互动—自我反思—专业引领"到"师生互动—自我反思—专业引领—自我反思"到后来的"师生互动—自我反思—专业引领—同伴互助—自我反思"，努力使教学日志真正成为教师自我反思的重要途径，提高了教师教学反思的质量与反馈的效果。

实验初期，教学日志由实验教师每天记录，两周一次以电子邮件的形式发送给研究者，研究者鼓励实验教师将他们参与教学改革、运用新理念实施英语教学中的事件与感受记录下来，将他们在课堂上与学生合作与互动中成功的尝试、失败后的反思记录下来，将他们在实践中不断深化的对于英语教学的理解记录下来，将学生语言能力提高、教师教育智慧提升的轨迹记录下来。在撰写教学日志时无须局限于任何既定的程式，只需尽可能做到言之有物、有感而发。为了帮助实验教师更深刻地理解教学日志的意义、更有效地进行教学反思，研究者向教师们推荐了由大连理工大学的高鹏老师基于自身的教学日志而撰写的《外语自主式教学模式研究与实践——讲述我这八年的行动研究》(2009)一书供他们学习和参考。

在日志反馈的具体形式上,最初研究者采用了分别反馈的形式,即由实验组中的每一位研究者对实验教师的日志进行单独的反馈。之后为了避免日志反馈中不必要的重复,保证反馈意见的完整性和统一性,研究者转而采用了集体反馈的方式,即由研究者在每一位实验教师的教学日志中进行轮流批注反馈。2010 年 9 月开始,李英与陈斌两位老师参与实验教学,教学日志反馈的工作量有所增大,另外,根据实验教师在 2010 年 6 月的阶段评估访谈中提出的希望两周一次的反馈周期可以缩短的想法和实验教学的现实需要,研究者对四位实验教师的教学日志开始进行一周一次的集体反馈,以保证反馈工作的及时、有效。

实验初期,由于两位实验教师在教学中面临着较大的压力,他们对于教学日志的意义也缺乏深入的理解与认识,加上研究者深入学校观摩教学和与教师深入交流的时间比较有限,因此,对于研究者日志反馈中给出的意见和建议,教师很少会给予回应,教学日志的反馈仅仅局限于"师生互动—自我反思—专业引领"的阶段。研究者的日志反馈这一专业引领的形式并未带来教师进一步的反思与行动,这样的教学日志反馈作用比较有限,对于教师专业态度与能力的提升并未发挥其应有的作用。因此,从 2010 年 9 月开始,研究者建议实验教师在收到日志反馈后,能够在自我反思的基础上以各种形式进行二次反馈,就日志中提到的对于一些问题的理解与处理方法进行进一步的交流或将自己对于反馈的感想及时记录下来,作为教师个人发展档案袋的一部分,由此在原先互动形式的基础上又强调了研究者反馈后教师的自我反思,形成了"师生互动—自我反思—专业引领—自我反思"的互动形式。二次反馈概念的提出使得教学日志这一研究者与教师之间互动的主渠道更为顺畅地运作起来,实验教师与研究者之间通过深入的沟通与坦诚的交流建立了相互的信任,在对一些教学现象与问题的相互探讨中也激发了教师对于自身教学的进一步思考和对于英语教学的新认识。以下是周华老师与研究者就阅读教学的设计与组织问题通过日志反馈的形式进行的交流:

……随后便是让他们开始进行阅读,完成相应的练习、问题,在经过两三遍的泛读、略读以及精读之后,我让他们用几句简单的句子复述一下课文。在没有准备的情况下,有几位学生举手了,讲得很好,然后我又让他们准备了一两分钟,大部分学生都会复述了,而且都讲得不错。当然我不排除还有不会讲的,我觉得把这部分作为第一节课的内容已经够了,在阅读课的第一课时主要就是让他们理解课文大意,能够复述就行了。至于接下来的时间,我对他们说:"大家刚才讨论得很棒，我们提前完成了本节课的内容，下面就请大家再读读这篇课文，看看自己有哪些不理解的，为我们下节课的竞赛做准备吧！”大家一听又有竞赛，顿时教室里像炸开了锅，学生们立即兴奋地投入到了积极的讨论之中。第二节课还是以“提问”和“抢答”的竞赛形式展开，气氛还不错，对于重点的把握也还可以，看来他们还是比较喜欢竞赛类的活动，并且最好是小组竞赛，如果是男女生竞赛，每次女生都比不过男生，因为胆子太小而不敢举手的女生很多。明天的课我准备继续我们的比赛环节，然后让他们更加熟练、更加完整地复述课文，并且了解这则寓言故事的寓意。

（研究者反馈：周老师对于语言点的讲解是放在第一节课的吗？前面的“精读”指的是什么？我个人看法是按照这个程序的话，学生学得可能有点“浮”，就是课堂气氛虽然很好，学生也会比较积极地参与，但是对于课文的掌握可能不是很牢固。建议周老师能够把握从内容到结构到语言，从泛到精，从宏观到具体的原则，在理解课文内容的基础上引导学生梳理文章结构，然后解决语言点，之后可以对学生的理解和掌握通过竞赛、复述等形式来进行巩固和检验。）

（选自周华老师 2010 年 9 月 13 日教学日志及研究者反馈）

针对研究者的反馈，周老师在 2010 年 9 月 18 日的二次反馈邮件中说明了她阅读课设计的初衷和阅读教学中的一些具体情况：

非常感谢实验组这么及时地给我们反馈，谢谢！

在反馈中，我想对几点做一些简单的说明。

首先，在对于阅读课的处理上，我是第一节课先让他们经过两三遍的泛读之后回答一些问题，以达到了解文章大意的效果，上面提到的“精读”是指有一个部分的练习需要大家到书上去仔细地寻找答案，所以写成了“精读”，并不是语言点讲解的“精读”，不好意思，表述不清，让你们产生误解了！第一节课主要是让他们了解大意，能够简单地复述，然后第二节课才是知识点的讲解，我设计的竞赛活动并不是让他们通过比赛来复述课文，而是让他们利用晚上或者课余的时间先自主学习 Reading 部分的知识点和重点语言点，然后找出自己不理解的部分，或者是自己觉得重要的部分，在第二节课上以小组竞赛的形式进行提问和回答，提问的学生所在小组可以得到一分，回答的学生所在的小组可以得到两分，以此来激发学生发现问题和解决问题的能力。经过一个学期的实行，我发现我们学生的积极性被很好地调动起来了，学生也反映比起老师一个人讲知识点，他们更加喜欢这种竞赛的形式。而正是因为有了这种竞赛形式,我们的课堂进度就不可能像全部由老师灌输式的那么快,但是也不会慢很多,略有差别。所以也导致在一节课内没有完成对 Reading 部分语言点的讲解,需要用到第二节课的部分时间,刚好通过这个单元的 Reading 内容,我可以找到衔接点去引导到语法部分,所以就直接导入到语法了,也希望给他们留下"我们的教材是同一的整体"这种印象。并没有匆匆结束,为了赶进度的想法,我向来都是希望他们可以踏踏实实地学好每一天,每一部分内容。

其次,对于阅读课尾声后的学生再次提问,我是先让学生自由回答,如果有问题的,我会给予更多引导,他们实在不会的,我才会给予讲解,这种情况这次没有出现,在大家这么详细的探讨之后也应该不会有,但我也不排除这个可能性,所以也随时做好了准备。

(选自周华老师 2010 年 9 月 18 日二次反馈邮件)

当天,对于周华老师的二次反馈,研究者又予以了回复与交流:

非常感谢周老师的二次反馈,让我们能够及时地就一些教学中的问题进行沟通。

对于日志中您提到的在阅读教学中竞赛的安排,我们并没有觉得这种形式本身有什么不妥之处,如您所说,这种形式的活动可以激发学生发现问题和解决问题的能力,这一点我们非常赞同,也很欣赏周老师在教学中进行尝试与创新的精神,但是如果在课文尚未进行讲解时就由学生用一节课甚至更多的时间来进行竞赛的话,在安排上似乎有点欠妥。因为毕竟这个阶段的学生对于课文中的重点与难点的把握不易到位,他们在课后进行的自主学习也会受到他们知识水平的限制而不可能达到教师讲解的效果。我记得周老师之前在日志中也提到学生学得不够扎实的问题,有些知识还是由老师进行一些系统的讲解会比较好。

非常感谢您的坦诚,也非常愿意倾听您对于教学的看法和意见。下星期我们会来丹阳,对于这个问题,到时候我们可以再深入探讨一下。

2011 年 9 月,由于景秀与王萍两位老师参与实验教学,研究者又对教学日志的记录与反馈工作进行了一些调整,计划采用每周记录、当周反馈、每月交流的机制,遵循"师生互动—自我反思—专业引领—同伴互助—自我反思"的互动形式。每周记录即实验教师从一周教学中选取 1～2 件具有典型意义的、能够凸显教师教学创新并体现学生学习方法与效果的、值得与研究者和其他实验教师分享的教学事件或是在教学中感到困惑而需要与大家探讨、协商的问题记录下来；当周反馈即研究者每周对教师的教学反思进行及时反馈并在所有实验教师内群发，以便于教师们分享他们在教学中成功或是不成功的做法，了解其他教师的教学情况以及他们的经验与困惑；每月交流即每月在实验教师的教研活动中穿插举行日志讨论交流会，对教学日志中反映出的一些具有共性的问题和老师们在教学中进行的一些有效、有益的尝试进行讨论和分享。

由于实验教师教学任务较重，学校事务性的工作也比较繁忙，因此，在实施中研究者将每月的日志交流会改为由实验教师定期上传1～2篇各自的教学日志到实验组群共享中，供其他实验教师认真学习，并鼓励教师在阅读其他实验教师的日志后进行自我反思。为了全面提高教学日志的质量，促进教师间教学日志的相互交流与学习，2011年12月研究者还组织了教学反思评比大赛，要求每位实验教师选取两篇教学日志参与评比，要求内容充实、能体现教师们在教学中的探索实践、教育智慧、内心感悟和对于自身教育教学行为与职业发展的思考。几位实验教师都从他人的教学日志中学到了成功的经验，受到了启发。以下是实验教师李英在认真学习了其他老师的教学日志后写下的个人反思：

> 周老师在日志中提到了关于语法课的教学。她提到在教授定语从句时的一些做法。我也深有感触。定语从句历来是学生学习的难点，周老师能把它通过先发现问题、生生互动、归纳对比、拓展研究、训练创新，综合运用到写作中来完成这个版块的教学，可以想象这堂课应该是很有效果的。确实，我们在教语法的时候如果为教语法而教语法，就事论事，那节课肯定是很枯燥乏味的。语法课历来也是老师们很不愿意拿出来上公开课的，因为大家都跳不出这个圈子，总觉得非要跟学生总结好所有的用法后学生才能掌握。如果按照周老师的做法，改变教学方式，不仅锻炼了学生的写作能力，更重要的是让学生在运用中体味了语法，学会了定语从句。用一句诗来形容不知是否恰当：润物细无声。最近我们在教学被动语态，我觉得我们也可以参考周老师的方法，可以让学生先把主动语态改写成被动语态，然后再让学生仿写片段。
>
> （选自李英老师2012年4月1日教学日志）

在教学日志的反馈形式上，从“师生互动—自我反思—专业引领”到“师生互动—自我反思—专业引领—自我反思”到“师生互动—自我反思—专业引领—同伴互助—自我反思”的互动方式的改变是研究者在教师教育的过程中以提高教师反思能力、实现教师可持续发展为出发点，根据实验教师的现实情况所作出的调整。撰写教学日志是一件需要付出大量时间与精力的事情,单纯的教学日志记录并不一定能够提高教师的反思能力(Barkhuizen, 1995; Richards & Ho, 2001)。对于很多教师而言,教学日志都可能成为教学之余的一种枯燥的任务、一种负担而难以坚持(Burns, 1995),几位实验教师也同样经历了不同程度的倦怠甚至是停滞期。因此,研究者在这一工作的具体实施中也从实验教师的立场出发,从最初的重视教学日志的每日记录转为对于教学日志质量的关注,避免教师将教学日志作为一种负担而以流水账的教学记录来应付,研究者鼓励教师在教学日志中更多地记录自己的思考与尝试,记录自己对于教育教学理论和问题的理解与看法,更深入地去挖掘自己教育教学行为背后的东西,使教学日志真正成为促进教师反思的一种有效手段。在其具体的实施方式上,研究者也更注重教师对于日志反馈的进一步思考,注重教师间日志交流后的相互启发与相互学习,引发教师间对于教学问题的关注与探讨,以最大限度地发挥教学日志作为一种反思性工具的作用。

3. 教学研讨

教学研讨部分包括主题研讨、课型研讨、课例分析三种教师教育的途径。主题研讨是教师教育初期使用较多的一种方式,之后为了更贴近实验教师的教学实际,使他们在深入理解实验理念的基础上更好地把握各种课型,并在教学中加以体现,我们组织进行了课型研讨。两轮课型研讨结束之后,为进一步提高教师的课堂教学能力,培养他们的反思意识与教学研究意识,研究者又利用实验教师间的交流与沟通,发挥教师学习共同体的作用,鼓励教师开展定期的课例分析,建立了公开课常态化的课例分析机制,使课例分析成为实验教师教学中的一项常规工作。可以说,课例分析是在前期主题研讨和课型研讨为教师做好了较为充分的理论知识和理念修正准备的基础上发展而来的,也是主题研讨和课型研讨活动在互动形式上的拓展和意义内涵上的深化。以下是三种教师教育途径在实验中实施的具体情况。

(1)主题研讨

本次教师教育中共进行了4次主题研讨活动(表4-6),采用“专业引领—同伴互助—自我反思”的互动形式展开。

**表4-6 2009年7月—2012年6月主题研讨列表**

| 序号 | 时间 | 主题 |
|---|---|---|
| 1 | 2010.3.8—2010.3.9 | 课堂观摩暨展示课主题研讨 |
| 2 | 2010.4.12 | 教材使用情况主题研讨 |
| 3 | 2010.5.4 | 课堂教学主题研讨 |
| 4 | 2010.6.27 | 两极分化主题研讨 |

2010年3月8日至3月9日研究者与实验教师进行了课堂观摩暨展示课主题研讨,研讨的主要内容包括:①了解实验教学现状,与实验教师就教材、练习、档案夹、学生两极分化等方面的问题进行深入交流,通过多方沟通征询意见和建议;②进行课堂观摩,结合教学目标和课型特点,指出教学中的优势与存在的不足,并在此基础上提出改进意见和建议;③针对实验教师提出的"展示课的理论支撑非常重要,是否有相应的先例?""如何发挥每个学生的主观能动性?如何因材施教?"等问题进行解答,帮助教师进一步理解展示课的具体要求、评估方式和组织方式。

2010年4月12日研究者针对实验教师反映最多、最感困惑的教材使用问题组织了一次主题研讨。此次研讨围绕实验教材编写的原因、实验教材与牛津教材的关系、实验教材的编写理念和体系安排、实验教材的使用原则和方法、实验教材的师生反馈方式和内容、实验教材的完善以及教师用书和配套资源建设等问题展开讨论,旨在使实验教师更好地了解教材的编写理念、澄清教材的使用原则、发现教材使用中的问题,帮助教师有效利用实验教材实施教学,在培养学生自主学习意识与能力的同时也提高自身开发、利用、甄选教学资源的能力。

2010年5月4日的课堂教学主题研讨中,研究者针对实验教师在日志和其他形式的交流中提出的困惑从六个方面通过提问—回答—反馈的方式进行了解答与论证。

1)外语学习为什么需要课堂教学?

2)外语课堂教学应达到什么目的?

3)课堂教学活动如何体现课程要求?

4)课内外教学如何衔接?

5)外语教学中知识讲解与语言实践的时间应如何分配?

6)如何通过课堂教学活动鼓励学生进行探究性学习?

通过对这些问题的解答,研究者提出了有效课堂教学应该具备的五大功能——激发兴趣、提供资源、获得方法、解决困难、展示成果,并利用一节优秀课的授课录像要求教师从五大功能出发进行评价,使实验教师对于课堂教学有了更深层的认识,也更深刻地理解了实验的理念,明确了自己教学实践需要努力的方向。

2010年6月27日的两极分化主题研讨针对实验教师提到的班级中存在的两极分化现象展开了深入的探讨。在两位实验老师对班上学生的两极分化现象进行介绍的基础上,研究者与教师就其原因展开了讨论并提出了解决这一问题的初步方案:确定研究对象→建立差生档案→了解学生情况→制定个性化方案→评估学生的进步并反馈→分析原因,供将来借鉴。研讨会后,研究者帮助两位实验教师对各自班上的五名学困生做了“两极分化问卷”,辅导学生制定了个性化的暑期自主学习方案,并与这些学生的家长进行了沟通与交流。这次研讨活动一方面旨在改善并控制实验班中出现的两极分化现象,另一方面也希望以此为实验教师提供一些教学理论与方法上的指导,引导他们运用合适的理论和科学的方法来解决自身教育教学实践中的具体问题,认识教学与科研的关系,增强理论意识、反思意识与研究意识,提升专业素养。

可以说,这几次主题研讨活动都是由研究者根据教师在教学中遇到的较为突出的难题而发起组织的,虽然活动中也有教师间交流与互动的环节,但是大体上仍是以研究者为活动的主体。由于研讨的主题比较宽泛,理论性也较强,教师对这些问题的把握与驾驭能力相对欠缺,因此,在研讨的参与度上也比较有限。主题研讨活动是本次英语教师校本教育中支架创设阶段的一种重要的教育途径,它的主要目的是通过由研究者引领的对于教学中具有共性的问题的探讨,为教师澄清思想,修正观念,为他们对于自身教学实践的反思与研究提供理论与方法上的指导。

(2)课型研讨

为了更贴近实验教师的教学实际,帮助他们在深入理解实验理念的基础上提高教学的有效性,增强对于各种课型的驾驭能力,研究者于 2011 年 3 月起先后组织了两轮课型研讨。在第一轮课型研讨中,首先对实验教师各种课型的公开课展示进行观摩,之后由研究者与其他实验教师对公开课进行集体评议,由研究者对各种课型的目的、特点、建议教学模式等进行归纳与阐释,在此基础上进行集体讨论,提炼各种课型中的重要因素与原则,共同探讨具体课型教学方法的可行性与有效性,并进行集体修改与完善;第二轮课型研讨中将第一轮已经讨论得较为成熟的课型教学方案再由实验教师在自我反思的基础上在教学中加以个性化的实施,并对方案进行进一步的完善,基本上遵循“师生互动—专业引领—同伴互助—自我反思—师生互动—同伴互助”的互动模式。

2011 年 3 月到 6 月间,研究者组织实验教师进行了每月一次的课型研讨,分别对展示课、听说课、阅读课和语法课四种不同课型从理论与实践层面进行了深入的讨论,提炼了“拟一份方案,从两方准备,任三重角色,走四道程序,显五大功能”的展示课教学原则、“意义明,词句清;资源广,输出畅;策略通,容易懂;方法多,兴趣浓”的阅读教学原则和“建构性(Constructive)、情境性(Contextual)、合作性(Collaborative)、连贯性(Coherent)”的 4C 语法课教学原则和“课内外一体”的语法教学模式。2011 年 9 月开始的第二轮课型研讨中(包括 2011 年 9 月 23 日的写作课研讨和阅读课研讨,2011 年 9 月 28 日的语法课研讨和 2011 年 10 月 12 日的听说课研讨和展示课研讨),在原先四种课型的基础上又针对实验教师反映的学生书面输出准确性不高、英语写作教学不受重视的问题增加了写作课型的研讨,提出了“渐进式、互动式的英语写作教学模式”。在第二阶段的研讨中,实验教师将第一阶段课型研讨确定的方案在教学中加以灵活运用,并在课后进行集中的评课与研讨,力求使实验教师们深化对于实验理念的理解,提高授课能力,在各种课型的教学中贯彻、体现实验的理念。

课型研讨较之前的主题研讨在内容上更贴近教师的课堂教学实际,对于各种课型的教学目标、原则与实施建议的归纳与梳理有利于教师更好地理解实验的理念,为他们的教学实践提供了有效的理论指导;在课型研讨的具体实施形式上研究者也注重引导教师参与相互间的评课、鼓励他们共同提炼各种课型的关键要素,讨论可行的教学方法与模式,在专业引领与相互的思想碰撞中内化教育教学的理念,修正对于英语课堂教学目标与方法的理解与认识。

(3)课例分析

在主题研讨与课型研讨所创设的支架与理论依据的基础上,研究者鼓励教师组织课例分析,并建立公开课常态化的课例分析机制。从 2011 年 12 月开始,实验教师间就陆续进行了几次不定期的课例分析活动。首次课例分析会(2011 年 12 月 15 日)由陈斌老师主持,全体实验教师与研究者参加。陈老师以他在 2011 年 10 月在丹阳市的一节公开课为课例,在研究者提供的课例分析框架[①]的基础上,利用教学录像进行了教学过程介绍和自评,对于自己在授课前的备课工作和课后的反思情况进行了详尽的介绍,随后其他实验教师与研究者一起进行了集体评课,提出了改进的意见和建议。在课例分析会后,陈老师写下了这样一段反思:

> 经过这样的课例分析,我感觉,有了自己的再次反思,有了集体智慧的碰撞,这些都可以使得我的教学设计更为合理,更加符合实验理念,我也完全可以将之前认为算得上非常成功的课再提升一个档次。当然,不仅如此,课例分析也有助于我们发现自己在课堂教学中驾驭课堂的能力上存在的优缺点;同时,它也提供给我们上课教师一些反馈信息,使我们在以后的课堂上能进行重点的关注和做出必要的改正,以提高课堂效率,提升教师个人的教学能力。我觉得,这其中更为重要的是,通过这种教学过程的自觉反思和自我分析,我不仅获得了实际体验和被内化了的知识和理念,而且还获得了从课例实践中提炼

① 研究者为实验教师提供的课例分析框架是参照 Donald Freeman 和 Steve Cornwell(2002:100)《教师教育中的新方法》中提出的课例分析框架以及 Richards(2001:169)《超越专业技术训练》中的教学反思框架改编而成的。

理论的研究能力。

（选自陈斌老师 2011 年 12 月 15 日教学日志）

除了口头的课例分析形式,研究者还鼓励教师将自己的课例进行书面的分析,组织成文。在 2011 年 12 月 28 日的一次课例分析会上,研究者向老师们介绍了《中小学外语教学》上的课例分析基本步骤,给老师们提供论文样本,鼓励他们积极投稿。

2012 年 2 月开始,研究者鼓励实验教师建立公开课常态化机制,定期进行课例分析。每周至少有一位实验教师开设公开课,并进行录像,之后由全体实验教师参与集体评课,然后由任课教师在自我反思、内化同伴与研究者意见与建议的基础上(很多实验教师会将课例分析的经过与自己的反思写进当周的教学日志),再在以后的教学中加以改进,基本上遵循"师生互动—自我反思—同伴互助—专业引领—自我反思—师生互动"的互动形式展开。以下是实验教师自行拟定的 2012 年 3 月份的公开课计划表(表 4-7),这些公开课都进行了录像,实验教师利用这些资料进行了定期的课例分析。每次的研讨活动由所分析课例的授课教师主持,研究者也定期前往实验学校参与课例分析,但在课例分析中不再扮演主导的角色,而是淡化为活动的参与者和监督者,以平等的身份参与讨论,注意倾听实验教师的想法与意见,适时以问题的形式引发讨论、提供启示与指导,保证研讨活动顺畅、有效开展。

**表 4-7　2012 年 3 月实验教师公开课上报表**

| 上课时间 | 上课课型 | 上课内容 | 上课教师 |
|---|---|---|---|
| 3.7 | 展示课 | 自主学习内容 | 李英 |
| 3.7 | 听说课 | Unit 2 Integrated Skills | 陈斌 |
| 3.14 | 阅读课 | Unit 3 Reading | 陈斌 |
| 3.14 | 视听说 | Unit 3 CWV | 景秀 |
| 3.21 | 语法课 | Passive Voice | 李英 |
| 3.21 | 复习课① | | 周华 |
| 3.28 | 听力 | Unit 4 IPS | 景秀 |
| 3.28 | 复习课 | | 张健 |

利用教学录像进行课例分析可以使教师站在一个相对客观的角度审视自

① 由于周华老师与张健老师所带的实验班已经进入初三中考复习迎考阶段,因此,两位实验教师根据实际教学情况,开设了复习课的公开课。

身的教学实践,为分析教师的教学设计与行为提供了很好的素材。与主题研讨、课型研讨相比,课例分析更注重教师的自我反思与教师间思想的交流和相互间的学习,主要由实验教师自己与这一集体中的其他老师来完成对教学课例的分析,教师的参与性、主体性大大增强。课例成为有效发挥教师学习共同体团队作用的一个重要的媒介与载体,团队中的每一位老师都以主人翁的精神,为这一学习共同体贡献着自己的才智,同时也从其他老师身上获得了宝贵的知识与经验。当然,前期的主题研讨和课型研讨为课例分析的顺利展开奠定了坚实的理论与实践基础,为老师们澄清了对于课堂教学目标与评估标准的认识,使他们了解了各种课型教学中的关键因素,学会了以敏锐的眼光和多元的视角来分析自己的和其他实验教师的各种课例。可以说,课例分析源于教师的教学,又高于教师的教学,一方面它很好地调动并利用了教师已有的经验知识(experiential knowledge),另一方面它又激励教师去学习他们所欠缺的理论知识(received knowledge)(Wallace,1991:16),在教师教育中将理论与实践紧密结合。课例分析之所以受到实验教师们的欢迎,正是因为他们切实感受到了这样的活动给他们带来的进步。在 2011 年 12 月的教师访谈中周华老师这样说道:“课例分析的想法很好,自己录像,然后评课。因为自己上完课不是每一个细节都记得的……我觉得这样的课例分析能够让我们自己看看自己的课,发现一些问题,进步会更大”;在 2012 年 6 月的教师访谈中,老师们都觉得课例分析对他们很有帮助,李英老师说课例分析让大家定期听听课,讨论讨论,对于大家很有帮助。她说展示课课例分析上的讨论和提到的问题启发她进行了很多后续的思考与行动;张健老师说课例分析启发了他对于常态课上课堂教学的有效性和学生学习方法优化的思考;景秀老师说课例分析的做法很好,她还建议在进行课例分析时不要仅仅局限于实验教师内部,还可以把学校其他英语教师组织起来一起参与讨论。

4. 专业学习

外语教师的发展是一个终身学习的过程,作为一名合格的外语教师,不仅需要具备普通教师所需要的基本素质,更需要具备胜任外语教学这一特殊学科所应具备的专门素质,包括较为扎实的外语专业知识和听、说、读、写的专业技能、运用传统的和现代化的教学工具与手段组织与实施教学的能力、系统的现代语言学知识、一定的跨文化交际理论和外语习得理论知识及外语教学法知识(束定芳,2008:151)。所有这些能力与知识的获得,除了需要教学实践中的反思与感悟,更需要进行大量专业理论书籍的阅读。尽管外语教学理论不可能为教师提供与某种课型或某类学习者完全对应的教学方法,但是却能够影响教师对于语言教与学的理念,有利于他们专业行为的完善和选择空间的扩大

(Mitchell, 2000:298)。因此，除了教学实践中的学习，研究者也非常强调实验教师通过阅读进行专业理论学习，鼓励教师在不断的学习中更新观念、获取新知，以语言学理论和外语教学理论丰富和充实自己，指导自身的教学实践，提高自身的理论素养和专业知能。因此，这一部分中我们所指的"学习"是指教师为提高自身语言能力和理论素养而进行的专业阅读。

教师教育之初，研究者就向实验教师推荐或赠送了一批理论书籍，包括束定芳的英语教学法专著、人民教育出版社的"中小学英语教师发展丛书"(2007)和译林出版社的《分层次英语教学活动》(2008)等；除此之外，还向老师们推荐了购买理论书籍的网站，鼓励教师们根据自己教学中的实际需要购买相关书籍进行阅读。老师们虽然也表示希望通过理论学习来提升自我，但是总觉得在繁重的教学工作之余已经没有精力再去自己看书了，因此，尽管研究者一再强调理论学习的重要性，但是最初自觉进行专业学习的老师并不多。随着实验工作的推进，一些老师在教学中遇到困难、觉得一筹莫展时开始尝试着从书中寻找解决的方法，当他们在这样的尝试中感受到了成功的喜悦时，便开始通过日志和一些非正式的交流感染起周围其他的实验教师。以下是实验教师周华在教学日志中提到的阅读给她的教学带来的启发与灵感。

> 前几天我在安老师提供的卓越网上又买了两本书，其中一本是《英语教学活动设计与应用(中学卷)》。昨天到的书，我翻看了几页，觉得非常实用。比如说，在刚开始的时候，书上就提到了一个很好的、我也每天一直在考虑的问题："课前做什么最好？"书上给了我一些很好的建议，通过它的提醒，我也豁然开朗，我们可以每天在课前组织一个专门的环节，可以是简单的新闻播报、演讲、Show Time、单词接龙赛、经典的英文歌曲欣赏等活动，如果是演讲或者新闻播报，还可以在展示完毕之后提出适当的问题，看看其他学生是否真正认真地去听了。
>
> (周文君老师 2010 年 5 月 20 日日志)

研究者在与教师的交流中也意识到实验教师的专业学习不应该跨大步、要求教师去学习一些理论性强的专著，还是应该鼓励教师以一些实用性相对较强、对于他们的教学切实有用的书籍为起点，逐步使教师体会到理论学习的作用与意义，这样才能有效提高教师的理论意识与理论素养，于是研究者在向教师推荐阅读书目时，更注重教师的实际需求、可接受性和有效性。在与实验教师的几次论文研讨中，研究者发现教师要提高反思能力、对自己的教学进行深入的思考，就需要多阅读、多借鉴他人的论文，于是就从《中小学外语教学》、《中小学教学研究》、《现代中小学教育》、《江苏教育》等刊物中挑选了《英语课堂教师指令的有效性研究》、《英语课堂有效追问的实施》、《支架式教学模式下初中英语合作阅读策略训练实践研究》等文章供老师们阅读。这些文章都是由中学英语教师完成的，大多是以课例分析的方式进行的教学反思，与实验教师的教学实际比较接近。研究者鼓励实验教师在仔细阅读的基础上了解教学论文撰写的基本体例与方法，并结合研究者提出的修改意见对他们自己的论文进行修改。

2011版的《英语课程标准》出台后，研究者组织实验教师进行了认真的学习，鼓励老师们对比新旧课标，看看新课标在原先课标的基础上进行了哪些调整，以此了解国家在英语教学方面的理念转变、政策导向以及对于英语教师新的要求。不少实验教师在学习的基础上还将课标的理念运用于教学中。景秀老师在一次教学案例的反思中这样写道：

> 知识由书本转化为现实才能体现其价值，在现实生活中运用所学的语言才是语言学习的终极目标。《新课标》说，活动不应该仅限于课堂教学，而要延伸到课堂之外的学习和生活中。这个环节我以学生的生活为出发点，凭借真实生动的内容和方式，加速英语和实际生活建立直接联系，增加了学生直接用英语思维的能力，同时体现了任务型语言教学"在学中用，在用中学"的原则。

在具体的互动形式上，除了沿袭原先采用的"专业引领—自我反思"形式之外，研究者也更注重教师间学习成果的相互交流、共同进步，采用了"自我反思—同伴互助—专业引领—自我反思"的学习交流会形式。

针对实验教师对于如何实现自身专业发展的困惑，研究者向他们推荐了Richards和Farrell的《语言教师的专业发展：教师学习策略》(2005)一书。该书语言简洁，介绍了英语教师专业发展的途径与策略，每一个策略的介绍就是一个章节，并附有很多一线教师的成长经历自述、教学反思、参与的各种培训活动纪实以及他们在教学中进行的尝试与创新，非常适合一线教师阅读。由于是英文版的书，对于老师们在几次访谈中都提到的语言能力亟待提高问题也是一个很好的解决途径。研究者建议实验教师组织定期的学习交流会，每位教师负责一个章节，即一种专业发展途径的介绍，大家合作把这本书学完，老师们非常赞同，并进行了分工(表4-8)。从2012年3月开始，教师们组织了每月一次的读书交流会，每位负责讲解的教师提前将讲座的提纲或课件上传至实验教师群共享中，供其他教师提前了解讲座的内容，进行有针对性的预习。在讲解后，其他教师可以进行提问，与讲解的教师交流，他们还会将学习的内容与实验教学中的具体做法联系起来，进行讨论。研究者建议负责讲解的教师查阅中国知网，下载相关主题的、与中学英语教学有关的论文与其他教师一起分享。在交流会最后，通常由研究者对所学内容进行总结，对于讲解中不到位的地方进行补充、修正与提升，帮助教师对于外部知识输入的内化。由于是教师之间的相互教学，所以气氛比较轻松，讨论也能做到畅所欲言，大大提高了教师的反思能力以及他们之间学习与交流的质量。

**表 4-8　2012 年读书交流会内容安排**

| 实验教师 | 负责讲解章节 |
| --- | --- |
| 陈斌 | Teaching Portfolio |
| 张健 | Self-monitoring |
| 李英 | Peer Observation |
| 周华 | Keeping a Teaching Journal |
| 景秀 | Analyzing Critical Incidents |

当然，鼓励教师进行理论阅读的目的并不在于阅读本身，而是希望他们在个人阅读以及相互交流中能够联系自身的教学实践有所思考，能够运用所学理论服务于实践，为他们反思能力的提高、教学质量的优化提供理论指导。因此，研究者鼓励教师将他们平时理论阅读的内容以及阅读后的感受与反思写入教学日志中，与其他实验教师和研究者们分享。以下是实验教师李英的教学日志节选。

对张老师的课进行点评的时候，吴校提出一个观点：教师要学会提问，一个问题抛出来要能起到"一石激起千层浪"的效果。这不禁让我想到最近看的关于教师如何在课堂上提问的问题。作为语言教师，Penny Ur (2000:230)认为，我们课堂提问的主要目的是使学生参与到语言活动中来。因此，有效的提问技巧能使学生做出迅速的、相关的、完整的回答。相反，如果我们的提问造成学生长时间的沉默，或者只有最好的学生才能答出来，或者学生只能作出十分简短的或者不正确的回答，那么一定是我们的提问出了问题。Penny Ur 提出了 6 条标准：

1. 清楚：学生能立即抓住问题的要领并知道期望的答案是什么吗？

2. 有学习价值：问题能激发思维吗？

3. 激发兴趣：学生认为问题有趣、具有挑战性吗？

4. 参与性：有大部分学生尝试回答问题，还是只有几个成绩好的、自信的、知识面广的学生？

5. 扩展性:问题能使学生作出深入的、多样的回答吗?

6. 教师反应:学生回答问题时有安全感吗? 他们的回答会不会得到尊重?

对照这6条,我觉得对于参与性这一条我做得还是不错的,我的课堂基本好生差生都能参与,一般简单点的问题就让差生回答,复杂点的问题就让好学生回答,常常会变换着不同的方式提问,让学生搞不清下一个轮到谁回答,这样做就是想促使学生集中注意力听课,对那些不守纪律或者思想开小差的学生常常也会突然袭击。……但是在课堂上就提问这一块还有很大的改进空间,有时我的提问就是为了提问而提问,或者说就是为了不让课堂出现冷场的现象。至于是否有学习价值,能否激发学生思维,则不是我考虑最多的。作为教师,我们的关键任务就是要培养学生学会思考问题并解决问题,而不仅仅是告诉学生是什么。通过教师的有效提问可以让学生的思维层层拔高,事实上,有效的课堂应该是教师与学生思维的碰撞、心灵的交流。

(选自李英老师2012年3月2日教学日志)

5. 行动研究

行动研究是教师教育进入组织创设阶段后期研究者采取的一项主要的教师教育途径,鼓励教师大胆质疑自己的教学经验,从平凡、常规的教学实践中发现问题,理性思考和评价自己的教学设计、教学过程、教学行为以及教学效果,通过制定行动研究方案加以解决,在此过程中提升理念,重构对于外语教育与教学的认识、对学生学习的认识以及对自我专业发展的认识。在引导并辅助教师进行行动研究的过程中,除了集中的讲座培训,还有个性化的辅导,帮助教师培养行动研究的意识,并给予理论与方法上的指导;除了有教师的个人反思,还有教师间的交流与互助,在具体的实施中采用了"专业引领—自我反思—师生互动—同伴互助"的多元互动相结合的方式。

2011年12月开始,针对实验教师理论意识有所增强的现状,研究者建议教师们开展基于课堂的行动研究,并开设了多次专题讲座,为教师们澄清观念,明确行动研究的意义,并针对教师的具体困难给予了方法上的指导。教师在自我反思的基础上针对其教学中的问题制定具体的行动研究方案,在教学中加以实施,并在实验教师间进行不定期的、正式的或者非正式的交流,与他人分享有效的做法或提出困惑,共同商讨,最后形成行动研究报告,在组内进行交流。鼓励教师进行行动研究的过程并不顺利,有些实验教师对于行动研究方式并不认可;有些教师虽然认可行动研究的概念,但是真正落实起来也觉得无从下手;有些教师期望通过一次行动研究就解决自己教学中的问题,一旦无法解决,就对此产生了质疑。针对实验教师的具体情况,研究者进行了多次个性化的辅导。以下是研究者2012年3月7日赴实验学校工作纪要中有关与陈斌老师交流部分的节选:

和李老师情况不同的是,陈老师对几个问题都有关注,但是并没有找到适合切入的研究角度。我建议陈老师针对八年级这学期的课外阅读活动做行动研究,也给出了具体的方案,但是陈老师兴趣不大。陈老师表示他更愿意写一些教学案例之类的文章。我也向陈老师说明了行动研究对于教师自身发展的意义,希望陈老师能够借助于实验所提供的帮助,做一些稍有难度和挑战的科研,为今后的发展打下基础。但是陈老师仍然兴趣不大。

2012年3月22日,研究者再次前往实验学校时,针对陈斌老师的具体问题,给他带去了王少非的《在经验与反思中成长——案例开发与教师专业发展》(2008)一书,又与他一起讨论了案例分析与行动研究的区别。研究者告诉陈老师,案例分析包括课堂典型案例的叙事和反思,是行动研究中的一部分,由问题的产生而引起描述,反思,然后就要开始做行动研究,慢慢地探索解决的方案,光案例分析还不能解决教学中的问题,必须要进行教学实践。陈老师听后表示会慢慢学习,从一些简单的研究开始做起,提高自己的反思能力与教研能力。

在教师开展行动研究的过程中,研究者也鼓励教师进行不定期的会面,就行动研究的选题、进度、遇到的问题等进行沟通与交流。2012年3月开始,实验教师就行动研究的展开进行了多次集中的交流,与其他教师分享了自己的研究选题、研究进度、研究方法,对于研究中遇到的问题,研究者与实验教师也一起进行了讨论,提出建议,并共同商定了解决的方案。到2012年6月,五位实验教师都进行了至少一轮行动研究,并写出了行动研究报告。表4-9是实验教师的行动研究选题。

**表4-9 实验教师的行动研究选题**

| 实验教师 | 行动研究选题 |
|---|---|
| 张健 | 如何在短期内提高学生的应试能力 |
| 周华 | 如何提高学生任务型阅读能力/中考作文指导 |
| 李英 | 班上学生回答问题声音较低 |
| 陈斌 | 课外阅读策略的指导和任务型阅读能力的提高 |
| 景秀 | 对于学生自主课外阅读的指导 |

实验中教师教育工作的调整是研究者与实验教师共同思考、摸索和学习的

过程，上述教师教育途径及其互动方式的调整体现了：

(1)本次教师教育工作重点的转移，即从专业引领、支架创设为重点向以同伴互助，教师学习共同体建立转移。研究者在教师教育中的角色逐渐淡化，努力从组织者、引导者和资源提供者角色向促进者、监督者过渡，教师的主体性增强，学习共同体逐渐成为教师间相互交流与学习、带动教师自我反思能力提高的载体与平台；

(2)一方面，教师在教学实践中的自我反思是教师教育途径的出发点，自我反思中发现的问题也成为教师教育工作的起点与源泉；另一方面，自我反思又是教师教育的目标与最终归宿，注重教师对于教师教育活动中外部输入的理解与内化，体现了“实践—反思—再实践—再反思”这一教师专业发展必经的循环；

(3)教师的现实需求与发展状况是教师教育方式及其互动形式调整的重要依据。教师教育中没有现成的、固定的规矩可循，在对教师的现实需求及发展状况进行动态分析的基础上作出的教师教育方式及互动形式上的调整是教师教育的主要内容，也是保证教师教育高效开展的重要因素；

(4)本次教师教育活动打破了讲座式理论知识传授的窠臼，更贴近课堂教学实际，注重教学理论与实践的紧密结合，始终以课堂教学研究为抓手，以提高教师对于自身教学的反思能力、优化课堂教学质量为教师教育的出发点与最终目标；

(5)研究者有效运用教师与其教育教学环境中各种互动主体间的相互作用，在实践中不断丰富互动的形式，寻求各种互动形式之间的最佳结合点来服务于不同具体目标的教师教育途径，从而实现提高教师反思能力、促成教师专业发展的大目标。

## 三、研究结果

### (一)数据收集

在此次初中英语教学改革实验进行的三年中，研究者积累了丰富的第一手资料，包括研究者历次赴实验学校调研的纪要、实验教师三年来的教学日志、实验班学生的周记、历次阶段性调研中的材料——对比测试成绩(笔试或口试)、师生访谈记录、实验学校管理者访谈或问卷记录、学生问卷、教师的阶段性小结、研究者与实验教师的 QQ 聊天记录、邮件往来记录等。这些资料成为研究者了解各阶段实验教学情况和教师发展现状与需求的重要渠道，为各阶段实验工作计划的制定提供了可靠的依据，也是实验教师在教师教育中成长与发展的最直接与真实的记录。

实验中的教师教育工作旨在通过对多元互动英语教师校本教育模式的运用,提高教师的反思能力,实现教师的专业发展,以保证教改实验的顺利进行。因此,根据预先确定的英语教师反思能力的发展评价框架(第二章表2-3),研究者在庞杂的实验资料中对这一方面的资料进行了归纳与梳理,寻找实验教师在教师教育活动中成长与进步的轨迹。本次个案研究中,研究者选取了三组资料,从不同视角反映实验教师在教师教育中反思能力的发展情况:实验教师教学日志与阶段性小结、实验班学生周记、访谈记录(教师、管理者),其具体内容如表4-10所示。

**表4-10 个案研究中所用数据的具体情况**

| 数据名称 | 数据类型 | 数据的具体信息 | 数据视角 |
|---|---|---|---|
| 教师教学日志 | 质化 | 2009年9月至2012年6月 | 实验教师 |
| 教师阶段性小结 | 质化 | 2010年7月、2011年6月 | 实验教师 |
| 实验班学生周记 | 质化 | 2009年9月至2012年6月 | 实验班学生 |
| 教师访谈记录 | 质化 | 2010年6月、2010年12月、2011年6月、2011年12月、2012年6月 | 实验教师 |
| 管理者访谈记录 | 质化 | 2011年12月 | 管理者 |

其中,访谈数据来自研究者每学期阶段评估中进行的与教师的深入交流,访谈主要围绕教师自我的,与学生、同事和研究者的互动情况及他们的认识与感受展开,旨在发现教师在与自我和他人互动中反思意识与能力的提高。2011年12月的阶段评估中,研究者进行了与学校管理者的访谈,访谈对象包括学校张校长、分管实验工作的王校长和学校英语教研组的尹主任,访谈内容围绕三位管理者感受到、观察到、了解到的实验教师在实验中的表现与转变展开。在征得被访谈者同意的情况下,研究者对访谈过程进行了录音并转录为文字,作为数据分析的基础。

学生周记是研究者定期通过实验教师随机收集的实验班学生的周记,其中包括命题周记,也包括非命题周记,旨在了解学生对于英语教学、英语教师的感受、想法与建议。

### (二)数据分析

本书在分析、整合国内外学者对于反思性教学的发展框架、英语教师反思理论模型以及对于反思性教学的概念与特点进行界定的基础上,将反思能力的衡量标准归纳为教学探究与教师学习两大范畴,确定了包含七个具体指标的英语教师反思能力发展评价框架，渗透了英语教师反思理论模型中的实践、认知、情感、元认知、批判、道德、课堂规范等因子，并利用这一框架对个案研究中的三组数据进行分析，讨论实验教师在历时三年的教师教育中在反思能力方面的变化与发展。这七个具体指标包括：

(1)是否能够对自身的教学实践进行深刻的反思？

(2)是否能够通过与他人的互动交流改进教学？

(3)是否能够通过教学研究解决教学中的问题？

(4)是否关注教学中的情感与道德因素？

(5)是否有意识地审视与调整自身的教学信念？

(6)是否自觉地进行外语教育教学理论的学习？

(7)是否关注自身作为英语教师的专业发展？

在数据分析的过程中，研究者从教学探究与教师学习两大范畴出发，在反复阅读文本的基础上按照反思能力评价框架中的七大指标对教师的教学日志与阶段性小结、实验班学生周记、访谈记录等数据[①]进行分类整理，真实捕捉数据传达的信息，发现新的主题与特征，通过自上而下(根据初步预设主题对数据进行归类编码)和自下而上(主题类别从数据中自然显现)相结合的方式来审视本次英语教师校本教育的目的达成性，即是否提高了英语教师的反思能力。

1.教学探究

这里的“教学探究”是指教师在教学实践中为优化教学效果而进行的自我反思与尝试、与他人的交流以及对于教学问题的理性解决等。包括四个指标：

(1)是否能够对自身的教学实践进行深刻的反思？

**教学日志撰写中的反思性**

教学日志是教师对自己的教学过程进行反思的一个重要途径。研究者在实验之初就希望实验教师利用撰写教学日志的方式对自身的教学实践进行反思，但是由于一开始这样的做法并不是出于实验教师的自觉愿望，他们参与实验之前也很少会对自己的教学进行有意识的反思，对于教学日志的作用缺乏深刻的理解，因此，尽管研究者鼓励教师将他们在课前的思考、课堂中与学生的互动和即时的决策以及课后的感受与反思记录下来，但是最初的教学日志仍是以对教学过程的程序性描述与记录为主，很少涉及自己对于教学方法、教学理论、教学事件和教学效果等的深入反思。

---

① 本次个案研究中的质化数据，包括实验教师的教学日志、阶段性小结、教师及管理者的访谈记录在本论文中的使用都征得了实验教师和学校管理者的允许，也将访谈转录稿给实验教师与管理者复读，从而保证了访谈记录中信息的真实性和准确性。

随着教师教育工作的展开,研究者对于教学日志的撰写和反馈机制进行了一系列的调整,鼓励教师的自我反思和相互间的互动与交流。我们发现在教师的教学日志中他们不再停留于对教学过程的描述,而是开始运用从集中讲座、日志反馈、主题研讨、课例分析或理论阅读中获得的知识来客观地审视和评价自身的教学行为与教学效果,在日志中更注重记录他们根据学生的实际情况进行的教学决策与调整,注重对于自身教学行为背后的原因的思考;他们在记录课堂观摩经历时也不再只是对于教学过程的再现,而是能够着眼于他人教学中的亮点与不足进行深入的分析,并能够结合自己的教学,看到他人的教学中值得自己学习或可以进一步提升的地方;他们不仅开始认识到理论学习的意义,而且将对于理论的理解与认识和实验的具体教学联系起来,并讨论具体理论在实践中运用的可行性和局限性;他们不再通过教学日志抱怨教学中的困难,向研究者要方案、要对策,而是开始以开放的心态去反思他们教学中的种种挫折与失败,理性地分析问题并通过与同事和学生的互动提出解决问题的方案;他们开始更多地审视自己的教学风格与能力、开始关注他们作为教师的责任与自身的发展。老师们自己也觉得他们在利用教学日志进行自我反思方面有了不少提高,因为"之前的教学日志是在描写,而现在自己的想法更多了"(陈斌老师语)、"以前是对自己课堂的一个回顾和反馈,现在会围绕某个问题进行思考,更集中、更有深度、更详细"(周华老师语)(2012 年 6 月教师访谈)。这些转变体现了 Richards 和 Ho(2001)提出的描述性教学日志与反思性教学日志在教学理论、教学方法、教学评价与自我意识四个方面的因素对比(表 4-11),因而成为本次个案研究中教师加强对于自身教学实践反思能力的一个有力佐证。

**表 4-11 描述性教学日志与反思性教学日志的因素划分(Richards & Ho, 2001:162-163)**

| | 教学理论 | 教学方法 | 教学评价 | 自我意识 |
|---|---|---|---|---|
| 描述性日志 | 1. 描述理论<br>2. 描述理论运用过程 | 1. 描述方法<br>2. 描述教学过程 | 向他人寻求解决问题的方法 | |
| 反思性日志 | 1. 理论运用中的调整<br>2. 个人对于理论的认识与理解<br>3. 理论与实践之间的矛盾 | 1. 针对学生背景选择方法<br>2. 教师的教学知识与经验 | 1. 对于课堂教学的评价<br>2. 诊断问题<br>3. 提出解决问题的方案 | 1. 审视自身的教学风格与能力<br>2. 认识自身的成长<br>3. 提出个人发展目标 |

以下是几位实验教师在参与实验初期的教学日志摘录。

**教学方法:教学过程的单纯描述**

今天的课我先用课件带学生把 Unit 10 的 Reading 部分复习了一下,先听录音,让他们再次熟悉、回忆课文,然后给他们提供了八个句子,判断正误并改正,最后为他们提供了一张表格,Nick 的时间表,让他们利用这一表格复述课文,由于昨天利用晚读时间已经让他们读背过,所以复述还算顺利。

(选自周华老师 2009 年 10 月 22 日教学日志)

第二节课的教学内容主要是围绕 Classroom 展开。课一开始,我给学生播放了一个 Flash,并提出问题"Where is Nana?"让学生看完后回答。短片中出现了几种不同类型的教室,这也是本单元的重点之一。进入新课,我先带领学生复习了一至十的数字,为了增加课堂的趣味性,同时更好地调动学生上课的参与,我在让他们说数字的同时,伸出手指表示各个数字。几乎所有的学生情绪都很高昂。接下来进行了对数字的巩固训练,顺便把生词也呈现了出来,如:one door, two windows, four birds, five boxes 等。最后将名词复数词尾的发音进行了归类。

(选自陈斌老师 2010 年 9 月 14 日教学日志)

今天上了 reading,同样也花了两节课的时间,内容是关于诗歌赏析的。课件依然是稍作了修改,先让学生 skimming,回答两个问题,然后再 scanning,完成连线题。接着就听录音,并朗读。然后一段一段地细读,回答问题。原来有些题目设计不太合理,我就作了修改或者干脆去掉。回答完问题后让学生复述,并进行配乐朗诵比赛……完成这些后,开始讲解知识点。结合牛津教材,我重点跟学生讲了以下词汇……

(选自李英老师 2010 年 10 月 26 日教学日志)

**教学评价:向研究者要方案**

要彻底解决好一个这样的单元,我们至少需要 3～4 课时。如果单纯强调学生的自学、教师答疑,也就是说把这套教材上成是学生自主学习课,可能时间会相对短一些。因为老师不必那么费劲地去导入这些单词和课文以达到单元整体教学的目标。这样,我们还是会有一些担心:是否每个学生都能积极有效地参与进来?希望各位专家能给我们更进一步的指导,让我们能在两套教材之间做到游刃有余!

(选自张健老师 2009 年 11 月 26 日教学日志)

我们也有一个疑问:说实话,我们没有时间出练习,我想这是我们目前最主要的问题。之前我们一直都是用其他班级的练习,选做其中的部分;更多的时候,我们是让学生多练阅读理解和完形填空。但是,我们不可能一直这样下去。所以练习是迫在眉睫的事情,我们也很着急!

(选自周华老师 2009 年 11 月 23 日教学日志)

以前安排学生演讲后,下面的同学都要找错、纠错,并打分。今天也算是第一次这样尝试吧。因为,以前每个学生上来演讲后,我们都会给他/她点评,有的错误都是一讲再讲,要纠正他们的错误确实要花很大的力气。我不知道就这样蜻蜓点水般的讲解效果是否会理想?心里真的没底。

(选自李英老师 2010 年 9 月 2 日教学日志)

一个阶段下来,心中慢慢地有了一个疑虑,学生做过的练习没有时间评讲,因为每节课都在进行新授课的教学。由于没有及时评讲练习,学生也就不去及时订正讲义了。所以,我担心学生有可能会慢慢养成一种比较拖拉的不良习惯。并且因为不能及时反馈学生的错误,再加上学生不及时订正,学生的问题可能会越积越多,导致基础不够扎实,知识不够系统。该如何解决呢?

(选自陈斌老师 2010 年 9 月 27 日教学日志)

实验初期,老师们在理论学习与自我意识方面的认识比较淡薄,教学日志中很少会涉及相关的主题,因此没有进行摘录。

以下是实验进入第三年后(2011 年 9 月至 2012 年 6 月)几位实验教师的教学日志。

**教学理论:理论意识加强并自觉运用于教学实践**

李英老师在学习和理解了任务型语言教学理念之后将其运用于教学中,并根据学生的实际情况设计了相关的任务与活动,取得了较好的教学效果。

最近看了《给英语教师的 101 条建议》,觉得收获很大,这本书给老师提供了很实用的建议,很多都是我们平时教学过程中遇到的一些问题,既有理论也有实例,深入浅出地教给我们理念和方法,解决了我的一些困惑,最最让我开心的是感觉自己对任务型教学有了一点理解……"任务型"学习就是通过设计语言学习任务,让学生完成任务,也就是通常说的通过做事来学习,以达到掌握语言、学会运用语言的目的。8B第一单元Maintask部分旨在培养学生学会描述两张体现过去和现在不同情况的照片,组织语言和描述性文字,写一篇比较性质的文章。我让学生以Danyang's Past and Present为题,写一篇短文(任务)。同时为完成这个任务我设计了一些活动。(活动一……活动七)

评价:这次的作业应该说很成功,因为大家都生活在这个城市,对周围一切都很熟悉,很多学生的海报画得很美,最重要的是作文写得好,有些学生除了用我们所提到的句型和词汇外,还会使用一些高级句型和词汇。而且错误率下降了很多。有些学生在周记里反思一周所学过程中就提到写作课上学到的词汇和句型,他们觉得这样挺好。以后我想要继续坚持这样的做法。这样做有利于打开学生的思路,培养学生综合运用语言的能力。这次的写作教学活动很成功。继续努力!

(选自李英老师2012年3月2日教学日志)

**教学方法:通过教学反思客观审视并不断改进教学方法**

景秀老师对自己的两次公开课经历进行了比较与反思,深切地体会到了英语教学中对于课件所应有的正确态度。

上次基本功竞赛的课件我制作了十张左右,真正有效用到的只有七八张,而这次我做了二十六七张,如此多的幻灯片,让我感觉上课就是不停地翻幻灯片,这样的课件带来的问题是:学生眼花缭乱,应接不暇,真正的重点、难点知识反而被忽略了;教师被幻灯片牵着鼻子走,不能应对灵活多变的课堂,限制了教师能力的发挥;再次,新课程强调科学探究和学生是学习的主体,强调让学生在探究和活动中去学习。科学探究是一种过程,要求学生通过探究过程来获得知识。幻灯片过多,就等于是教师安排好了一切,让学生顺着教师预定的途径"走"下去,抹杀了学生的学习兴趣和潜力,不利于学生探究能力的培养。这样的课件不但对课堂教学起不到作用,反而成了课堂教学的累赘,实在是不可取。

(选自景秀老师2012年4月28日教学日志)

周华老师在针对学生语法学习中的困难进行了语法课的教学改革尝试之后,写下了这样一段反思:

本节课改变常规的语法讲授课的模式,给学生提供了自主学习的机会,使得大部分同学对枯燥的语法产生探究兴趣,课堂气氛活跃,学生们对于本课内容印象深刻,而且能在写作当中运用,效果的确很好。

但是，由于要给学生充分的讨论探究时间，课堂时间非常仓促，所以本课若提前布置学生进行很好的准备、预习，那就可以更好地解决课堂容量大、等待时间长的问题。另外，书面表达的任务可以作为课后的拓展和巩固作业来完成，这样才会使每项活动时间充分，落到实处。

（选自周华老师 2012 年 2 月 27—29 日教学日志）

**教学评价：学会理性、深入、全面地思考和评价教学**

陈斌老师在观摩了一堂实验教师的听说课后在教学日志中写下了这样一段：

我感觉，这节课的整体设计较好……但同时，我认为，这仍然是一节较为传统的课。课堂上，老师更为关注的是帮助学生扫除理解 Amazing things 那几句话时会出现的语法障碍，更多地渗透了语言知识点的讲解，而忽略了真实的语言运用活动的设计，学生得到的真正意义上的"说"的机会并不多。

在之前的好几篇教学反思中，我也曾经提到过一直困惑我很长时间的疑问：如何在课堂中体现教改实验的特色？如何在课堂上体现自主学习的理念？结合自己近期一直在做的思考和尝试，我设想，如果我来上这样一节课的话，会作如下的调整……

（选自陈斌老师 2012 年 3 月 28 日教学日志）

**自我意识：开始关注自身作为一名教师的专业成长**

李英老师在上完了学校入席教师的公开课后这样写道：

张校长曾经说过：我终于明白我为什么会长这么高了，原来都是上课上出来的结果，因为上一次课就会长高一些。我想，我也要越长越高，越飞越高，在属于自己的天空里纵横驰骋，游刃有余。

（选自李英老师 2011 年 12 月 21 日教学日志）

景秀老师在经历了几个阶段的公开课之后对于教师职业的内涵也有了更深的感悟：

课堂永远是老师的主阵地，站稳讲台不是一件容易的事，学无止境，教更加无止境，我将一如既往地研究教学。

（选自景秀老师 2012 年 5 月 23 日教学日志）

实验教师对于利用日志进行教学反思的认识与态度的转变在实验各阶段的实验小结与教师访谈中也得到了体现。

在 2010 年 6 月进行的实验教师访谈中，参与实验教学近一年的周老师说撰写教学日志对她非常有帮助，她觉得“自己现在越来越有话说，越来越有东西可写，也越来越愿意去对自己的课堂教学进行反思”（束定芳，2012：116）。由于感受到了日志反馈给她带来的提高，她常常会将这些反馈在教学中进行尝试与摸索，然后再将实践的结果写进日志与研究者们进行交流。在2010年7月的阶段性小结中，她这样写道：“从一开始的疲于应付每天的教学日志、无话可说、每天都像记流水账一样，到后来逐渐有话可写、有感而发、逐渐爱上这项每天上完课后的美好的回味……这一切的一切都让我逐渐成长、成熟，让我在教育教学方面有了很大的进步。”她说以前教牛津英语的时候，她都是跟着其他老师走，别人怎么做自己也就怎么做，现在不一样了，会考虑教学方法的问题和与学生沟通的方式了（2010年12月教师访谈）。她深感教学日志的撰写让她逐渐成了一名反思型的教师，并且她也非常享受这种反思的过程（周华老师2011年6月实验小结）。

2011年9月开始，张健老师和周华老师进入初三复习备考阶段，时间紧、任务重，但是他们仍坚持撰写教学日志。2011年12月的教师访谈中周老师说自己现在上完课之后，都会有意识地思考自己这堂课哪些地方做得比较好，哪些地方没有处理好。张健老师也在2012年6月的教师访谈中说到自己参与实验之前很少写反思，参与实验后学会了反思，虽然进入初三以后，教学任务较重，一些时候没有以文字的形式来写教学日志，但是还是会主动地去思考。

陈斌老师在2011年12月的教师访谈中坦承他一开始并没有认识到应该怎样去写教学反思，以前学校要求写“教后感”，只是三言两语，反思占的比例较少，刚参与实验时写的也还是这样的流水账。但是经过一年多，他在写教学日志的时候就会将教学过程简化，更多的会写自己的感悟。他觉得如果在教学中有好的尝试一定要记录下来，可以作为以后研究的基础。2012年6月的教师访谈中他说实验给他带来的最大的收获是他现在会主动地反思了，也意识到了自己的理论不足，想要学习了，努力的方向也更明确了。

景秀老师也说她参与实验以来最大的收获是学会了教学中的反思。她说以前课上完了，就不会再去想它了，但是现在当她静下心来把教学日志敲打出来的时候，思路就变得更清晰了，一节课就有了尾声（2012年6月教师访谈）。

除了自己写日志，老师们还经常阅读、借鉴其他实验教师的日志，以此来反思、启发和提高自己的教学。

2011年6月的实验小结中，陈斌老师这样写道：“教学日志是群发的，因此，我也会浏览一下其他三位实验老师的教学日志，尤其是李老师的教学日志，我可以从她的日志中了解她的课堂、学生的表现以及她对于教材的处理和课堂的掌控，也阅读博士们给她的反馈，有的时候就能借鉴她的一些做法，或是从她的做法以及反馈中得到一些启示或是找到一些灵感，服务于我自己的课堂教学。”李英老师也说她经常会去看看研究者写给其他老师的反馈，从而取长补短，改进自己的教学；周老师说从张老师的日志中，她学到了很多自己没有想到的教学方法，而其他两名实验教师的日志也给了她很大的帮助，尽管教学内容不同，但是仍然可以从他们身上学到很多创新的做法，丰富自己的课堂活动，活跃自己的思维。

在对教师们三年来的教学日志进行整理的过程中，我们看到了他们为实验付出的点点滴滴，看到了他们对于自身教学实践逐步深入的思考，看到了每一位老师在自身教学中进行的一次又一次的摸索、尝试、调整与创新，因此，我们将实验教师在教学中的调整与创新作为他们在教学实践中进行深入反思的另一个佐证。

**实验教学中的调整与创新**

每一位实验教师在教学中都在不断地思考，都在运用他们的教学经验与智慧探索合乎实验理念、有趣且有效的英语课堂教学。三年来，他们在教学中的调整与创新不胜枚举，由于篇幅所限，我们在这里只能以陈斌老师教学日志中的一个片段来展现老师们在实验教学中所进行的反思及所付出的努力。

> Checkout 部分很多的老师会当成练习课来处理，会上得很枯燥乏味，提不起学生的兴趣，当然复习巩固的效果也就可想而知了。因此，这样的课型很少会被老师选来上公开课。倒不是这样的课不能上好，而是如果要想上好的话，老师从课前的教学设计和课上的把握调节都需要大胆创新，落实到位，这非常能够显现一个教师的教学功底和课堂教学艺术。为了找到一些灵感，我上网搜索了一些关于复习课教学设计的案例，无意中发现了一段教学内容是 8A Unit 6 Natural Disaster 的 Checkout 板块的视频资料。看完后，我被上课老师环环相扣的教学设计折服，更为他其中恰如其分地运用了记者采访、小组竞赛、小组合作完成海报等形式多样的课堂活动所吸引。这些活动的设计无不为本节课的教学目标服务，各种情景的创设和活动的参与都能带领学生再现之前所学的内容并在合适的情景中得到恰到好处地复现和运用。我觉得，这节课的成功之处在于上课老师注意到了运用一些学生非常喜欢并且乐于积极参与的活动形式，如 pair work，小组竞赛等，来调动学生参与课堂的积极性，使得复习课不再枯燥甚至无聊，从而使得教学效果显著提升。为了达到这样的效果，我也在今天的课上作了一些尝试。我将整节课设计成四个环节的小组竞赛，最终得分最多的小组获得胜利。第一个竞赛是字谜游戏……；第二个竞赛是情

景再现……；第三个竞赛是重归语法园……；第四个竞赛是记者采访……整个单元的主要知识都已经设计到了这四轮竞赛之中，学生参与的积极性非常高，在不知不觉中，一节课就已经结束了，学生也在欢声笑语中将本单元所学的重点知识进行了复习和巩固运用。

（选自陈斌老师 2012 年 2 月 28 日教学日志）

为了激发初一实验班学生的英语学习兴趣，2010 年 9 月的导航周中，四位实验教师决定由八年级实验班的学生给七年级新生作现场的英语展示，并介绍英语学习的经验和有效方法。这一举措产生了很好的效果，初一年级的同学们纷纷在周记中写下了这次活动对于他们的触动以及给他们带来的英语学习的信心与激情：

看着那两位学生说出一口流利的英语，我心里可羡慕了。我高兴地发现，在导航周的英语课堂里，我已经对英语感兴趣，想把英语学习好了。再加上自己订的计划，我很有信心，在八年级时，也能像这两位“学哥学姐”那样，说出一口令人羡慕的英语。

（选自 2010 级实验班学生周记）

上展示课的是两位八年级的学长、学姐。他们的英语非常好，甚至可以直接背诵出一大段的英语名言。之后，我们又向他们问了许多的问题，包括怎么样练英语，怎样准备展示课等，他们都一一解答了。我想，学长学姐们现在英语学得这么好，肯定离不开平时的努力。一年前，他们的英语水平也和我们差不多，但是一年后的今天，他们突飞猛进。只要我们努力，肯定在一年之后也会这样！学长、学姐就是我们的榜样！

（选自 2010 级实验班学生周记）

2010 年 11 月起陈老师开始通过教学日志反馈实验教材的使用情况，提出教材中的错误及存在的编排不合理的地方，在他的带领下其他老师也开始提供教材使用情况的反馈，为实验教材的修订提供了大量宝贵的意见和建议：

教材 P41 练习一第一小题：Because the sun is strong in Bangkok, you should bring your hat. 其中 bring 一词是否改为 take 更好，因为随身携带物品外出，应该理解为带出去，而且短文中也有 Don't forget to take your hat. 正如：Mum：It's going to rain，Kitty. Take an umbrella with you. Kitty：OK，Mum. 我个人觉得理解成随身带出去为 take。

（选自陈斌老师 2011 年 5 月 6 日教学日志）

Page 58 最后一句,“The children had a great fun in English”中,应该不需要“a”吧,“have fun in.../doing sth.”

(选自周华老师 2011 年 5 月 6 日教学日志)

教师们还通过整合牛津与实验教材,开发“学案”,有效地弥补了实验教材的不足,丰富了教学、教辅资料(张健老师 2011 年 2 月 22 日教学日志)。

除此之外,周华老师首创了英语班会课、家长会学生英语主持、展示课中的学生主持,为学生创设了更多的真实运用语言的机会;张健老师根据学生的具体情况在展示课的操作中进行了“化整为零”,将部分集中展示课中的内容放到英语课前的五分钟进行,提高了学生的展示面与展示质量;李英老师为了帮助学生提高英语表达的准确性,开展了英语海报上墙、相互纠错评比、在英语阅读教学中尝试使用“小老师”的做法,提高了学生英语学习的积极性、主动性和有效性;陈斌老师首创了班级英语图书角、并在班级中通过小组竞赛的形式在学生中开展互帮互助活动;景秀老师首创了课外英语报刊自主阅读,在实践中不断调整策略与方案,为学生的课外英语自主学习提供了可借鉴的模式。

可见,随着教师教育工作的展开,实验教师在教学实践中的反思意识与能力逐步增强,对于自身的教学设计、教学行为、教学效果以及自我的发展都开始有了更加深入的思考。周华老师说她参与实验以来比以前更会思考了,以前有共同的课件,不会去考虑什么课型怎么上,也不会考虑各个部分之间的衔接,现在对这些问题都会思考,还会通过网络或阅读理论书籍查找资料进行备课(2011 年 6 月教师访谈);陈老师也说他的反思意识增强了,会经常反思自己的教学行为、教学效果和教学设计是否能进一步地提升(2011 年 12 月教师访谈)。对于教师们在这一方面的转变,学校管理者也表示了肯定。实验学校的王校长这样说道:

(参与实验以来)实验教师的反思比以前更主动。老师们以前对于自己的教学、学生的学习是被动的,从自己的主观出发,就是我怎么教,学生就要怎么学,现在不一样了,课型变了,课后要做思考和反思……从老师们的公开课来看,他们为公开课寻找好的材料,变化着新的形式,创造自我,都是他们自主意识、反思意识逐步提高的标志……面对新教材、新的教学方式方法,怎样寻找平衡点、寻找新的发展点,他们想了一些好办法,也用了一些好办法。

(2011 年 12 月学校管理者访谈)

学校英语教研组的尹主任也觉得实验教师们通过每天写日志进行自我反

思，在对于教学的把握、课堂的驾驭能力和与学生的互动等方面都有了提高。她以周华老师为例，说周老师以前是师父怎么指导她就怎么上，不会去考虑为什么要这么上，但是在近期学校的一次入席教师公开课的准备中，她独立备课，表现非常出色，进步之快是全组老师有目共睹的(2011 年 12 月学校管理者访谈)。

正如王校长所说的，“实验组的几位老师都在发展，都有转化，有的人转化得快一点，多一点；有的老师速度慢一点，走了一点弯路，但是不影响他们积极的变化”(2011 年 12 月学校管理者访谈)。我们认为这些转变是所有实验教师在投身于实验的过程中都或多或少经历的成长。除了自我反思，他们还积极地利用与他人的沟通交流来改进教学。

(2)是否能够通过与他人的互动交流改进教学？

本次个案研究中，实验教师除了与研究者的互动之外，还在研究者的引导与鼓励下有意识地通过与同事和学生的交流与互动来改进自身的教学。由于教师与研究者的互动贯穿于整个教师教育活动始终，在本章中也对这一互动形式进行了详尽的介绍，可以说，教师与研究者的互动效果是渗透并体现于教师与同事和学生的交流与互动中的，而教师通过与同事和学生互动来改进教学也是校本教师教育实现教师持续专业发展的重要保障。因此，这一部分将重点关注实验教师是如何在研究者的专业引领下通过与同事和学生的合作互动来改进教学、提高自身反思能力的。

首先，与同事的互动。

在本次英语教师的校本教育中，研究者经常鼓励教师间通过各种正式与非正式的方式进行相互的交流与学习——鼓励实验教师进行集体备课，共同研究教材，探讨并解决教学中的困难；鼓励教师间相互观摩教学，学习、借鉴他人的成功做法，提高教学效果；鼓励实验教师间的“传帮带”，实现教学资源与经验的共享；鼓励教师建立教学研讨的长效机制，创建教师学习共同体，为教师持续的专业发展提供载体与平台。

实验第一年，由于真正参与实验教学的只有张健与周华老师，他们面临着新的实验教材，新的实验理念和新的实验课型的挑战，因此，除了研究者的专业引领，两位老师之间的相互支持与合作也为他们完成实验第一年的教学提供了坚实的保障。进入实验第二年，由于陈斌与李英两位老师的加入，研究者鼓励张健老师和周华老师发挥“传帮带”作用，与两位新老师积极沟通，帮助他们尽快适应实验教学。张健老师和周华老师不仅将他们的实验课件与两位新实验老师分享，不定期地与两位新教师进行集体备课，还经常去两位新老师的班上听课，为他们提供改进教学的意见与建议；而两位新老师的加入也给实验教学注入了新的活力,对于经历了一年实验教学的两位“老”实验教师,新老师在教学中的做法也给他们带来了不少灵感与启发,如张健老师在观摩了李英老师的课堂教学后认识到“小老师”是一个有效的教学方法,于是在自己的教学中也进行了尝试,但是他说自己“并不是采取拿来主义,而是结合自己班级的实际情况将这一做法进行了运用”(张健老师 2011 年 5 月 25 日教学日志);周华老师也在发现英语课堂上学生学习积极性有所下降的情况后去观摩了李英老师的展示课课堂,她发现李老师鼓励性的话语始终是学生们积极参与、投入课堂教学的动力与源泉,她在教学日志中写下了这样一段反思:

> 课堂上学生情绪的调动,一方面是和学生本身的年龄相关,另一方面,我们老师的作用也非常大……听了李老师的课,自己的感受蛮深的,建议不多,主要是为了让自己上课更加有感觉,让我自己更加充满活力!带进我的课堂!感染我的学生!
>
> (周华老师 2010 年 9 月 13 日教学日志)

除了相互间的课堂观摩,教师间的讨论也是他们相互学习的一种重要形式。实验一开始的两年对于老师们来说都是非常艰难的,四位实验教师就是在相互的支持与鼓励中不断地进步与成长着。他们一起磨课,为的是帮助陈斌老师上好一节入席教师展示课(张健老师和陈斌老师 2011 年 4 月 22 日教学日志);他们一起相互讨论,针对实验教材缺乏配套练习的难题,作出了编制各单元学案的决定(周华老师 2011 年 4 月 26 日教学日志);他们开展座谈会,围绕学生课外英语自主学习积极性不高的问题,提出教师更多地发挥主观能动性、积极探索有效途径的方案(张健老师 2010 年 9 月 18 日教学日志);他们在实验教学中遇到问题的时候还会在学校英语大组会上与其他教师讨论,共同解决(尹主任语,2011 年 12 月学校管理者访谈)。

随着实验工作的推进,第三年,景秀老师与王萍老师参与进实验教学中,实验教师队伍又有所壮大。实验教师在研究者的建议下,建立了公开课常态化机制,定期进行课例分析,形成了良好的教学研究氛围。教师们在课例分析讨论中畅所欲言,在相互的思想碰撞中提炼具有共性的问题、从对课例教学的深入分析中获得对于自身教学的启发、在相互的评议与讨论中澄清思想、寻求解决问题、优化教学的方案。不少老师还会将课例分析会后的感受写进教学日志,进一步地对讨论中的问题进行分析与反思。以下是景秀老师在李英老师的展示课课例分析后写下的题为《我看展示课》的教学日志的节选(2012 年 3 月 9 日)。

> 本周三课题组听了李老师的展示课,内容是有关寒假自主学习的展示,听课结束后,我们做了课例研讨,很有感触,李老师所任教的是

初二的班级，已经进行了一年半的展示课训练，相比较我们初一开设的展示课，学生的水平是有明显的提升的，在听课过程中，可以感觉到学生上台的从容，语音面貌的改观，这些都是值得肯定的。对于展示课我认为还是有很多值得商讨的地方。

1)学生究竟参与了多少？

……

2)学生的主持好不好？

……

3)学生记住了多少？

……

经过课堂展示、课堂观摩、课例分析等教师间相互交流的形式，教师们不仅增强了相互学习的意识，在听取和吸收他人教学反馈的过程中获得了进步，而且还学会了如何有效地听课、评课，学会了在对其他教师的课堂观摩中反思自己的教学，学会了更加理性地学习他人教学中的优点、避免他人的不足，以调整并优化自己的教学。

李英老师在2011年12月的教师访谈中谈到教师间的交流时说她和陈老师经常会相互听课，自己上过一节课之后会再去听陈老师的课，看他在哪些方面作了调整，会关注自己教学中处理得不太满意的地方陈老师是怎么处理的，两个人也经常会在课后对两节课进行分析比较。她说实验教师之间会经常交流，主要讨论学生的学习情况、教学方法和教学内容，讨论之后会受到很多启发，有利于提高自己的教学。2012年6月的教师访谈中，李英老师说“自己之前听课之后就觉得这节课上得好，但是好在哪里却说不出来，现在在听课及人家评课时也会进行思考，会想‘如果是自己会怎么上’，其他老师教学中好的做法也会借鉴在自己的课堂上使用”。她觉得参与实验以来最大的收获是从不同的老师身上学到了不同的东西，从陈老师身上看到了正确的语音语调对于教学的作用，她因此也在努力地模仿、提高，而周老师的朝气、张老师在课堂上的激情也都值得她学习。张健老师说他在参与实验之前去听课主要是为了完成任务，但是在参与了实验以后，听的课比较多，而且是自己很想去听课。除了实验组内的教师，他还常常与学校同一学科、不同学科的老师一起讨论教学，这使他学到了很多的东西，包括不同的教学方法在不同课型中的运用，也引发了他对于英语课堂教学多样性和有效性的思考。他说他现在在听课、评课时会利用束教授提出的有效课堂教学的五大功能去衡量，考虑这堂课是不是实现了教学目标，采用什么方法实现的，也会同课异构，想想“如果自己来上，怎么上更好”，会考虑其他老师成功的做法能否在自己的课上运用，他觉得这种相互间的交流会引导教师去更深刻地反思自己的课堂(2012 年 6 月教师访谈)。陈斌老师说他 2012 年 2 月到 6 月这一学期中听了大概有 30～40 节课,平均每周两节,除了实验教师的公开课,他还去听了学校入席教师、首席教师的展示课,只要有公开课他都会积极参与。他觉得在与其他教师的互动中获得的最大的收获是他现在在自己备课时更善于思考了,不仅会考虑设计什么样的活动,而且会更多地考虑为什么这样设计(2012 年 6 月教师访谈)。

除了集体备课、课堂观摩、课例分析等正式的教研形式,老师们还经常通过一些非正式的交流,如"围绕教学、学生等问题在办公室、在走道里、在饭厅里的交谈和对话"(王洁、顾泠沅,2007:83),来实现相互间的学习与沟通。王校长说"(与周围老师的交流与探讨)也是老师们反思意识逐步增强的标志"(2011 年 12 月学校管理者访谈)。在这样的交流与探讨中,老师们相互支持与鼓励,看到了他人的进步,也感受到了自身的成长,他们越来越愿意通过这样的形式来反思、提高和发展自己。

其次,与学生的互动。

研究者经常鼓励教师通过与学生在课内、课外的交流了解他们的学习情况以及他们对于教学的反馈来进一步地提高教学的质量与效果。实验之初,老师们大多采用了学生周记和与学生面对面交流的形式,总体来说起到了一定的帮助教师反思、改进教学的作用。

周华老师是在这一方面表现最为突出的一位实验老师。作为实验班的英语老师兼班主任,周老师在教学中非常注重与学生的互动,会根据学生在课堂上的表现灵活地调整教学;在课后,她也常常通过学生周记、学生给老师写纸条留言、QQ 聊天或与学生面对面交流等形式倾听他们的学习需求、了解他们的学习情况和他们对于教学的反馈、开发教学资源、调整教学内容、改进教学方法(2011 年 6 月教师访谈)。在她的教学日志中,我们常常会看到她在与学生的积极互动后对于自身教学的反思与调整,或与学生的再次沟通。参与实验的三年中,周老师一直在"非常用心地和每一位学生交流,去分享他们的喜悦和烦恼"(周华老师 2010 年 5 月 28 日教学日志),努力地建立一种相互平等、相互尊重的师生关系,这种关系使她得到了学生的信任与支持,也为她的教学提供了最真实、最直接的反馈,用她自己的话来说就是"学生的反馈与建议让我发现了很多平时发现不了的情况"(2010 年 4 月 2 日教学日志),"激发了我上课的灵感,改进了我的教学方法"(2009 年 11 月 4 日教学日志)。

在 2010 年 4 月 15 日的教学日志中周老师记下了她在看完一位学生的周记后的所思所想,这段文字不仅让我们感受到了周老师与学生之间真挚的情感,也让我们看到了周老师在教学中的付出和对于自身教学的不断的思考与尝试。

有一位学生在周记中写道:"周老师经常能够找一些听力的文章让我们听并且复述,这让原本非常难的、不适合我们七年级学生阅读的文章顿时显得很简单,也大大增加了我们的信心和对英语的兴趣。希望老师以后每周能够至少抽出一个晚读的时间让我们练习听力,也可以用不同的材料让我们听,慢慢地提高听力材料的难度,这样我们的听力水平定会有飞速的进步。这就要辛苦周老师了!"看了她的建议,我很高兴,再苦我认为也值了!因为他们觉得有必要,他们觉得重要,他们觉得愿意去做,高兴去做,这次做了还想着下次什么时候再做,这就够了!达到效果了!我会尽量多地去图书馆收集一些适合他们阅读和练习听力的材料提供给他们,也会尽量多地找一些像今天这样让他们兴奋,让他们对英语更加感兴趣、更加有信心的视频给他们欣赏、学习。只要他们感兴趣,只要他们能够学好英语,我愿意去找。

对于学生合理的意见和建议,周老师总是愿意在教学中进行尝试,她在日志中记录了她采用学生提出的阅读课教学中教师简单讲解后由学生表演的方法(2010年4月16日教学日志、2010年5月28日教学日志)、采用奖励性或者比赛性质的活动组织展示课(2010年4月7日教学日志)、课堂小组讨论完成学习任务(2010年5月13日教学日志)、教授英语写作方法(2010年6月1日教学日志)、师徒结对进行英语课外拓展学习(2010年12月14日教学日志)等建议,在教学中进行了大胆的尝试,都取得了很好的教学效果。

除了倾听学生对于教学的反馈,了解学生的学习情况也是教师反思自身教学的有效途径。周老师说当学生的学习出现问题,比如说考试成绩不理想的时候,她就会去思考如何解决,会思考是不是自己教学中的问题,会尝试改变自己的做法,针对学生暴露出的问题摸索新的教育教学方法。她觉得这种过程对她自身的发展很有帮助(2011年12月教师访谈)。

除了周华老师之外,其他实验教师也开始注重通过各种方式与学生进行交流。老师们大多以学生周记为主要的师生交流渠道,以此来了解学生的需求以及他们对于教学的反馈。除此之外,李英老师还通过英语课代表了解同学们的想法,张健老师和景秀老师会通过课后与学生的交流了解他们的学习情况。陈斌老师在2011年6月的教师访谈中提到他与学生之间没有太多的交流,而在2012年6月的教师访谈中他告诉研究者他在教学中根据学生的想法和意见,采用了形式多样的活动作为载体,适当在教学中加入竞赛活动,提高了教学的效果。他深有体会地说:"学生的建议会促使老师去思考教学方法,改进、反思教学。"张健老师在2011年6月的教师访谈中提到他主要通过周记了解学生对于教学的意见和想法。他谈到一位学生曾通过周记向他反映,阅读课上语言点比较多，抄笔记非常枯燥，也得不到口语和思维方面的训练，他当时看到后非常生气，但是后来冷静地思考了这个问题，觉得学生说得不无道理。因此，他对教学进行了一些调整，对语言点作了浓缩，并且通过创设情境，使学生得到了口语操练。现在，当他发现学生对于课堂教学的内容掌握得不好时，都会有意识地去反思自己的教学方法与教学行为。他觉得积极的师生互动促进了他对于自身教学的思考，帮助他提高了教学质量(2011 年 12 月教师访谈)。在 2012 年 6 月的教师访谈中，张老师提到他参与实验以来学会了宽容与关怀学生，与他们有了更多的情感交流，会更多地去考虑学生的需求、水平，反思学生的反应，站在学生的角度来看待教学。景秀老师担任 11 级一个英语实验班的班主任，她在教学中也非常注重与学生建立友好、平等的关系，她在 2012 年江苏省"名师送培团"初中英语培训活动中的一次公开课经历更使她深切地体会到教学相长的重要意义。在题为《放下自我，把课堂还给学生》的教学日志(2012 年 5 月 19 日)中她这样写道：

> 现在的学生接触的知识面广，信息量大，知道的东西自然也多，俗话说，三人行，必有我师，何况一个班这么多学生，知道的东西肯定比教师一个人知道的多得多，上课往往会给我们很多惊奇的答案。所以，很多时候，我们教师要放下架子，加强与学生交流和沟通，多寻找共同的话题。只有真正走近学生了，才能充分了解学生，增进师生感情，同样，亲其师，才能信其道，这样学生对我们的教学才容易接受，教学往往会起到事半功倍的效果。

无论是在教学中，还是在倾听学生对于教学的意见与建议时，抑或是在向学生学习的过程中，实验教师始终将学生作为教学的主体，将学生的需求作为教学设计与调整的一个重要指针，在此过程中提高自身的专业知能以及对于教学实践的反思能力。

(3)是否能够通过教学研究解决教学中的问题？

本次教师教育中研究者鼓励教师们开展基于课堂的教学研究，并引入行动研究的概念，利用专题讲座、个别指导、集体交流等形式培养教师的教学研究意识，指导教师开展行动研究，来解决自身教育教学中的实际问题。在提高教学质量的同时，推动学生的发展，也实现自身的专业成长。学校英语教研组的尹主任觉得教师们"参与了实验之后，有了一种创新意识，一种主动去解决问题的意识"(2011 年 12 月学校管理者访谈)。

教学研究对于参与实验之前的老师们来说是一个遥不可及的概念，即便是在我们向老师们推荐了行动研究的专著、进行了关于行动研究的专题讲座之后，一些老师还是觉得这样的研究离他们太遥远了。2012 年 6 月的教师访谈中，陈斌老师说到在听讲座时他觉得行动研究的概念有点吓人，看到一些相关文献中的问卷、图表，觉得很复杂，“总觉得这个东西离我们很遥远”（陈斌老师语），但是后来经过与研究者的个别交流，他自己也看了一些中学老师做的行动研究，就觉得没那么复杂、吓人了，他觉得自己也可以一步一步地通过行动研究解决自己教学中的问题。

李英老师是几位实验教师中对于行动研究认可度最高的。她觉得行动研究很实在，她说有些事情她以前也在做，但是不知道这样做对不对，听了关于行动研究的专题讲座，仔细阅读了王蔷的《英语教师行动研究：从理论到实践》(2002)后，知道这样做是对的，而且觉得这是自己也可以做的研究(2012 年 6 月教师访谈)。李老师在研究者向他们介绍了行动研究的理念之后就开始阅读相关的书籍、看一些相关的期刊文章，在理解行动研究的基本概念与操作步骤之后，她就针对教学中一直困扰她的“学生上课发言声音过低”的问题展开了第一轮研究。在实施研究的过程中，她碰到了设计问卷的难题，就主动与研究者沟通、请教，并对问卷进行了多次修改，利用问卷、访谈等研究工具发现了造成这一问题的原因，在广泛征询学生意见与建议的基础上，提出了解决这一问题的行动方案，完成了第一轮的研究。她说由于第一次进行这样的研究，经验还不足，她会在下一轮的行动研究中进行调整。以下是李老师教学日志中关于她开展行动研究后的反思：

> 通过一个阶段的努力，可以看出我的行动研究方案取得了一些令人满意的效果，课堂上学生回答问题的声音高了很多，听起来更加舒服了。但总还是有小部分同学的表现令我不太满意，如果不经我提醒，他们回答问题的音量还是偏低。我的计划中也存在一些不足，我发现因为课堂上需要关注的东西太多，对于学生的个体情况无法做到一一了解。因此，如果能有老师帮我进行课堂观摩或者我找电脑老师帮我进行课堂摄像的话，那么对整个课堂的把握就会清楚很多，那样，我就可以对我们每一个学生作分析，甚至可以让表现不佳的同学看自己的录像，听自己的声音，让他们有感性的认识。我想那样做的话针对性要强很多，相信效果也会不一样。通过调查和实施行动研究改变了我的观点，很多时候学生并不是不愿高声回答问题，这跟老师有没有提供他们积极有趣的课堂活动有很大关系。事实证明，只要活动设计得好，学生非常愿意参与，积极性非常高，他们彼此之间会互相监督和提醒。通过这次的行动研究，我也开阔了眼界。我原以为行动研究离我们中学一线教师很远，它可望而不可即。事实上，当我做了之后，才发现行动研究对于日常教学工作有着特别重要的价值。它能帮助

我们有效地解决平时在我们身边实实在在存在、看似普通却又难以解决的问题,同时也能帮助我们找到新的问题,并不断寻找科学、合理的解决途径。

(李英老师 2012 年 6 月 25 日教学日志)

李英老师在展示课的具体操作方式上也进行了很多尝试。为了有效提高展示课中学生相互学习的效果,她又针对班上学生的实际情况提出了两种方案:“一是在展示课前把课堂上要展示的原始材料(老师不帮助修改)下发到每位同学手上,让他们先研究,可以找出其中的错误用法以便在课堂上提出来,或者就文章的内容反过来对展示者提问(目前是展示者提问),也可以对文章的写作特色等进行点评。这样便于他们在课堂上听展示者的演讲时做到心中有数,可以更主动地参与到课堂中来;第二种设想就是在展示后下发材料,让学生再去回顾课堂所学,然后在阅读考试中加以测试。”她计划将这两种方式在展示课中进行尝试,并通过问卷的形式看看学生更接受哪种方式(2012 年 3 月 7 日教学日志)。

周华老师说她参与实验以前在教学中遇到问题的时候,总是会去问别人,但是现在她留给自己思考的时间会更多,会主动地找出问题的原因,会更有针对性地去解决问题(2012 年 6 月教师访谈)。进入实验第三年,周华老师所教的实验班也进入了初三复习备考阶段,对于完全没有初三教学经验的周老师来说,这一年的教学充满了挑战,但是经历了两年实验教学历练的周老师在最后一年中始终本着学习的态度,以她在教学中的反思与探究精神践行着实验的理念。她在教学中运用行动研究方法解决了初三英语教学中的两大难题——任务型阅读指导和中考作文指导。

在对班上学生几次考试情况的分析后,周老师发现学生在“任务型阅读”这一部分的扣分率偏高。针对这一问题,她虚心向学校有经验的老师请教,并结合班上学生的薄弱环节,从“解题步骤”和“解题技巧”两个方面入手,总结解题方法,并帮助学生在实战中对这些方法加以记忆和巩固,使学生这一部分解题的正确率显著提高。一个月后,当学生对于这些解题技巧有所遗忘时,周老师又通过再次和部分学生交流,确定了第二轮指导方案。她利用三篇针对性较强的文章对学生进行当堂的训练,在训练的同时,帮助他们进行解题方法的回顾、复习与细化,要求学生讲述解题的思路和思考的过程,一方面促进学生对于方法的回忆,另一方面也提高了学生的课堂参与度,避免了教学方法的单一与枯燥(周老师 2012 年 4 月 9 日教学日志、2012 年 6 月教师访谈)。经过两轮努力,周老师有效地解决了班上学生任务型阅读不理想的问题。

几次模考中,周老师也发现班上学生的作文尽管思路开阔,但是所用的语言却随意性很强,准确性不高,因此,得分总是不理想。她开始反思自己之前对于学生写作方面的指导,尽管也经常要求学生练笔,但讲评都是针对某一篇作文,没有对学生进行一定的方法和技巧指导。于是,她从图书馆借了一些书,并在网上查阅了一些相关的文献,总结了英语写作的五条策略。在此基础上,她在作文的批改方式上也进行了调整,对学生的作文进行详细的批改,指出他们的文章在结构和语言表达上存在的问题,然后在课堂上针对学生容易出错的地方进行集中的评讲。最后,再给他们提供范文,供他们参考,并鼓励他们把文章中优美的表达方式抄写下来,注意积累,以便自己在写作的时候可以借鉴与运用。在周老师的努力下,学生的写作成绩有了明显的提高。

景秀老师在 2012 年 6 月 11 日的教学日志中说到她以前一直认为中学生学业负担重,课外没什么时间去看英语书,只要做好练习册上的阅读理解就可以了。但是参与实验教学以来,她渐渐在这方面有了探索的意识,平时也会就这个话题与学生进行交流,她发现班上仅有不到一半的学生喜欢进行课外的英语阅读。针对这一现象,她在分析原因的基础上制定了学生英语课外阅读的方案,利用《时代英语报》和《新概念英语》,激发学生的英语阅读兴趣,帮助他们在潜移默化中扩大词汇量,提高阅读水平。除此之外,她还提出了进行"限时阅读"的训练方案。在方案的实施中,她进行了阅读策略的指导,并通过阅读交流和课堂展示的方式来监督、评价学生的课外阅读质量,在具体的操作过程中也根据现实情况进行了多次方案调整。经过一个学期的课外自主阅读,她摸索出了一套具有可操作性的指导学生英语课外阅读的方案,学生也由原先的没有课外自主阅读的意识到后来积极寻找材料、主动要求展示,从前期的准备、课堂的展示到课后的小结,参与的积极性都很高,展示的质量也逐步上升。但是景老师并没有满足于此,而是准备针对存在的阅读展示有待优化、《新概念英语》的使用形式等问题进行进一步的反思与探索。在 2012 年 6 月的教师访谈中,景老师还表示她准备下一阶段就班上男女生发展不平衡和学生上课不够活跃的问题进行第二轮行动研究,看来景老师已经从第一轮行动研究的尝试中感受到了反思与研究给她的教学带来的转变,而她自己也在改进教学实践的同时,实现了自身反思能力与专业素养的提高。

张健老师和陈斌老师也都在实验中完成了"发现问题→提出假设→调查研究→重新确认问题→制订计划或措施→实施计划→在实施中根据实际情况调整计划→观察、收集数据→分析、反思与评价效果→撰写研究报告"的一轮行动研究(王蔷,2002)。张健老师围绕"如何在短期内提高学生的应试能力"展开研究。值得一提的是,张老师从 2010 年 12 月开始就不定期地对自己的课堂进行录音,以此"更好地锤炼自己的课堂教学语言,力求逐步达到精练、简洁,在课堂上使自己更好地发挥穿针引线的作用,通过努力的思考和切实的行动使自己不断得到提高”(2010年12月31日教学日志);陈斌老师也针对“课外阅读策略的指导和任务型阅读能力的提高”问题进行了研究。

当然,由于考虑到中学英语教师的实际与接受程度,我们没有在教师教育之初立即引入行动研究的概念,要求教师独立开展基于教学的行动研究,而是从鼓励教师撰写教学日志、进行教学反思开始,逐步培养教师的反思意识和在教学中的研究意识,因此,实验中大多数实验教师只进行了一轮较为系统的行动研究。但是,我们相信老师们在培养起教学研究的意识后,在今后的教学中遇到问题和困难时一定会有意识地通过行动研究的方式来理性地加以解决。

(4)是否关注教学中的情感与道德因素?

反思型的教师懂得在教学中利用对学生认知特点的了解和情感因素的关注来促进他们的自主学习,从而提高教学的质量;注重在自身的教学中渗透并体现社会公正、友善、合作等道德因素,帮助学生树立正确的人生观与价值观,在教书的过程中做到育人。因此,在本次校本教师教育中,研究者将教师对于教育教学中情感与道德因素的关注作为其反思能力的一部分。

实验教师们意识到提高学习兴趣是促进学生自主学习、带来良好学习效果的最有效的途径。他们在教学中都非常注重对于学生自主学习意识的培养和学习兴趣的激发,从学生的情感需求与学习兴趣出发来组织教学活动,调整教学方法,善于通过调动积极的情感因素来促进教学质量的提高。2010年9月,为了提高新入学的初一实验班学生对于英语学习的积极性,四位实验教师在集体备课的过程中决定由八年级实验班学生对七年级的新同学进行英语展示,利用现身说法激发初一新同学英语学习的兴趣与信心。

> 集体备课的过程中,我们各抒己见。为了避免简单的说教给学生的兴趣和积极性带来负面影响,我们决定让八年级的学生给我们七年级的学生做现场的展示,因为通过身边活生生的例子,我们的学生能够直观地感受到通过一年的学习,他们的英语水平也能够出类拔萃。
>
> (选自陈斌老师2010年9月8日教学日志)

很多实验教师都发现初中阶段的学生对于合作学习、小组竞赛形式的课堂活动非常感兴趣,因此,他们在课堂教学中和学生的课外自主学习中都适时地采用了这一方法,有效地激发了学生的学习积极性,活跃了课堂氛围,优化了教学效果。例如,陈斌老师在日志中记录了他在教学中组织学生开展小组合作学习、提高学生学习积极性的经历。

我尝试的学生合作学习模式主要强调了学生在课前的预习，并将它建立在六人小组合作的基础之上，然后课堂上以小组擂台竞赛的形式呈现预习内容，一个阶段下来总结一次，得分最多的小组获胜。具体做法如下：

课前，老师布置学生利用手头的语法书等课外资料预习下一单元的内容。主要的任务有画出重点词组、写出同义词组，找出简单的语言点，划出不懂的知识点等。小组分工合作，每两人负责其中的一块内容，然后再汇总到一起；课堂上，学生进行小组竞赛，展示预习成果。老师组织协调，做好解释、补充、说明、评判工作。

以上的做法，更多的是涉及语法知识，所以比较适合语法课教学，旨在调动学生学习语法的积极性和主动性，继而促进学生养成利用课外资料学习语法知识的习惯。

（选自陈斌老师 2010 年 10 月 18 日教学日志）

周华老师也提到她的学生通过周记的形式向她建议在教学中组织小组竞赛形式的活动，而她对于这样的建议也欣然接受。

好几个学生在周记中向我反映，希望我们可以经常组织小组竞赛，这样大家的积极性都会更加高涨，说的也是，我也希望更多的学生可以加入到我们的活动中来。

（选自周华老师 2010 年 10 月 22 日教学日志）

为了鼓励学生在英语学习中相互合作、相互支持，激发他们的英语学习积极性，周华老师还鼓励班上的学生通过题为"×××，我想对你说"和"对×××同学英语学习的几点建议"的周记为班上的任何一位同学提供英语学习方面的意见或者建议。以下是周老师班上一位同学的周记摘录：

英语学习，不能光在课堂，课外也要有所行动。晚自习，你会拿出《阅读训练》或者《大课堂》来提高英语水平，相信从这些书中，你也学到了不少知识吧！除了做习题，还要敢于问问题，这一点你和我都做得不太好，不管是在课堂上，还是在做课外习题时，遇到问题就要敢于问！这一点还要努力！……在课堂外，还要多花点时间来练习口语！闲暇的时候，看一些英语读物，或者多多模仿磁带里的语音语调，相信你可以有很大的进步。此外，你不太喜欢举手发言，上课不太积极（虽然我也这样），这一点可能需要时间来改正，那我希望我们能一起改正，共同进步！

（选自 2009 级实验班学生周记）

除此之外,研究者也经常鼓励老师们在英语教学中渗透情感与道德教育,不仅在自身的教学行为上体现教育的公平与道德原则,而且在教学内容中也融入对学生正面的情感教育,帮助学生树立正确的人生观与价值观。

李老师是一位爱护学生、并深受学生尊敬与喜爱的好老师,她给每个学生平等的机会,也更多地去关注学习上有困难的学生(2011 年 12 月教师访谈)。2011 年 4 月 6 日的教学日志中,李英老师介绍了她班上的一位后进生。这位学生来自一个单亲家庭,全家的生活就靠妈妈一个人维持。初一第二学期开始,李老师发现他在英语学习态度上非常糟糕,上课基本不听,要么做小动作,要么和其他同学偷偷讲话。跟他几次谈话下来都没有明显的转变。这让李老师非常苦恼,他的妈妈为此也非常着急。后来李老师和这位学生进行了一次深入的交流,而正是这次交流,使他产生了巨大的转变。以下是李老师当天日志中的节选:

> 以前谈话是就学习论学习,没有涉及其他,我总觉得走不近他,因此我这次想好好地跟他聊聊。坐下来之后,我没有跟他直接谈学习,而是先跟他拉起了家常,谈到了他的家庭,聊到他爸爸的时候,他哭了。那天,我告诉他,应该明确自己的位置,对妈妈而言,你不仅是儿子,更要充当丈夫的角色。要学会照顾妈妈,帮妈妈分担。告诉他要学会孝顺,如何孝顺?第一,生活上要学会关心妈妈;第二,学习上不能让妈妈烦心。先从小事做起,周末回家做早饭给妈妈吃。那天,我把炒蛋炒饭的步骤一步步地写在一张纸上,让他回家照着做,然后布置他的周记就写做蛋炒饭的事,不用写其他。周二回到学校后,我便问他有没有做蛋炒饭给妈妈吃,他说做了。然后把周记拿给我看。我给他写了一些批语并鼓励了他。然后到办公室跟他妈妈打了个电话求证了一下,确实他都做到了,而且饭还做得挺好吃。他妈妈也挺感动的。告诉我平时她也确实忽略了孩子的感恩教育。接下来的几天里,我发现他开始变化了,上课听课认真了,回答问题质量高多了。而且默写单词,背诵课文都好了很多……
>
> (选自李英老师 2011 年 4 月 6 日教学日志)

景秀老师在教学中也非常注重对于学生的情感关注,重视利用教学内容对学生进行情感与道德教育,培养学生健康的人格和正确的价值观与人生观。她在参加江苏省英语教师教学基本功竞赛镇江赛区的比赛中,在设计阅读教学时自然地融入了情感教育因素,在比赛后的教学反思中她记录了这一教学设计的思路。

当然,文章的教学是阅读的教学,但是我认为如果仅仅停留在文章的教学上还是远远不够的,这其中应该渗透"分享"意识的教学,所以在教学过程中,我紧紧围绕这点展开教学:在课堂开始,我以朋友的身份送出我的礼物:苹果。还送了一首很轻快的儿童英文歌曲:"Apple round, apple red, apple juice, apple sweet, apple, apple, I love you, apple sweet, I love to eat."随后我抛出问题:你愿意将苹果送给谁?为什么?这个问题的设置就涉及了分享。让学生有了初步意识的渗透。课文的教学逐渐展开,我利用一个句型化解文章的难点……最后用一首有关分享的诗歌在音乐声中结束本节课。

(选自景秀老师2012年4月15日教学日志)

实验教师对于教学实践的深入反思与探究增强了他们的教学能力,他们在很多不同场合的公开课、展示课都得到了外语界专家、学者的高度赞赏,他们在教师教育中的进步与成长也以各种形式得到了肯定。

2011年,陈斌老师获得了由全国基础教育实验中心外语教育研究中心主办的第四届全国初中英语课堂教学优秀课展评一等奖,并被丹阳市教育局授予"丹阳市教学骨干"称号;景秀老师在2012年江苏省青年教师教学基本功竞赛镇江赛区比赛中获得二等奖;李英老师于2011年被丹阳市教育局授予"丹阳市教学骨干"称号;张健老师2011年获得了中国教师发展基金会和国家基础教育实验中心联合授予的"全国中小学外语教师教学能手"称号,在"外研社杯"全国中学生阅读竞赛中被评为"优秀指导教师",2012年被镇江市教育局授予"镇江市教学骨干"称号。2011年11月,张健老师在丹阳教育品牌建设推进会活力课堂展示课后得到了与会专家和老师的肯定:"这样的课不是做出来的,因为学生的口语不是一朝一夕能练就的,得靠他们的日积月累。"(李英老师2010年11月5日教学日志)省丹中的王强校长与张老师亲切握手,并说:"你的课让我大开眼界了!"(张健老师2010年11月2日教学日志)周华老师于2011年被丹阳市教育局评为"英语学科带头人",2012年被镇江市教育局评为"镇江市教坛新秀"。

2011年11月的教改实验观摩交流会上,与会的福建师范大学和湖南师范大学的英语教师与专家在听了实验教师的公开课后也感叹教学改革的成果明显,觉得从这些教学中看到了理想的改革成效:课堂上体现了自主学习的理念,课堂教学是在一定的理念指导下,在教师的有效组织与引导下,师生相互协作,共同做好的。

作为教学中最直接的受益者和反馈者,实验班的学生们也常常在周记中表达他们对于老师的喜爱:

作为周老师的学生,我很开心,我觉得自己的英语学习充满了动力,又可以继续学下去了。

（选自2009级实验班学生周记）

经过周老师的点拨之后,我开始了有效的英语课外学习,自从开始了英语课外学习之后,我觉得我的课外生活变得丰富、充实和快乐起来,我的学习也不再是漫无目的的了。

（选自2009级实验班学生周记）

被分到七(16)班,我觉得自己非常幸运,因为能与李老师相处,是缘分,所以我觉得这也是人生中快乐的一部分,是我们十六班的幸福缘分。

（选自2010级实验班学生周记）

三年中,实验班的学生在各类英语竞赛中脱颖而出,取得了骄人的成绩。以下是实验班学生在各类英语竞赛中的获奖情况(数据更新至2012年6月)(表4-12)。

**表4-12　实验班学生在各类英语竞赛中的获奖情况**

| 学生年级 | 学生人数 | 指导教师 | 获奖情况 | 获奖时间 |
|---|---|---|---|---|
| 2009级 | 1人 | 张健 | 全国第五届青少年英语口语大赛金奖 | 2011.2 |
| 2009级 | 1人 | 张健 | 江苏省时代英语杯英语风采大赛特等奖 | 2011.4 |
| 2009级 | 2人 | 张健 | 2011年“外教社杯”第四届全国中学生英语阅读竞赛三等奖 | 2011.4 |
| 2009级 | 5人 | 张健 | 2011年“外教社杯”第四届全国中学生英语阅读竞赛优秀奖 | 2011.4 |
| 2009级 | 1人 | 周华 | 2011年“外教社杯”第四届全国中学生英语阅读竞赛三等奖 | 2011.4 |
| 2010级 | 3人 | 李英 | 中央电视台“希望之星”英语风采大赛镇江赛区总决赛三等奖 | 2011.5 |

2. 教师学习

本书中的“教师学习”侧重于教师对于教育教学理论的学习、教育信念的修正与专业发展意识与能力的增强。

(1)是否自觉地进行外语教育教学理论的学习?

在三年的教师教育中,研究者不断地通过各种形式为教师创造接触并学习外语教育教学理论的机会,改变教师原先对于“理论”敬而远之的态度,努力培养教师的理论意识,使他们在学习理论、运用理论的过程中感受到外语教育教学理论对于他们的教学以及自身专业发展的意义,在学习理论后优化教学实践、在实践中内化并升华理论,成为一名既具有较强的实践能力、又具有坚实理论基础的学者型、研究型的教师。

在研究者的引导下,实验教师从原先的不懂理论、惧怕理论、质疑理论逐渐"开始接受理论、自觉地买书、积极地去看一些理论书籍"(2011 年 12 月学校管理者访谈),实现了教学理念的转变、教育视野的拓展和专业知识的升华。在他们的教学日志中、小结中或在与他们的访谈和非正式的交流中我们都常常会看到、听到、感受到他们从理论阅读中受到的启发和收获的喜悦。

2010 年 7 月,参与实验一年的周华老师在她的小结中写道:

> 参与实验之前,我只知道向身边的一些优秀教师请教,从没想过去向书籍请教,通过书籍向全国甚至全球范围内的优秀教师请教。后来,在我们实验组老师的推荐下,我开始阅读一些书籍,一些关于课堂教学的书籍,不看不知道,一看就让我爱上了这样的书,觉得书上的一些活动设计得非常好,都是自己想不到的,随后我也自己在网上购买了一些书,感觉很好,有时也经常把在书上看到的一些方法运用到自己的课堂上,很受用,很受学生们的欢迎,让他们觉得每天的英语课都有新意。

在她的日志中,研究者们欣喜地看到她利用阅读后获得的灵感来改进教学、提高教学质量的记录。2010 年 5 月 27 日的日志中,她从一篇关于英语听力教学的案例中受到启发,认识到利用预听环节的铺垫帮助学生提高听力理解的意义:

> 昨天晚上在教室里值班的时候,我拿起了久违的书看了一会,刚好看到一篇关于听力活动安排的文章,我顿时感到浑身是劲,白天的疲劳一扫而光,因为这正是我们最近教学的重点,刚好利用这个难得的机会看一看书上所举的教学案例中是怎么来安排听力活动的,是如何把听力活动安排得有声有色的……这也就是我们平时所做的听短文填空,只不过在听之前的铺垫使得这份原本比较难的材料变得简单了,也让学生在听完之后更加自信。虽然这项活动的安排看起来显得有点烦琐,但是我觉得还是很实用的,我们也可以试一试。看完之后,我便决定在今天的早读课上简单地操作一下,看看效果。想到自己又有了新的想法不由得感到特别开心。

2010 年 9 月 28 日的日志中,周老师又记录了她在教学中如何运用书中看到的教学活动设计有效避免了语法教学中的枯燥,调动了学生积极性。看似是临时的安排，却是周老师平时广泛阅读、善于思考、注意积累的结果：

> 今天刚开始上课的时候，为了让他们更好地复习动词过去式的变化，也为了在这枯燥的记忆中找到一点乐趣，临近上课时我突然想到在以前买的《英语教学活动与设计》这本书上看到过对于动词过去分词的记忆可以采用"开火车"的形式，于是我就在上课刚开始的时候操作了这个游戏，当然为了避免课堂乱哄哄的，我在开始时先把所有的规则都讲清楚了，他们显得很兴奋，效果也比我预计得要好。

2012年5月28日的日志中，周老师又记录了她针对学生第一次英语模拟考试中作文方面比较薄弱的问题，从图书馆借阅相关的理论书籍，并上网查找、学习文献资料，再结合自己班上学生的情况，借鉴运用的经历。这种运用理论知识指导教学的做法效果很好，在第二次模拟考试时学生的作文成绩就有了明显的提高（2012年6月教师访谈）。

周老师说她参与实验之前不会想到去看英语教学理论方面的书，现在在教学中碰到问题的时候就会有"看书去"的想法，她说现在她不会像以前那样依照自己想法来进行教学，而是会更多地从学生语言学习的规律出发理性地组织教学，在教学中也经常会根据实际情况作出灵活的调整（2011年12月教师访谈）。

李英老师在这一方面的转变也很大。她说参与实验以来自己最大的转变就是现在也会关注理论学习了，愿意看期刊论文了，文章中的一些有效的做法也会模仿着去做了（2011年12月教师访谈）。她说她以前不看理论书，也不知道应该看什么书，怎么看，现在会看一些英文版的理论书籍，如《有用的课堂教学游戏》等，而且看书的时候还会把好的东西勾出来，觉得用得上的就会在教学中进行尝试。她还主动将自己在理论阅读中看到的有意义、有价值的文章与其他实验教师一起分享、讨论。在2012年5月4日的教学日志中，她写到了自己将在《中小学外语教学》上看到的一篇有关阅读教学的文章与实验教师和研究者共同讨论，并把自己运用这一方法进行教学的一堂阅读课作为课例进行集体分析的一次经历。她说自己读完文章后觉得其中介绍的阅读教学的方法很有新意，就想在自己的教学中加以尝试，并利用课例分析会的机会向大家介绍这种方法的大致思路，然后与大家一起讨论。在课例分析后，她写下了这样的一段反思：

> 个人觉得本节课的设计理念是很不错的，跳出了我们常规上Reading第一课时的模式，通常我们都是导入、扫读、略读、细读、深度阅读、拓展。本节课删除了扫读环节。在阅读的教学过程中给予了阅读策略的指导。另外还教会了学生进行批判性阅读。（我的教学中）

因为前面教单词的时间长了些,导致最后一个讨论没有能够做完,前后没有兼顾到。另外,可能我自己的水平有限,对教材和教案的分析有偏差,没有能真正上出这堂课的效果。非常遗憾。对于一些段落里的细节问题的处理还不是很到位。最后的讨论确实在做的过程中我也意识到学生讲起来很困难,因此,今后要吸取教训,细化大题,降低难度。

(选自李英老师 2012 年 5 月 4 日教学日志)

张健老师说他在参加实验之前,用于理论学习的时间很少,看理论书也是别人布置,是被动地看,许多教学中的做法缺乏理论依据,很盲目。参与实验以来他一直坚持研读理论著作,由研究者和领导要求读转化为自己在网上主动地买书读,现在看理论书已经成为他工作中的一种习惯了。在学习理论的过程中他常常会反思,并在教学中做出尝试和行动,看看是否有效。他说现在自己也感觉“视野开阔了许多,心里也亮堂了许多”(2011 年 6 月实验小结、2012 年 6 月教师访谈)。从 2012 年 2 月开始,张健老师就坚持每周至少读一篇期刊文章,写一篇相关的反思。在阅读了一篇题为《谈现代英语教学对教师业务素质的要求》的文章后,张老师写下了这样一段反思:

见贤思齐,见不贤而内自省焉。对于已从教 14 年的我来说,对照本文看自己的现状,我觉得自己在相当大的程度上已具备或非常具备前面的八项能力。但教学反思能力和教研能力真的非常有待提高。虽说三年来,自己看了一定的理论书籍也写了大量的反思,多少自己有了一些提高,但由于阅读量的局限和不足,自己所具备的语言教育基础理论还没有形成体系,失去了这个基础,不要说去构思与设计改革方案、完成课程设计,高屋建瓴地去进行总体规划了,就连自己对每一堂课的教学反思能力也会打折扣。

(选自张健老师 2012 年 3 月 6 日教学日志)

可见,张老师在理论学习的过程中已经认识到了反思能力与教研能力对于英语教师的重要意义,研究者也感受到了他对于提高自己这两方面能力的迫切愿望。

陈斌老师说他以前总是觉得理论是搞研究的人做的,总觉得理论不切实际、不实在,随着实验的展开和研讨的深入,他开始认识到理论的重要性,他觉得只有找准理论切入点,实践才会更有理有据(2012 年 6 月教师访谈)。

景秀老师也觉得她参与实验以来,在与研究者们的交流中,在听课、评课的过程中,理论意识有所增强,她将这种变化称为一种“潜移默化的转变”(2011 年

12 月教师访谈)。她说以前不太看书,做老师的时间长了,肚子里、脑子里都比较空,她现在愿意去看一些理论书籍了,看了理论书以后听课时会联系书上的内容来进行评价与判断。在她的日志中也常常会看到她将对于教育教学理论的理解融于教学设计与自身的教学行为中。2012 年 4 月 1 日的教学日志中,她这样写道:"在这部分的处理过程中,我没有简单地'教教材'而是'用教材教',从学生感兴趣的话题入手,创造性地使用教材,创设问题情境,让学生带着问题思考,寻找解决问题的方法,体现了《新课标》中'在发展语言能力的同时,发展思维能力,激发想象力和创造力'的要求。"但是她觉得自己在理论的实际运用方面还存在一些困难(2012 年 6 月教师访谈)。

总体来看,老师们都在实验中逐渐培养起了理论学习的意识,学习能力、学习后的反思能力也得到了不同程度的提高,这种意识与能力在实验后期为实验教师学习共同体的建立提供了重要的保障。

(2)是否有意识地审视与调整自身的教学信念?

在参与实验教学的过程中,老师们不仅养成了课后反思的习惯,而且还在教学实践中结合理论学习有意识地审视和调整了自己的教学理念。

2011 年 12 月的教师访谈中,李英老师说她参与实验一年来在对于语言教学的认识与看法上改变很大,她一直在考虑怎么样使学生真正成为课堂的主人。她说以前教学的时候总是带学生读生词,一遍一遍地读,现在常常是在课堂上通过创设语境进行教学;在语言知识和语法规则的呈现方面,以前都是自己讲、学生记,现在会布置学生预习,指出重点与难点,让学生带着问题去预习,课上尝试由学生来进行讲解,通过小老师的形式在课堂上进行知识的呈现,不足的地方由老师再进行补充讲解,通过合作学习、自主学习使学生掌握知识,使他们真正成为课堂的主人。

陈斌老师说他以前在备课的过程中,总是考虑为考试而教,侧重语法知识的挖掘,参与实验教学以来越来越觉得学生口语表达能力、综合语言运用能力的培养更为重要,因此,在教学中会采用 free talk, report, pair work 等形式来激发学生的表达欲望,提高他们的语言能力,也更注重师生之间的互动。当他们班的学生在英语学科检测中取得优异成绩时,陈老师再一次坚定了自己对于语言教学的理念。他在日志中这样写道:"这样的结果更加坚定了我们将实验的理念点滴地渗透进日常教学的做法,相信通过我们坚持不懈的努力,我们的学生在英语学习各方面的能力都能够得到不同程度的提升,应付书面考试自然不会成为障碍。正如束教授在实验刚开始的时候就提到的:'学生掌握了一座冰山,而考试只是用到了冰山一角。如果我们真正把实验做成功了,学生应付考试自然不在话下。'现在回想起这番话,我感觉还是非常欣喜的。"(2012 年 3

月 16 日教学日志）在语言知识与语法规则的呈现方法上，陈老师说他以前都是以教师的呈现、讲解为多，现在会考虑将一些简单的知识点由学生自己来掌握、发现规律，学生通过这样的学习印象会更加深刻，也会获得成就感。他说参与实验以前，他也会引导学生进行自主学习，但是课外的拓展相对较少，现在他认识到教学中不仅是教一些语言知识和语法规则，学生视野的拓展、阅读量的增加是更为重要的。他认为课后作业是拓展学生阅读的量、面的一个重要手段，会帮助带来更好的学生语言输出。

张健老师说他参与实验以来，在教学实践中认识到实验教学的目的是要在提高学生综合语言运用能力和应试能力两者之间找到平衡点，而教师的作用应该是引导者、答疑解惑者，即通过基础知识的铺垫和学习方法的指导，带动学生的自主学习，激发他们的学习兴趣，并为学生解决学习中的困难。在对于教学方法的选择上，张老师指出“明智的外语教师应该是在教学过程中根据教学目标的指向综合运用各种教学方法”（2012 年 3 月 12 日教学日志）。

周华老师说参与实验以来她在语言教学的理念上有了较为显著的转变。以前她比较注重语法练习，为考试而教，考试中出现的知识点教，不出现的不教，语言材料与现实语言的使用也有差距。参与实验以来，她意识到语言教学应该符合语言习得的规律，在教学中会考虑语言使用的情境，不会为了教而教，为了练而练，在备课时也会“考虑学生的需求和想法、学生能达到的程度，考虑设计能够调动学生学习积极性的活动”（周华老师 2010 年 5 月 11 日教学日志）。她说以前教语法一般都是老师给一些例子，呈现语法规律，学生造句，现在她会让学生在课前做好准备，自主总结规律，上课进行交流，共同讨论如何理解和掌握，这样做学生在学习的过程中能够更有意识地进行归纳总结，而不再是死记硬背。在 2012 年 2 月 27 日的教学日志中，周老师记录了她依据《英语课程标准》中“发展自主学习的能力和合作精神”的要求和学生的具体情况进行的语法教学理念的调整，归纳的“立足课本，发现问题；小组活动，归纳对比；拓展研究，训练创新；综合运用，作文当先”的定语从句教学的原则与方法。她觉得这样的语法教学改变了常规的语法讲授课的模式，给学生提供了自主学习的机会，使得大部分同学对枯燥的语法产生了探究兴趣，课堂气氛活跃，学生们对于教学内容印象深刻，而且能在写作当中运用，效果非常好。她说教学设计中最让她满意的是在语法教学后让学生用写作的方法来进行巩固，体现了语法学习的目的，不是为了做题而学，而是指向真实的语言运用。

景老师觉得参与实验后她的教育教学理念得到了优化。她认为课堂教学中老师是主导，学生是主体，要把课堂还给学生，在具体操作中也在向这个方向靠拢，因为语言学习中不是掌握了规则就能够运用的，她比较注重合作教学，同伴合作、小组讨论采用得比较多，注重在教学过程中给予学生充分的语言输入，来实现高质量的语言输出。另外，她也注重对于学生自主学习的引导，通过创设情境激发学生的语言学习兴趣。她说以前习惯在学生表达时找他们的语法错误，也不注意纠错的方式，现在意识到这样做不好，会打断学生，因此在慢慢地改进（2012 年 6 月教师访谈）。

（3）是否关注自身作为英语教师的专业发展？

几位教师在参与实验之前都有自我提高的意识，但是对于自身的专业发展却并没有清晰的概念。参与实验以来，老师们在关注自身教学质量提高的同时，也开始关注自身作为英语教师的专业发展，对于自己的职业发展也有了更为清晰的目标与明确的计划。

2011 年 12 月和 2012 年 6 月的两次教师访谈中，几位老师都谈到了他们对于自身发展的认识与看法。陈斌老师说他在参与实验的过程中产生了危机感，越来越迫切地意识到需要自我提升，意识到对于教师来说，学习是一件非常迫切的事，因此很想要看一些案例、学习一些理论，来指导自己的教学实践。他希望自己能够及时总结教学中的得失，写出高质量的教学论文，把自己的尝试和做法与他人分享（2011 年 12 月教师访谈）。李英老师说她希望自己能够提高个人魅力，让学生愿意学、会学，为此，她制订了个人发展计划，包括提高语音语调，丰富语言知识、文化知识等。她为自己参与实验以来语音语调方面的进步感到骄傲，她说参与实验以来，她一直在利用实验教材中的音频材料进行模仿，提高语音语调。除此之外，她还订阅了一年的《中小学外语教学》（中学版），准备认真学习，写出高质量的论文（2011 年 12 月教师访谈）。2012 年 6 月的访谈中，当被问及在实验中最大的收获时，李老师用了“专业发展”一词来回答，她觉得自己参与实验以来在专业发展方面有提高，学会了用理论来指导实践，学会了做行动研究，深切地感受到了实验带给她的收获与成长。张健老师说参与实验以来，他时常会思考怎样成为更成功的英语教师，对于教师职业的真谛与内涵有了更深刻的认识，更坚定了要做一名“研究型、学者型”教师的信念。他希望提高自己的科研能力，计划在下一阶段要多看看专著、期刊，多模仿、多思考（2011 年 12 月教师访谈、2012 年 6 月教师访谈）。周华老师说班上的学生非常愿意与她沟通，有时候甚至他们不愿意与家长说的事情都会和她说，这一点让她体会到了作为一名教师的成就感。但是她知道要真正做到让学生佩服、崇拜，还是需要在各方面多多学习，与时俱进。参与实验以来，周老师认识到一名优秀的外语教师需要不断地汲取知识，她希望自己能多听一些课，多看一些书，在理论上有所提升，也希望自己能够有机会上一些更高级别的课，取得更大的进步。她觉得作为一名英语教师，自己在教学的语言方面还需要进一步提高

(2011年12月教师访谈)。景秀老师说她参加了2011年的教育硕士考试，感觉对自己是一个激励，因为自己觉得英语考得不太理想，所以决定要提高自己的英语能力。她深刻地体会到一个英语老师的专业素养、语言基本功非常重要，理论知识也很重要(2011年12月教师访谈)。

在实验教师们的日志中我们也常常能够看到他们对于自己专业素质提升的渴望以及为此所做的努力。以下是老师们教学日志中的一些节选：

> 老师还是要努力地去提升自己的人格魅力、课堂理念和水平。……现在，我们平常要做的事总是会很多，看理论书籍的时间也很少，隐约地总是有些担心。怎么办？不能这样活！一定要让自己的教学生活变得更充实、更加有希望。那就是要多研究、多思考。今后一定要把每天看理论书籍作为自己的一种生活方式。
>
> (选自张健老师2010年4月19日教学日志)

> 我今天特别高兴的是我自己对/l/的发音终于弄清楚了。上次大家帮我纠正了一下，我还是没找到感觉。所以这两天上课我都怕读到有/l/发音的词，怕自己读得不好影响学生。上午没课，我利用电脑查了一些相关的单词，然后跟读，同时在朱老师的指点下终于找到了这个音的发音方法。好高兴哦。所以上课时很自信地帮学生纠正了building的发音。
>
> (选自李英老师2010年9月19日教学日志)

> 我担心的是自己的水平能否跟得上学生的水平，这似乎有点夸张，但是我已经看到了班上一部分优秀的学生突飞猛进的进步。所以说，我要先给自己充好电，不管是在教学方面还是在英语基本功这方面，我都需要努力。
>
> (选自周华老师2010年12月17日教学日志)

> 今天，我们继续学习语法部分：Future Simple一般将来式。对于这个名称，说实话，作为老师，我还真是第一回听说。或许我们真的应该给自己充充电了，通过各种途径了解一些前沿的英语教学动态等。
>
> (选自陈斌老师2011年5月10日教学日志)

从上述分析可以看出，经过历时三年的校本教师教育，实验教师在自身的教学实践和专业发展中都学会了进行深入的反思，学会了通过与自我和他人的积极互动调整自己的教学理念、教学行为，理性解决教学实践中的问题，优化教学效果、丰富专业知识、明确自己作为英语教师的专业发展方向，在教学探究和教师学习两个方面都有了较为显著的提升。从参与实验之前的凭感觉、凭经验、遵循常规地教英语到参与实验后的以反思与批判性思维为指导进行英语教学,他们在一步步地向研究型、学者型的英语教师努力着。教学于他们,已经不仅仅是一项专业技能,更是一种"学术追求"(academic pursuit)(Lawes,2003:24)。三年中,老师们在各类期刊上发表教育教学论文10余篇,传达着实验的理念和教师教育的成果。景秀老师经过两年的不懈努力还实现了自己教育硕士的梦想。更重要的是,实验教师们开始以自己在教学与自身发展中反思能力的提高和教学理念的转变影响和带动着学校的其他教师,产生了积极的辐射作用。在2011年12月的访谈中,几位管理者不约而同地谈到了实验教师对于学校英语教学和其他英语教师的积极影响:

其他老师在与他们接触、交流的过程中,受到了潜移默化的影响。常规班老师上课也受实验班教学的影响,受实验倡导的理念的影响。实验老师具有榜样、示范作用,具有辐射功能和传播功能。(张校长语)

实验老师开展的展示课,现在不仅在实验班进行,其他班的老师也开始借鉴他们的好方法,如:学生自主学习行为,在课前寻找资料,编小报,进行交流。其他老师,尤其是平行班的骨干老师也觉得这样能够发展学生的能力,张扬学生的个性,他们也会在班上试用、试行……一位小学六年级的英语老师听了七年级实验班的英语课之后,也在仿照着做,在六年级的语篇教学中体现自主学习理念,让学生自主学习的需求在课堂上得到体现。(王校长语)

原来我们也有听说、阅读、写作等课型,但是做得不到位,通过实验,很多平行班的老师都在自己的课上让学生来进行展示,为学生提供舞台,让学生有成就感。原来一些老师语言点讲得多,现在也开始注重情境的创设。其他老师们都非常佩服实验老师们……(尹主任语)

实验教师在校本教师教育中的辐射作用一方面是影响校本教师教育效果、实现校本教师教育目标的重要因素,另一方面也从侧面真实地折射出了其他教师眼中实验教师的成长与发展。不可否认,多元互动英语教师校本教育模式的运用使得实验教师在专业引领、同伴互助、师生互动和自我反思的合力下实现了反思能力的提高,也为本书中第二个研究问题"多元互动英语教师校本教育模式是否能够在实践中提高英语教师的反思能力"做出了解答。这些成绩的取得不是偶然的,而是实验学校教师和管理者与研究者相互配合、共同努力的结果。以下将对本次校本教师教育成功的原因作一个分析。

# 四、结果分析

## (一)分析成绩

### 1.多元合力教育途径

与传统的、单一讲座式的教师教育活动不同,本次英语教师校本教育中,研究者运用多元互动英语教师校本教育模式,通过组织集中讲座、日志反馈、主题研讨、课型研讨、课例分析、专业学习、行动研究、专家咨询会、观摩会等多元的教师教育途径来促成教师与其教育教学环境中各种互动主体间的相互作用,在具体实施过程中又对这些教师教育途径中的互动形式进行了适时的调整,努力寻求各种互动形式之间的最佳结合点,形成合力,旨在增强校本教师教育中教师的参与性和主体性,有效提高教师的反思能力,实现教师的专业发展。从研究者对教师的专业引领为教师教育重点的支架创设阶段到教师间的互助合作为重点的组织创设阶段,研究者根据教师的需求和现实发展状况不断地丰富教师教育活动的内容与方式,并将多元互动英语教师校本教育模式所倡导的专业引领、同伴互助、师生互动和自我反思四种互动形式在活动中有机融合,形成合力,以多元的教师教育途径为有效渠道,为教师反思能力的提高提供了充分、有效的外部输入。

### 2.理论与实践相结合

教育情境的复杂性和不可复制性使得传统的、以知识讲授为导向的教师教育活动难免存在理论灌输与教学实践脱节、培训内容与现实需求脱节的矛盾。而本次教师教育中,多元互动英语教师校本教育模式的运用则有效地克服了这一弊端。高校研究者深入教师教育教学的具体环境,立足教学实际,从教师的现实需求出发对他们进行专业引领,鼓励他们对自身的教育教学实践进行客观的审视与理性的反思;鼓励他们通过与同事、学生间的积极互动获得有效的教学反馈,优化教学质量;帮助他们培养理论意识与研究意识,丰富理论知识,提升教学智慧,运用外语教学理论指导实践,开展行动研究解决教育教学中的实际问题,在教学中不断修正、调整自身的教学理念、教学方法与教学行为,在实践中引导教师建立和提高反思意识和能力,努力使他们成为学者型、研究型的教师。可见,本次教师教育活动始终着眼于教师的现实发展需求,尽可能地贴近教师的教学工作实际,以外语课堂教学研究为抓手,以提高教师对于自身教学实践的反思能力、优化课堂教学质量为教师教育的出发点与最终归宿,较好地实现了理论与实践之间的结合。

3.需求与情感的关注

认知离不开情感,教师专业意识的提升、反思能力的增强都离不开他们内心需求的满足和他们积极的情感参与与投入。研究者在教师教育的过程中也越来越清楚地认识到只有将教师视为具有情感、价值观和需要的"人",而不是"研究对象"(Elbaz,1983:51),教师教育才能取得预期的效果。因此,教师的需求与情感是本次英语教师校本教育中研究者关注的一大重点。

在教师教育之初,研究者就对第一批选拔出来的四位实验教师进行了访谈,这是本次教师教育中对教师进行的第一次需求分析,也是最初教师教育方案制定的前提与依据。在教师教育开展的三年中,研究者一直以各种方式对教师们进行着动态的需求分析,始终以教师的需求和发展现状为制定和组织教师教育活动、选择教师教育内容的依据。从对教师的需求分析中,研究者发现教师的专业知能与实验的教学任务和英语教师专业发展目标之间的差距,在此基础上通过专业引领的方式,驱动教师间和师生间的互动,提供弥合差距的外部输入。

研究者们在教师教育的过程中认识到只有营造一个满足教师内在发展需求的、安全的、充满信任与专业自觉的工作环境,才能唤起教师们的专业意识,才有利于他们专业能力的培养与提高。因此,在支架创设阶段研究者努力地通过与教师的各种形式的互动培养他们的反思意识与专业发展意识,在教师团队逐渐壮大、教师的自主意识与专业发展意识逐步增强的情况下,研究者逐渐从原先的组织者、引导者和资源提供者角色向促进者、监督者过渡,鼓励实验教师创建一个相互信任、平等交流的学习共同体组织,为教师的成长提供健康、宽松的氛围。

三年中,研究者一直在努力地以"局内人"的身份去了解中学英语教师的生存状况,了解他们每天繁忙而紧张的生活,了解他们在现行的评估体制下面临的巨大的压力。我们发现:一方面,他们希望在自身的教学中进行改革和创新来优化教学;另一方面,他们又对改革与创新后学生的学习效果、考试成绩心存顾虑。因此,研究者在教师教育的过程中努力地与实验教师建立一种相互尊重、相互信任、相互扶持的关系,耐心地倾听教师们内心的困惑,当他们在实验中感到孤独、无助的时候及时给予他们情感上的支持。在三年的教师教育中,研究者与实验教师们相互配合,共同努力,逐渐从完全的陌生人变成了坦诚相待、相互信任并有着共同目标与理想的合作者与朋友。除了正式的研讨活动,他们还常常通过电话、QQ、电子邮件、短信等各种方式相互交流,谈论教师们在教学中的困难与收获,谈论自身的专业发展,并总是在第一时间与彼此分享实验的好消息。这种平等、和谐的人际关系的建立为本次校本教师教育的顺利展开提供了有力的情感支持与保证。

4.支持性的外部环境

这里的“外部环境”主要是指实验学校管理者为本次教师教育提供的良好的环境支持。诚如美国教育家约翰·古德兰所说，“没有更好的教师就不会有更好的学校，但没有教师可以在其中学习、实践和发展自身的更好的学校，也就不会有更好的教师”(转引自康丽颖，2006：34)。实验学校的校长中虽然没有一位是从事英语教学的，但是他们对于本次英语教改实验的支持却令研究者与实验教师们深受感动与鼓舞。他们常常亲临实验教师的课堂，参与听课、评课、研讨，并从不同学科教学的角度为实验教师和研究者们提出富有建设性的意见与建议，对于教师反思能力的提高和教改实验的开展起到了积极的推动作用，提供了环境与资源的保障。

2011年6月的阶段性评估中我们对学校领导进行了问卷调研，以了解他们对于实验教师和实验教学的看法。当问及他们在实验教师面对压力时给予的帮助和指导时，几位校长分别从教学、学习和情感等方面谈到了他们对于实验教师的发展所作出的努力：

1)指导实验教师有创造性地、有选择性地、合理地利用教材，降低切入点，给难点设置坡度；

2)适当点拨，帮助实验教师解决教学难题，拓宽他们的视野；

3)鼓励教师加大落后学生的个别辅导工作，建议分层教学解决两极分化；

4)鼓励教师学会自我思考；善于相互学习、借鉴和研讨；

5)与实验老师交流、分析，鼓励其树立信心，顶住压力。

2011年2月的管理者访谈中，几位校长也谈到了他们对于实验教师的悉心引导与帮助，对于老师们的发展，他们总是以积极的态度去进行“合理的干预”(张校长语)。针对实验教师因为考分在教学中放不开手脚的情况，张校长与王校长几次与老师们进行了质量观分析，告诉老师们英语能力不是一个简单的分数。学生的学习兴趣、自主学习的能力、英语的综合素养与能力，不是分数能够衡量的，这些会影响学生的未来发展，甚至他们的一生。王校长针对实验教师教学日志质量不够高的问题，自己做示范，在观摩了一节英语课后撰写了教学案例，与老师们共同探讨。尹主任也常常从英语学科教学的角度为老师们提供提高教学质量的意见与建议，并鼓励学校的其他英语教师与实验教师相互合作，帮助实验教师解决他们教学中的问题。

在实验教师的日志中，我们也经常会看到他们对于校长们亲临课堂听课并提出宝贵的教学改进意见的记录，这些都在无形中触发着实验教师对于自身教学的深入的思考，激励着他们在提高教学质量和自身专业发展中的努力，也给予了他们将实验教学进行到底的信心。以下是几位实验教师教学日志中的相关节选：

王校长说得对,要想我们的实验取得成功,我们就必须要严格按照我们的计划,一步一步严格、认真地去执行,去完成,要彻底地与以前的教法区分开来,完完全全地换种思想去进行教学,这样才会离我们的预期目标越来越近,否则我们会越来越多地受到原先思维的控制和束缚,最终还是回归原状。确实是如此,既然做了,就一定要争取做到最好,争取成功！我们还需要更多的努力！

（选自周华老师 2009 年 9 月 2 日教学日志）

张校长也来到了我的课堂参与听课。张校长听完课一下子就发现了这堂课的症结所在,不愧是专家啊！然后,他给我们形象、生动地分析了本节课在构思上出现的一些问题:没有把抽象的目标具体化,毕竟我们的教学对象都还是刚升入初一的新生。他还帮助我们分析面对这样年龄段的孩子,课堂活动的组织如何展开。为此,他帮我们出了很多点子。例如,先通过让学生观看 CCTV 10《希望之星》英语风采大赛的录像片断让学生对此有所了解,再通过老师具有吸引力的语言让学生有一种想达到参赛选手水平的欲望。

（选自陈斌老师 2010 年 9 月 7 日教学日志）

今天下午第四节课,王校长和我们四位实验教师一起研讨了近期实验教师各方面的工作、特别是近期课堂教学听课情况的反馈,王校长对我们提出了六点建议:一是要逐步地通过课堂来阶段性地提高学生的自主程度,明确自主学习不排斥教师的教学;二是要以实验教材为主、综合有效兼顾其他教学资源;三是采取多种形式丰富英语学习;四是要增强课堂教学的针对性,讲求效率,努力做到把复杂的事情简单化、让抽象的问题具体有形;五是要关注学生上课的静态与思维的动态;六是要创造性地采用多种方法去激励学生,努力调动学生学习英语的积极性,逐步实现自主学习。

（选自张健老师 2010 年 9 月 18 日教学日志）

前些日子,王校长找我,给我看了他发表的关于让学生写数学“作文”的文章,那些平时看似没有关联的学生日记经过王校的精心整理都成了一个个会说话的孩子。王校长希望我能做个有心人,在平时的教学上注意点点滴滴的积累,长期坚持就能有收获。我深受启发,平时我们也布置学生写日志,但从来就没有想过要把学生的日志分类整理，写得最多的就是学生的近期学习情况以及存在的问题、对老师的建议等。我决定今后写周记也要有目的，让学生分类写，以期在寒假中能做好分类整理工作。

（选自李英老师 2011 年 12 月 25 日教学日志）

实验中，支持性的外部环境还表现在实验学校领导对于博士生教师教育工作的支持以及给予的建设性的意见与建议。2010 年 12 月的阶段评估后，研究者对各自负责的部分进行了认真的总结与反思，分析了实验现状与预期目标之间的差距及导致差距的原因。在与实验学校张校长的交流中，研究者更深刻地体会到了应该如何切实从教师的需求与困惑出发来进行教师教育。于是，研究者组织教师针对实验教学中的展示课、听说课、阅读课、语法课四种不同的课型进行了研讨，围绕各课型在具体操作中的原则和方法，结合老师们的授课情况与他们一起进行了深入、系统的分析。老师们纷纷在日志中表示这样的研讨使他们对于实验教学的目标与设计更有把握了，授课时更有自信了、课堂教学的效果也更好了。

除了学校教学的小环境，实验学校的领导还积极地为实验教师的发展提供了良好的外部资源。在研究者的帮助下，实验学校组织了专家咨询会（2011 年 1 月 8 日）、教改实验观摩交流会（2011 年 11 月 11 日、2012 年 4 月 27 日），邀请全国知名的英语教育教学专家程晓堂和庄智象、湖南师大和福建师大专家、湖南和福建的中学一线教师和实验学校当地的英语教研员亲临学校指导，与实验教师进行交流、讨论，就他们在实验教学中的困惑进行咨询并予以解答，为他们澄清理念、拓宽思路，在对教师们的教学进行观摩后提供具体的教学建议与指导，为教师们修正教学理念、优化教学质量、提升专业素养提供了宝贵的资源，创造了良好的外部环境，也保证了教师教育的顺利、有效开展。

当然，本次英语教师校本教育并非尽善尽美，由于各种主客观因素的影响与制约，实验教师与研究者也遇到了很多困难，走过不少弯路，教师们的成长与转变也正如 Roberts 所指出的“并非一蹴而就”（not a matter of sudden conversion）（Roberts，1998：296），而是一个渐进的、曲折的、螺旋式上升的过程。部分教师对于实验理念掌握得不够透彻，在应试教育的压力下，受传统教育观念影响较大，有回归老路的趋势，在教学中仍要求学生大段摘抄笔记，甚至将阅读课、听力课上成语法分析课，不利于学生学习兴趣的培养和他们综合语言运用能力的提高；对于研究者的日志反馈和教学评价，一些老师有时候不能很好地理解，因此，虽然对某一教学事件会进行反思，但是无法做到举一反三，在教学中还是会出现雷同的问题；实验教师对于研究者的依赖性较强，在一些活动的开展中仍会把自己作为一个方案的执行者，而不是开发者、设计者，缺乏主动意识;尽管在教师教育中研究者一直在提倡建立教师学习共同体,但是这一过程相当的艰难,由于在创建教师学习共同体组织的初期,研究者并没有意识到需要在实验教师中物色一位专业素养高、在教师中具有一定威信的带头人,因此,整个创建过程一度受阻,教师教育后期,陈斌老师由于在实验中表现突出,因此担任起了负责人的角色,才使教师学习共同体组织基本得以成型。这些教师教育中存在的不足一方面源于实验的现实条件、英语教育中的应试体制、教师职业的特点、传统观念等现实的客观因素,另一方面也受到教师教育中实验教师与研究者主观因素的影响。

**(二)分析不足**

1. 实验现实条件

本次英语教师校本教育是教改实验的一个组成部分,是针对参与实验教学的部分教师进行的教育与培训活动,并非全校性的教师教育,因此,无形中将实验教师置于与学校其他英语教师不同的境地中,使他们在教材的使用、课程的设置、教学的进度安排、教学评估等方面都与学校统一的英语教学产生了一定程度的"脱节",这给实验教师带来了心理上的困扰,使他们产生了一种强烈的孤独感。而且,由于实验处于试点、摸索阶段,很多人对于实验都是抱着观望、甚至是质疑的态度,教改是否会带来更理想的教学效果?或者是一次失败?如果是一次失败,那么学生怎么办?学校同事的不理解、学生家长的质疑、更多人的观望都给实验教师们造成了很大的压力。他们在教学日志中也多次写到了他们承受的压力,陈斌老师在 2010 年 11 月 24 日的教学日志中这样写道:

> 最近两三天,我已经越来越感受到外界的一种无形的压力,这其实是一种舆论的压力。星期日返校,班上的一个应该说是非常好的学生,这次期中考试因为数学失误了,名次退得较多。……她的父母找到我了解女儿的学习情况,其实,当他们得知女儿分在实验班时,就已经很是担忧了,跟我接连通了好几次电话。通过这次的交谈,我就发现他们始终对于这个实验耿耿于怀……他们质疑"如果实验失败了,学校并没有太大的影响,而家长只有一个小孩,到时候谁来承担责任?"我们实验组的几位老师都甚感压力,真不知道该说些什么,又该做些什么……

这种压力与负面情绪使得实验教师感到孤独与茫然,不敢放开手脚大胆地去执行实验的理念,不敢脱离学校统一的英语教学太远,因此,一度影响他们在实验中参与度的提高和主动性的发挥。另外,按照实验的安排,每年只有两位新教师参与实验教学,因此,在教师教育的第一、第二年,教师人员少,力量薄弱也是影响教师间有效互动和创建教师学习共同体的一个因素。

2. 教师职业特点

首先，教师职业在很多情况下需要教师独立地进行教学决策、解决教学问题，因而是一个高度个体化的、孤立的职业(Freeman, 2005)。在单兵作战和分科教学的传统体制下，我国教师在教学工作中的合作并没有得以有效的开展(田丽丽、金盛华，2006)。在应试教育的压力下，教师职业的这一特点又使得教师间的竞争意识大于合作意识。尽管不少学校也鼓励并组织教师间的集体备课和相互听课，但是很多活动都是"集中"而非"集体"的活动，很难实现教师间真正意义上的互动与合作。在教师教育开展之初，研究者就发现教师们对于合作的概念存在偏差，他们认为的集体备课是教师间的分工备课(cooperative lesson planning)，而非真正在相互讨论基础上的共同备课(collaborative lesson planning)，因此，转变教师的观念、培养他们的合作意识与能力也需要一个较为长期的过程。

其次，与这一领域的很多研究中所提到的问题一样(Clair, 1998; Connor & Sharkey, 2004; Kiely, 2010; 王蔷、张文华、林周婧，2010; 张雁玲，2011)，我国教师，尤其是中小学教师的教学任务非常繁重，又承受着巨大的职业压力，包括考试的压力、教学的压力、学校聘任的压力和职业发展的压力，本次教师教育中的几位实验教师也不例外。参与实验以来，他们不仅需要完成正常的教育教学任务，参与学校的各项活动，还要撰写教学反思、参与集体研讨、阅读理论书籍、开展教学研究等，这常常使他们感到难以应对。在2011年12月的教师访谈中，当被问及他们在专业发展中遇到的最大的限制因素时，几位实验教师都不约而同地谈到了时间、精力的不足对于他们全身心投入实验的制约。

最后，教师职业作为一个较为稳定的职业，往往会弱化教师的冒险精神、创新思维和改革意识，使他们中的大多数人安于现状，对于改革会有惧怕、怀疑甚至是抵触情绪，参与改革的教师往往会受到他人的非议，容易被误解、被孤立、被认为是出风头、好表现，因此，很容易产生孤立感与孤独感，在改革中遇到失败与困难时会希望回归到原来的状态中，造成教师发展进程中的停滞甚至是倒退。

3. 应试教育制度

应试教育制度是目前任何教育教学改革都无法回避的问题，虽然国家大力推进素质教育，但"应试"的观念仍根深蒂固。在英语教育中，受应试教育的消极影响，广大中学英语教师在教学中关注语言知识的传授和标准化考试中学生的成绩，而无力顾及学生综合语言运用能力的提高和良好学习习惯的培养。应试教育成为制约中学英语教学质量提高和英语教师专业化发展的瓶颈。在本次英语教师的校本教育中，应试教育的体制同样制约着实验教师在教学中的深入反思与大胆创新。尽管实验教师希望在教学中遵循教改实验的理念来进行教学，也愿意通过自我反思和相互的交流来提高教学效果，但是却又不得不考虑不采用统一教材、不“为考试而教”的英语教学培养出来的学生是否能够轻松应对统一的考试，因此，难免在教学中心存疑虑，又不时会回到传统的教学中。在经历了多次反复之后，老师们也开始反思如何在教改理念与应试制度间找到平衡点，他们就是在这样的矛盾境遇中努力地、艰难地实践着教改实验的理念，寻求着理想与现实之间的平衡。

4.传统观念影响

在传统观念中，研究者是教育教学理论的创造者，而教师是教学理论与理念的执行者，他们之间存在着先天的地位不平等。一线教师们也往往将自己视为“知识的消费者而非创造者”(Freeman，2005:10)，他们将高校研究者奉为权威，对于研究者比较依赖，因而阻碍了他们在与高校研究者合作过程中观念与思想的自由表达。当研究者深入学校，了解教师的教学实际时，教师们希望研究者为他们的教学提供建议，并希望这样的建议能够立竿见影地解决问题，他们也希望在执行新理念的过程中能够有现成的模式可以遵循，有现成的方案可以执行，有现成的资源可以使用，他们习惯于将自己置于理论执行者的地位，因而影响了他们在研究者的专业引领下自主性的发挥，也阻碍了他们学习、反思意识与能力的培养。当然，这一现象随着教师教育活动展开的深入逐渐得以改善。一方面，研究者也开始在教师教育中逐渐放手、淡化自身指导者、组织者、资源提供者的角色；另一方面，实验教师团队中优秀教师的涌现、榜样的树立也促使其他教师的自主意识逐步增强，学习共同体组织的建立也更好地为教师自主意识与能力的培养提供了学习与交流的平台。

5.教师因素

我国绝大部分教师，从一定意义上来说也是应试教育的产物，在他们十多年的学习经历中，应试教育的观念可谓是根深蒂固。在几位实验教师参与实验教学之前，他们一直以自己做学生的“默会经验”指导着教学，几年、十几年一直沿用着这样的教学方法，他们觉得这样的方法切实有效，他们为自己班上的学生成绩好、升学率高而感到自豪。尽管如李英老师在 2009 年 5 月的教师访谈中所说的，现在的英语教学中，老师教得累，学生学得累，虽然他们希望能够有一种新的英语教学模式来帮助老师们教得轻松、学生学得轻松，也愿意为探索新的教学模式去进行尝试，但是一旦在实践中受到挑战、经历失败，他们就会觉得有压力，就会信心不足，又想回到自己原先使用得得心应手的教学模式中，回到自己安全、稳妥的“舒适地带”(操太圣、卢乃桂，2003:73)中。可见，帮助教师摒弃原有的理念，使他们在成长的过程中超越自我是非常困难的。因此，在教师教育中，观念的转变、意识的培养远比知识的传授更为重要。“授人以鱼”不如“授人以渔”，教师教育活动应该让教师在教学反思与研究中获得成就感，得到自我的提升，这一点也是研究者在三年的教师教育中努力的方向和希望实现的目标。

6. 教育者因素

除了教师的主观因素，研究者作为教师教育者的经验不足也是影响本次英语教师校本教育效果的一个主要因素。尽管研究者中的大部分都有多年的英语教学经验，有的甚至在大学就担任中学英语教学法课程的教学，也都具备外语教学理论研究的背景，但是由于大部分研究者缺乏中学英语教学的经历，对于中学英语教学的现状和中学英语教师的生存状况都不甚了解，加之缺乏外语教师教育的丰富经验，因此，可以说，三年的教师教育过程是研究者在实践中不断思考、摸索和探求的过程。由于经验不足，走了不少弯路，也经历了很多次的失败，他们一直在从失败中学习，在感悟中不断地寻找着理论与现实的结合点。

尽管在本次教师教育的过程中，研究者对教师一直进行着动态的需求分析，也一直努力地根据教师的需求来制定和调整教师教育的工作方案，但是往往会因为对教师估计过高而感到失望或是由于教师没有做、没有做好而直接包办代替。当实验出现问题、实验结果不尽如人意时，他们也会让负面情绪占上风，会对老师有所抱怨。但是，在与实验教师们的坦诚相处中，研究者一直在学习、在调整，努力做到 Julian Edge 在其《TESOL 中自反性的教师教育者：根基与翅膀》(2011)一书中所提出的对于教师教育者的五点期望：“通过模仿，学会方法；通过应用，走向专业；通过理论化，走向理性；通过反思，走向睿智；通过行动，走向务实。”他们常常告诫自己“没有不自主的教师，只有不自主、不反思的教师教育者”，他们要求自己在教师教育中首先善于反思，做到自主，了解教师的需求，以教师能接受的、觉得可行、有效的方法来提高教师的反思能力以及专业发展能力。

## 结　语

本章真实地记录了多元互动英语教师校本教育模式在一次初中英语教改实验的教师教育中运用的具体过程与实施的效果。在对本次英语教师教育个案进行概述的基础上，详细介绍了多元互动英语教师校本教育模式在本次教师教育中具体运用的过程与阶段，各阶段教师教育工作的重点与定位，并以集中讲座、日志反馈、教学研讨、专业学习和行动研究五种教师教育途径为例，记述了研究者在教师教育具体实施中对于多元互动方式进行的调整。本书中利用实验教师的教学日志与阶段性小结、实验班学生周记、研究者与教师和管理者的访谈记录等数据，借助教师反思能力发展评价框架中的七个指标，从不同的视角、不同的方面对于本次英语教师校本教育中实验教师反思能力的发展进行了较为深入的分析，从教学探究与教师学习两大范畴为教师反思能力的提高提供了有力的佐证。

# 第五章　多元互动英语教师校本教育模式:反思篇

多元互动英语教师校本教育模式是在对外语教师教育领域的研究成果与国内外外语教师校本教育现状进行分析与论证的基础上,借鉴二语习得、哲学、社会学、教育学、心理学等不同学科领域的理论而建构起来的英语教师在职教育模式。它在英语教师教育中渗透了社会文化理论因素,关注教育教学环境对教师专业发展的影响,并将反思能力的培养与提高作为英语教师教育的目标,强调教师通过与其教育教学环境中多元互动主体间的相互作用提高反思能力,实现专业发展。本书将多元互动英语教师校本教育模式运用于一次初中英语教改实验项目的教师教育活动中,以探讨这一模式在英语教师校本教育中的有效性,发现该模式在实践中可能会遇到的问题并提出具体的解决建议。在历时三年的英语教师校本教育个案研究中,我们发现多元互动英语教师校本教育模式的运用有效提高了教师们的反思能力,使他们开始对自身的教学实践进行理性的反思与深入的探究,开始借助自身教育教学环境中的互动因素来客观地审视、修正与调整自身的教育理念、教育行为与教学方法;开始注重自身作为英语教师的理论学习与专业发展;开始将反思作为他们职业生活中的一种习惯与态度。然而,在模式的具体实施中,我们也遇到了很多的困难与问题。尽管只是一次个案研究后的反思,但是我们认为对于这些问题的深入思考将会为这一模式的后续运用提供启示与借鉴,有利于更好地发挥其在英语教师教育中的作用,这也是我们历时三年的个案研究最大的现实意义所在。因此,本章将结合个案研究,反思并总结多元互动英语教师校本教育模式自身存在的不足以及在具体实施中的问题,并提出相应的实施建议。

## 一、理论修正

在历时三年的英语教师校本教育个案研究中,研究者们深切地感受到管理者的支持对于教师学习共同体创建和健康学校文化形成的重要意义,是教师反思能力提高和持续专业发展的重要保障。一方面,教师学习共同体的创建会形成并发展健康合作的学校文化;另一方面,学校文化的形成又将进一步完善教师学习共同体的建设,而促进这一良性循环的一个关键因素正是学校管理者对于教师教育与发展的支持。因此,我们在个案研究的基础上对多元互动英语教师校本教育模式进行了修正,将同伴互助这一层次的互动主体调整为其他教师与管理者(图 5-1 所示)。之所以将管理者与学校其他教师置于同一层次是因为我们认为同事间的互动与合作和管理者对于教师专业发展的支持是创建健康合作的学校文化的两大关键因素,而管理者对于教师专业发展的支持又能够为教师间的合作与交流、为教师学习共同体的创建提供坚强的环境与条件保障,从而更有利于教师文化、学校文化的形成与发展。因此,可以说,管理者与学校的其他教师一样,是教师专业发展中的同伴,两者尽管在功能上有所侧重,但在地位上是平等的,目标也是共同的,即为教师的成长与发展构建平台、创设文化。

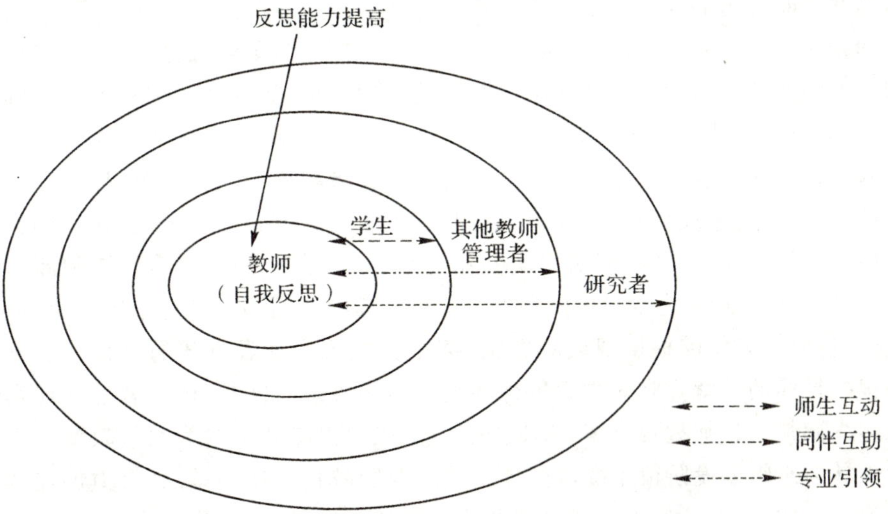


图 5-1　多元互动英语教师校本教育模式(修正)

## 二、实施问题

### (一)专业引领和教师自主之间的度

由于传统观念的影响,一直以来,教育研究者是理论的发现者、创造者,而一线教师则是理论研究成果的“应用者”和“执行者”(Freeman, 2005:6),一线教师将教育研究者视为权威,也希望研究者能够为他们教学中的问题提供一劳永逸的解决方案。因此,在研究者深入学校开展教师教育时,一线教师往往容易在对研究者的依赖和盲从中迷失自我,无法发挥专业发展中的自主性;而研究者也会因为一线教师的表现达不到预期的目标而不自觉地在专业引领中大包大揽,影响教师自主性的培养与发挥。

尽管多元互动英语教师校本教育模式提倡通过外来研究者的专业引领促进教师的自我反思,激发并提高其专业发展的自主意识与能力,但是如何使专业引领做到到位但不越位,如何把握专业引领和教师自主之间的度却是这一模式具体实施中的一大难题:研究者的专业引领是激发教师自主专业发展意识、使其具备自主专业发展能力的重要外部输入,但是专业引领一旦越位,反而会使教师产生依赖情绪,影响他们自主意识的培养和自主性的发挥,教师在研究者离开后很可能就回归到原先的专业发展状态中。

个案研究中,对于专业引领和教师自主之间的度的把握一直是研究者感到困惑并不断反思的问题。研究者在教师教育之初,将自身定位于组织者、引导者和资源提供者的角色,旨在为教师的专业发展创设支架,提供资源上与专业知识上的支持。为使实验教学尽快取得满意的效果,研究者往往在实验教师抱怨现实困难、等待具体操作方案时,不自觉地将本该由实验教师独立完成或与实验教师合作完成的任务包揽下来,如:编写实验教材的配套练习、提供学生课外英语听、读的拓展材料、制定学生假期自主学习的方案等。因此,在教师教育开始的一段时间里,老师们对于实验组比较依赖,在一些活动的开展和课型的组织上缺乏主动性,始终把自己作为一个方案的执行者,而不是开发者、设计者,希望研究者能够提供现成的方案,甚至在执行研究者方案的过程中也不考虑根据具体的教学实际对方案进行调整。为解决这一问题,研究者根据现实情况多次调整了教师教育方案,由支架创设阶段中以专业引领为教师教育工作的重点转为组织创设阶段中的以同伴互助为教师教育工作的重点,努力创建教师学习共同体,并以此作为教师自主专业发展的载体,逐步淡化自身角色,从原先的组织者、引导者和资源提供者淡化为促进者和监督者,同时鼓励教师通过同伴间、师生间的互动合作以及自我的专业反思来解决他们教育教学实践中的困惑与难题,从而减少教师对于研究者的依赖。

可见,在英语教师的校本教育中,研究者不应以高高在上的“专家”、“指导者”的身份参与教师教育活动,而应该通过与教师建立相互平等、相互尊重的人际关系为教师创设专业发展的支架,激发教师自主的专业发展意识,培养他们对于自身教学实践的反思能力和解决自身教学中实际问题的能力,实现持续的专业发展,而不应该一味地为教师包办代替、帮助教师解决眼前困难,即应把握好专业引领和教师自主之间的度,做到"授人以渔",而非"授人以鱼"。正如陈向明在进行西部基础教育发展项目时经过多次尝试和反思后所发现的,"教师教育者越是扮演一名专家的角色,就越不能有效地帮助教师的成长"(陈向明,2008:3)。在实际运用多元互动英语教师校本教育模式时,一方面,研究者应该尊重并接纳教师成长与转变的步伐,不能操之过急,因为教师的成长本身就不是一蹴而就的,而是一个充满了痛苦、曲折又容易反复的过程;另一方面,研究者要根据具体情况适时调整教师教育的重点与方法,注意教师教育各阶段专业引领的具体形式,在教师教育中做到逐步放手、淡化自身的角色,尽可能地凸显教师的主体性,使教师成为自身专业发展的主人,使他们在研究者离开之后仍然能够获得自主专业发展的不竭动力。

**(二)教师学习共同体创建**

教师学习共同体概念以 Lave 和 Wenger 的"实践共同体"为原型(Lave & Wenger, 1991),实践共同体对于外语教师教育的启示在于以教师的教学实践或教师学习为中心培育支持性的社会实践团体。Cooper 和 Boyd 在《学校作为合作的学习共同体》中指出,合作是学习共同体的基础,即为了共同目标而协同努力,共同发展,相互学习,共同体中的每一位成员都拥有平等的话语权,而非竞争或由少数人员掌权(转引自赵健,2006:4)。在多元互动英语教师校本教育模式中,我们将教师学习共同体的创建看作是同伴互助的理想形式与最终目标,是在研究者的专业引领下构建的教师间在共同的事业、共同的投入、共同的经历的基础上相互交流、相互合作、相互学习的平台,以教师的自我反思与师生互动为主要的内容来源,旨在提高教师的反思意识与能力,实现教师持续、自主的专业发展。

然而,受教师职业本身的特点和应试教育体制的影响,中国教师群体中的竞争意识往往大于合作意识。尽管大部分教师意识到教师间合作的意义,然而他们的深层观念中依然存在着明显的竞争意识,他们在各自封闭的教室内进行着教学,不愿意观察和干涉别人的工作,也不愿意被观察、被干涉,教师之间分享各自专业知识和教学经验的机会也很少,教师之间的合作与交流难以真正展开(黄东花,2011;吴丽荣等,2011)。一方面,一些教师碍于面子,不愿向其他教师讲述自己教学中的困难,认为这样就意味着公开承认自己教学水平低、专业能力不足,甚至表明自己教学中的失败,因此,宁愿在封闭中自己摸索,或索性安于现状;另一方面,由于教师间的相互竞争,为提高自己所教班级的成绩,防止被同一学科的其他教师赶超,教师间往往会相互保守,甚至对教学材料、信息与资源等相互封闭(Ur, 2000),这些因素无疑都会成为校本教师教育中学习共同体创建的阻力。另外,一些学校虽然也进行各种形式的教师合作与交流活动,但是不少活动仅仅是围绕行政人员的意图与兴趣展开,而不是基于教师的教学和发展需要,因此,"集中"的活动并不能真正成为教师的"集体"活动。可见,如何促成教师间合作互动的有效展开和教师学习共同体机制的形成也是多元互动英语教师校本教育模式在具体实施中的一个难点。

在个案研究中,教师学习共同体的创建经历了一个漫长的时期,虽然支架创设阶段中的专业引领为教师学习共同体的建立做了必要的专业知识与能力上的准备,在这一阶段研究者也注重通过各种形式促进教师间的合作与交流,但是一方面,由于本次校本教师教育中参与的教师人数较少,又分属不同的年级,教学目标、教学内容和阶段侧重上有着较大的不同,几位老师又常常受到脱离大部队的孤独感的困扰,对于势单力薄的实验教师群体缺乏信心;另一方面,教师教育之初,研究者面对实验教师的教学与专业能力现状,在教学资源的开发、学生自主学习的指导以及课型的组织与安排等方面有些手把手指导,甚至是包办代替的倾向,导致教师对于研究者比较依赖。尽管研究者在注意到这一现象后在教师教育的具体方法与策略上进行了调整,努力脱离自身的"保姆"角色,提高教师在自身专业发展中的自主性,但是教师对于研究者还是存在依赖思想,希望研究者能够为他们提供现成的资源、切实可行的方案和具体直接的指导。因此,在教师教育开展的较长一段时间里,虽然同一年级的两位实验教师之间会经常进行交流与沟通,但是实验教师间进行集体学习与讨论的机会较少,教师学习共同体难以成型。随着教师教育工作的推进,实验教师的队伍逐步壮大,从最初的两位增加到后来的六位,研究者也在对于教师教育方案的不断调整和深入反思中发现教师学习共同体的创建需要建立教师间相互学习与交流沟通的长效机制,需要有一位具有过硬的专业素养与教学能力、在实验教师中具有一定威信、能够起到带头作用的骨干教师或"关键人物"在其中发挥作用。于是,在之后的教师教育工作中,研究者鼓励教师确定了定期的公开课机制,实现公开课的常态化,每周由至少一位实验教师开设组内公开课,其他实验教师参与课堂观摩,并在此基础上进行集中的课例分析;而陈斌老师也因为其扎实的英语语言能力、出色的课堂教学、在教学中的深入反思与执着探索以及他对于实验教学的信念与投入在实验教师中脱颖而出,成为教师学习共同体创建中的一位"关键人物"。研究者在与陈斌老师的深入交谈中,希望他能够凭借自身的专业优势,在实验教师中起到示范、带头作用,从而在实验组内营造一种相互学习、相互扶持的良好氛围,带动全体实验教师的发展,使大家在相互的合作与交流中解决教学问题、优化教学质量,提高反思意识与能力,培养自主意识、理论意识与专业发展意识,在发展学生的同时也发展教师自己。陈斌老师在认真考虑之后担任起了这一“带头人”的角色,他带领全体实验教师开展了定期的公开课和课例分析活动,并使它成为一种长效机制固定下来。此外,他在研究者的帮助下组织了定期的教师读书交流会,并担任了交流会的第一位主讲者,与其他教师分享了自己的学习成果,提供了鲜活的示范,确定了教师学习交流会的大致内容、流程和方法,从而保证了教师学习交流会的持续、高效开展。其他实验教师也在陈斌老师的带动下,纷纷在课例分析和学习交流会的组织形式上发挥各自所长、进行自主创新,提出了很好的改进意见与建议,营造了教师间为了共同的目标而相互支持、互动合作的良好氛围,建立起了教师间分享知识与经验的空间与平台,增加了实验教师群体的凝聚力和向心力。教师学习共同体终于在研究者与教师们的共同努力下基本成型,开放、共享、信任的教师文化也得以构建。

**(三)教育体制与教师发展之间的矛盾**

应试教育体制也是英语教师教育中一个无法回避的现实问题。由于长期受到应试教育的影响,我国英语教师在教学中都或多或少受到考试指挥棒的控制,“考什么,教什么”的想法和做法相当普遍。在很多学校,尤其是在中小学,考试成绩和升学率成为衡量教师教学能力与专业水平、衡量一个学校英语教学质量高低的一个重要指标,因此,很多教师被紧紧束缚在考分上,在教学中沿用传统英语教学中的灌输模式,注重语言知识的简单传授、注重学生对于单词、语法的记忆、大搞题海战术以提高学生的考分,而很少会对自己的教学进行深入的反思,通过教学研究理性地解决教学实践中的问题,也没有意识去关注自身作为教师的专业发展问题。有些教师虽然也愿意在教学中进行改革与创新,希望通过尝试新的教学理念与方法提高学生对于英语学习的兴趣,使他们掌握良好的英语听说读写的基本技能,提高他们的综合语言运用能力,但是在应试教育的体制下,又不得不考虑这样的做法是否会影响学生的学习效果和他们在统一考试中的成绩,因此,一旦改革、尝试失败,他们就会回归老路,加入应试教育的大军中。可见,应试教育体制是影响英语教师在教学中勇于尝试、大胆创新、积极反思的教育环境因素,是英语教师实现专业发展的一个羁绊。

在个案研究中,几位实验教师都是学校英语教学中的中青年骨干,他们在教学中渴望通过改革与创新寻求有效英语教学的模式与方法,他们出于自愿参与实验,也愿意为实验的开展投入时间与精力,但是就是这样的一批老师也在实验开展的过程中不得不迫于应试教育的压力而在实践中有所退缩、有所迟疑,无法放开手脚去执行教改实验的理念。主观上,老师们希望按照实验的理念来改进教学,实现英语教学的理想状态——教师乐教、学生乐学;教师善教、学生善学。他们希望通过这样的一次经历提高教学能力,优化教学质量,提升专业素养,获得自身成长;但是客观上,他们又受制于应试教育的体制,迫于中考的压力而无法在执行实验理念的过程中完全放开手脚,他们不得不考虑在全新的教学理念与教学方法下,学生是不是能够轻松应对统一的标准化考试,在培养学生综合语言运用能力的过程中,是不是会影响他们对于语言知识的牢固掌握,影响他们在考试中的成绩。因此,老师们在实验教学中走走停停,应试教育的大环境让他们感到无所适从,实验又让他们因为脱离了学校英语教学的大部队而缺乏安全感。在与研究者的各种方式的交流中,老师们经常说的一句话就是"如果没有考试的压力,我能够做得更好"。在 2010 年 12 月的教师访谈中,李老师和陈老师都觉得实验中最大的问题是来自外界的压力(主要是来自家长的压力)。陈老师反映经常会有家长打电话给他,表达对实验的疑虑,虽然他也作了很多的解释,但还是无法打消家长的负面情绪。李老师说如果没有中考的压力,她会教得更放松、更自如。她觉得在目前的应试教育体制下只能用考试的成绩来让家长信服。可见,除了学校教育的小环境,社会教育体制的大环境更是影响校本教师教育质量的一个重要因素,是当前教师教育中无力改变却无法回避的因素。在本次个案研究中,研究者也同样深深感受到了应试教育在中学英语教师、学生及整个学校教育中根深蒂固的影响,深感在这样的教育体制下有效推进教师教育工作的艰难。北京大学著名教授钱理群投身中学语文教育 10 年,试图改革中学教育而屡战屡败时,不禁感叹:"一切不能为应试教育服务的教育根本无立足之地。"对于"什么是有效的英语教学?""什么是优秀的英语教师?"的标准的缺失或扭曲不能不说是我们这一英语教学大国的悲哀,也是我国英语教师教育质量、英语教师专业素质提高的一大束缚。因此,除了呼吁我国英语教学中应试体制的转变,教师教育者所能做的就是帮助教师在应试教育的背景下、在各种矛盾中提高专业发展的意识与能力,通过理性的、健康的方式来实现自身的专业发展。

**(四)模式的普适性与推广性问题**

多元互动英语教师校本教育模式在回顾和梳理了外语教师教育领域的研究成果与国内外外语教师校本教育研究现状的基础上,分析了英语教师教育教学环境中的主要互动主体因素——教师、学生、同事和外来研究者以及他们之间的相互关系,提出了利用自我反思、师生互动、同伴互助和专业引领的多元互动形式提高教师反思能力、实现教师专业发展的校本教师教育思想。与一些具体的教师教育模式相比,它更多的是一种思想与理念的传达,而非具体的教师教育方法与步骤,因为教师所处的具体的教育教学环境千差万别,他们个人的成长经历、专业素质现状以及对于自身专业发展的需求也不尽相同,因此,无法按照一个放之四海而皆准的教师教育模式来进行统一的培训。面对不同的学校环境,不同的教师教育需求与教师专业素质现状,教师教育者应在对模式中多元互动形式的地位与关系深入理解的基础上,注意教师教育的阶段性以及在不同阶段中各种互动形式的地位与作用,并在实践中在动态需求分析的基础上不断地进行调整以使多元互动形式之间形成合力,最大限度地发挥教师教育的作用,实现教师教育的目标。可见,多元互动英语教师校本教育模式可以在不同阶段、不同层次的英语教师教育中以不同的具体途径进行运用,它的运用范围较广,具有较强的推广价值。由于不是具体的程序性模式,因此,留给教师教育者创造与发挥的空间较大。教师教育者完全可以在分析校本教师教育具体情况的基础上,灵活利用英语教师教育教学环境中多元互动形式间的相互作用来促成教师反思能力的提高,实现教师的专业发展。

在个案研究中,研究者将多元互动英语教师校本教育模式运用于一项初中英语教改项目的教师教育中,因此,有其运用的特殊性:首先,其教师教育的对象是中学英语教师,而非小学或是大学英语教师,他们所处的教育环境、专业发展目标与现状都与其他阶段的英语教师不尽相同;其次,这项教师教育活动是作为教改实验的子项目进行的,因此,教师教育的活动需要服务于教改实验的理念,服务于实验的大目标;最后,此次教师教育活动虽属于校本教师教育,但是只有六位英语教师参与,因此,与全校性的教师教育活动有着很大的不同。在校本教师教育开展的过程中,研究者根据初中英语教师的特点、实验教师具体的专业发展现状、发展需求、现实问题和实验教学的具体情况,制定了本次英语教师校本教育的基本方案,并在实践中对教师进行了动态的需求分析,不断修正、调整方案,确定教师教育不同阶段的工作重点以及各个阶段教师教育的具体途径,在实际操作中又进行了互动方式上的调整,以保证多元互动主体之间相互作用,形成合力,提高教师对于自身教学实践与专业发展的反思意识与能力,实现他们自主的专业发展。

由于本次个案研究并非全校性的英语教师教育活动,参与的教师人数较少,因此研究者可以采用教学日志每周反馈的形式来了解教师的教育教学情况,通过日志的反馈与教师进行及时的沟通与交流;研究者也可以经常深入每位实验教师的课堂进行观摩,并在课后进行个别的辅导与交流。但是,这些做法对于其他的教师教育情境未必可行、适用,因为正如英语课堂教学不具有可复制性,英语教师教育的具体情境也是千差万别的,因此,在一项教师教育活动中有用的做法只能够为另一项教师教育活动提供启示与借鉴,而不能够不顾教师教育的具体情况盲目地照搬照抄。本次个案研究中的日志反馈、课堂观摩等做法如果要在全校性的教师教育活动中运用就需要在具体的实施方式上进行一些调整,加强自我反思与同伴互助的作用,如:鼓励教师撰写教学日志,开展定期的、全校性的日志交流或评比,再由校外研究者进行集中的点评;或是要求教师自由组合,或同一年级中的教师,形成课堂观摩与日志反馈小组,教师在自己的教学后写下反思,在教师间进行相互的反馈,并定期在小组内开展集中讨论,对教师教学中典型的、具有共性的问题进行交流探讨(Brock, Wong & Yu, 2002)。

可以说,多元互动英语教师校本教育模式的提出传达了一种理念,即教师教育者应该在理清英语教师教育教学环境中各种互动主体因素的作用及其相互关系的基础上,认真分析具体的教师教育情境,将“多元互动”的理念融于不同的教师教育途径中,自主地、创造性地来开展英语教师教育活动,使多元的互动主体与形式发挥作用,产生合力,营造有利于教师专业成长的教师文化与学校文化,提高英语教师的反思能力,成就“研究型”、“学者型”的新型教师。

## 三、实施建议

根据我们在个案研究的教师教育活动中遇到的问题及进行的相应的调整,结合多元互动英语教师校本教育模式构建的初衷,我们从四种互动形式的具体实施方面提出一些建议,来解决并缓解上述四大问题,供这一模式在不同阶段、不同层次的英语教师教育情境中运用时加以借鉴,以更好地发挥这一模式在英语教师在职教育中的作用,培养具有较高专业素质的反思型、研究型教师,提高我国英语师资水平和英语教学的整体质量。

### (一)专业引领方面

专业引领是指教师与校外研究者之间通过校际合作产生的互动,一方面,研究者深入学校,立足学校教育教学实际,为教师的知识建构与专业发展创设支架,培养教师对于自身教学实践的反思意识与能力,实现教师持续的专业发展;另一方面,研究者与教师之间相互学习,共同发展,研究者在指导与学习的过程中寻求理论的实践化,加深对于一线教育教学实践及教学理论的理解与认识,谋求理论与实践的最佳结合,以提升自我的专业素养,更好地发挥专业引领的作用。要提高专业引领的效果应做到以下五点。

首先,明确专业引领的目的是为了促进同伴互助、师生互动和自我反思。

单纯的专业引领并不能带来教师持续的专业发展,而同伴互助、师生互动和自我反思才能够使教师真正成为自身专业发展的主人,是研究者离开后教师仍然能够进行持续自我发展的不竭的动力源泉,因此,研究者的专业引领作用最后必须要转化为学校支持教师专业发展的环境因素和教师自我发展的意识与能力。

其次,在专业引领中关注教师的情感因素,体现教师教育的人文性。

教师是具有丰富思想与情感意识的人,因此,在专业引领中,研究者不应该以高高在上的"指导者"或"专家"的身份自居,而应努力建立与教师相互平等、相互尊重、相互信任的关系,将教师教育作为"人"的教育,理解教师的教育与生存状态,为教师的专业发展提供支架,并给予智力与情感上的支持与鼓励。我们在教师教育实践中发现,专业知识的传授固然重要,但是观念的认同、意识的培养和情感的支持对于教师走上自主的专业发展道路更为关键。只有在专业引领中做到以人为本,以教师的需求为教师教育的出发点,在教师教育中努力为教师创设轻松、愉悦的交流与学习氛围,让他们愿意分享彼此的经验与知识,交流教学实践中的困惑与困难,相互支持、相互鼓励,才能有效发挥专业引领的作用。

第三,注重专业引领的针对性、系统性、高效性,把握专业引领和教师自主之间的度。

研究者深入学校对一线教师进行的专业引领应该在对教师进行需求分析的基础上制定系统的教师教育活动方案并有序展开。在个案研究之初,研究者在深入实验学校后发现,中学英语教学环境和中学英语教师的专业素质与预想有较大的差距,而几次集中讲座后发现这一形式对于提高教师反思能力、实现其专业发展方面的效果并不理想,因此,在调整、丰富教师教育方式的同时将这一形式搁置起来,在较长一段时间内将集中讲座排斥于教师教育活动之外。这一调整显然有些矫枉过正,随着实验的推进及教师教育工作的展开,研究者开始理性地看待各种教师教育途径对于教师发展的意义,也认识到对于教师在专业发展中的一些困惑与困难,利用集中讲座有针对性地进行系统指导效果会更好,因此,又将这一教师教育的途径运用于教师教育活动中,并取得了较为理想的效果。可见,针对性、系统性、高效性是教师教育者在专业引领中需要遵循的三大原则。另外,教师教育中也必须把握专业引领和教师自主之间的度,研究者应该为自己在教师教育各个阶段中的角色准确定位,注重培养教师为自身的专业发展负责的态度,在专业引领中做到适时放手,不大包大揽,鼓励教师通过自我反思、师生互动与同伴互助对自身的教学实践进行深入的反思,并随着教师反思意识与专业能力的提高逐步淡化自己在教师教育中的作用,帮助教师创设学习共同体,使之成为教师间相互交流、相互学习的平台与载体,成为有能力承载教师持续专业发展、构建生态教师文化、学校文化的有效组织。

第四,以课堂教学为抓手,指导教师进行教学研究。

英语教师教育中的专业引领应该以课堂教学为抓手,切实帮助教师解决教育教学中的实际问题,克服以往英语教师教育与培训中理论与实践脱节的弊端。基于教师课堂教学实践的专业引领使得研究者的理论不再是泛泛而谈的空中楼阁,一线教师的教学也不再是脱离教育教学理论指导的盲目实践。一方面,研究者结合教师的教学实践将抽象的教育教学理论具体化,使之成为一种能够被教师所接受和运用的理论,并真正内化为教师知识体系的一部分,促进教师对于教育教学内涵的理解,帮助教师实现从理念到行为的转移,真正发挥理论对于实践的指导作用;另一方面,研究者在专业引领中"授人以渔",帮助教师掌握基于课堂进行教学研究的基本方法,鼓励教师在教学中深入反思、大胆尝试、勇于探究,在实践中运用理论,并升华理论,成为自身教学实践的反思者、研究者、教育教学理论的创造者,在理论实践化和实践理论化的过程中不断优化教学质量,提高反思意识与能力,促进自身专业发展的进程。可见,鼓励教师进行教学研究是应试教育体制下进行教师教育的一个有效途径,只有真正优化英语课堂、增强学生的综合语言运用能力才是保证学生在应试教育中立于不败之地的不二法则。

最后,专业引领在教师教育中应做到自然过渡、逐步淡化。

研究者在教师教育的不同阶段应该扮演不同的角色。在个案研究中,由于中学英语教师的教学与专业发展现状并不理想,需要研究者为他们提供专业知识、态度与能力上的引领,因此,在支架创设阶段,研究者将对于教师的专业引领作为教师教育工作的重点,在这一阶段中扮演组织者、引导者和资源提供者的角色,旨在创建支架,唤醒教师的专业发展意识,培养他们对于自身教学进行自我反思与研究的意识与能力。同时,研究者通过专业引领,有意识地促进教师的自我反思、师生互动与教师间的相互交流与学习。随着教师教育工作的展开,教师的反思意识、自我发展意识与能力逐步增强,教师间的合作与交流以及教师学习共同体的创建成为教师教育工作的重点,研究者的角色逐步淡化为教师专业发展中的促进者和监督者,教师的主体性得以增强,通过学习共同体组织和健康教师文化的创建成为自身专业发展的真正主人,实现了从"他人促进"到"自我促进"的转变。因此,可以说,将校外研究者的专业引领作用转化为教师学习共同体组织和校内文化的创设是实现教师持续专业发展的关键与保障,"教师教育与培训应该成为教师专业发展的起点,但不应是其终点"(Richards,2002:119)。

### (二)同伴互助方面

多元互动英语教师校本教育模式中的同伴互助是指英语教师与校内的其他教师,包括同一学科的教师和不同学科的教师,进行专业对话、共享资源、相互协作、相互启发、共同探索、共同发展的过程,旨在创建教师探究、反思和学习的共同体,营造有利于教师持续专业发展的学校文化。同事的支持与挑战对于教师的专业发展起着至关重要的作用,但是在实践中,这种方式对多数人来说都是一种挑战(王洁、顾泠沅,2007:111-112)。根据著名的“割草机悖论”[①],共同从事体力劳动通常比较简单,而从事脑力劳动则相当困难。因此,促成教师间的互助合作是一个长期的过程,需要确保教师有足够的时间体验、反思和适应,并对互助合作中出现的问题作出调整。要实现有效的同伴互助应做到以下七点。

首先,应使教师明确同伴合作的目的,使他们在合作中感受到成功的喜悦。

在自然界中,当一株植物单独生长时,往往长得比较矮小,但如果与众多同类植物一起生长时,则往往能够枝繁叶茂,生机盎然。人们把自然界中的这种相互影响、相互促进的现象称为“共生效应”[②]。同样,人类群体中也存在着“共生效应”。我们在多元互动英语教师校本教育模式中提倡教师群体间的同伴互助,旨在使教师在相互的交流与沟通中获得思维的碰撞,产生智慧的火花,共同探讨并解决教育教学中的实际问题与困难,学习并借鉴他人教学中的有效做法,在共同的努力中感受成功的喜悦,获得教师职业的成就感与满足感。教师只有在充满尊重、平等与信任的学校环境中才能排除外界的压力,毫无保留地坦露自己在教学中的困难与困惑,也才能真诚地指出他人教学中存在的不足,真正做到畅所欲言、真诚交流,真正实现相互间的合作与交流,相互支持,相互鼓励,并从教师的学习共同体中获得比单打独斗更多的专业发展资源与能力,实现“1+1>2”的“共生效应”。

其次,同伴互助应该以课堂教学为抓手,以任务为依托设计共同体活动。

同伴互助要以最贴近教师生活的教学实践为载体,在对于复杂、真实的教学问题的讨论与处理中,交流教学心得与经验,并以此作为开展校本教学研究的一种重要途径,提高教师的反思能力,实现他们的专业发展。教师学习共同体中可以以一个阶段内比较集中的、具有代表性的问题作为各个阶段的主题展开集体讨论,集思广益,提出解决问题的方案与建议,这种以任务为依托的相互交流也可以成为教师教学研究的一部分,为教师的教学研究发现问题、拓宽思路、提供资源与方法,使教师在相互交流的过程中相互启发,有所借鉴,达到自我反思所不能达到的效果。此外,教师学习共同体也可以开展定期的公开课观摩与课例分析活动,鼓励教师对自身以及他人的教学实践进行思考与讨论,借鉴他人教学中的成功做法,培养对于教学问题的敏感性与洞察力,并将教学中

---

① 如果让十个成年人利用电动割草机割草,那么就会比一个人干得快十倍;但是如果让十个成年人共同设计一台电动割草机,他们肯定不会比一个人快十倍,甚至还不如一个人快。这就是著名的割草机悖论。

② 百度百科. 引自网页:http://baike.baidu.com/view/1302062.htm.

一些具有共性的问题作为教学研究案例进行深入的探究，在相互听课、评课的过程中，使教师学会从不同的视角、运用不同的方法对课堂教学进行评价，同时启发他们对于英语教学的本质和课堂教学的目标、方法与模式的思考，从而提高教师的反思意识与能力，使他们在学习共同体组织中提升教育智慧，实现自我发展。

第三，同伴互助需要一位骨干教师的示范带头作用。

在校本教师教育中建立教师学习共同体、发挥同伴互助作用的一个必要因素就是有一位德才双馨、在学校教师中具有一定威信的骨干教师发挥示范带头作用。这位"带头人"在教师中树立榜样，带动其他教师共同发展。从某种意义上来说，这种骨干教师的辐射作用要比外来研究者对于教师的知识传授与意识培养更有效、更具有持久性。

在本次个案研究中，教师学习共同体的创建一直是一个困扰研究者的难题。在多次反思后研究者意识到仅凭外来研究者对于教师的知识传授与意识培养还不足以建设教师的专业学习与发展团队，教师群体中迫切需要一位具有过硬的专业素养与教学能力、在实验教师中具有一定威信、能够起到带头作用的骨干教师在组织创建中发挥作用。在对几位实验教师的观察与沟通中，研究者发现陈斌老师具有扎实的英语语言能力和出色的课堂教学技能，参与实验教学以来，一直认可实验的理念，并在实验教学中努力地实践这些理念，在教学中善于反思、善于学习，是一名学习型、研究型的教师，因此，在教学能力与专业素质上都得到了实验教师们的一致认可，能够担当起树立专业发展榜样、带领大家创建教师学习共同体的责任。在研究者的帮助下，陈斌老师在实验教师中担当起了"带头人"的角色，他与大家一起建立了定期的公开课和课例分析机制；在研究者的帮助下组织了定期的教师读书交流会，并担任了交流会的第一位主讲者，与其他教师分享了自己的理论学习成果，并为他们的专业学习提供了示范。其他实验教师在陈斌老师的带动下，积极参与课例分析和学习交流会活动，并在活动的组织形式上进行了创新，提出了很好的改进意见与建议，使两项学习活动日臻完善。经过研究者与实验教师们的共同努力，教师学习共同体终于建成，营造了教师间相互学习、相互交流的良好氛围与学校文化。

第四，同伴互助需要研究者的促进和引领。

英语教师校本教育中的同伴互助需要以研究者的专业引领为前提，在专业引领中为教师的专业发展创设支架，培养教师合作互动的意识和能力，使他们在相互的合作与交流中切实感受到自身的成长与进步，愿意与其他教师分享各自成功的喜悦、交流教学中的心得、探讨教学与自身发展中的困惑，而不是迫于行政指令参与活动，使学习共同体组织流于形式。从这一意义上来说，专业引领能够为教师间的互助与合作做好思想、态度与能力上的准备;此外,研究者的专业引领也可以避免教师间的互动因为“同水平反复”而限制教师反思意识与能力的提高(王洁、顾泠沅,2007:11)。研究者从专业视角对一线教师进行指导,帮助教师明确教师学习共同体的目标与意义,鼓励他们为教师学习共同体的建设与完善贡献才智,鼓励他们通过自我与相互的学习来避免教学中的盲目性,以批判性的眼光来审视自身的教学,在教学中发现问题,并依靠与他人的积极互动来寻求问题的解决方案。

第五,在同伴互助中建立良性竞争机制,在竞争中提升自我,分享成果。

校本教师教育中除了教师间的互助与合作,还应该建立良性的竞争机制,以竞争促进教师间的相互学习,共同进步。这里所说的竞争,并不是教师间迫于应试教育体制的压力,为了提高各自班上学生的考试成绩、防止被其他教师赶超,而排斥相互间的合作、各自封闭教学资源的做法,而是教师间互动的一种形式,是为了促成教师间更好的互助与合作、为了实现教师群体的共同发展而进行的良性竞争。在校本教师教育中可以组织教师间的授课竞赛、日志评比、教学案例评比、英语竞赛等,通过竞赛的形式,鼓励教师关注自身专业素质的提升和对于课堂教学的反思与优化,使教师在竞争中看到他人的优势,感受到相互学习的意义,在教师中形成你追我赶、共同进步的良好氛围。

第六,使学习共同体成为一种生活方式、一种常态。

校本教师教育要促成教师持续的专业发展,建立教师学习共同体是关键。教师学习共同体不是教师教育中的附属品、装饰品,而是教师间相互学习、相互交流的一个平台,一个承载教师专业发展的载体。它是英语教师校本教育中同伴互助的发展目标,应该作为一种常态加以巩固与完善,成为校本教师教育中每一位教师的生活方式。要达到这一目标,研究者在校本教师教育中应该帮助教师建立学习共同体活动的长效机制,以课堂教学为抓手、以骨干教师为榜样示范、以教师的需求为出发点,培养教师为共同体建设共同奋斗的态度与意识,组织教师共同设计并参与学习共同体活动,使教师在共同的事业、共同的投入、共同的经历的基础上实现互动合作和教师学习共同体的创建,使每一位教师都成为教师学习共同体的主人,使教师学习共同体成为每一位教师获得其专业发展不竭动力的源头。

最后,同伴互助需要支持性的学校环境。

校本教师教育中同伴互助的有效进行、教师学习共同体的创建除了教师的主观因素,也离不开支持性的学校环境。一个注重教师素质提升与专业发展的学校环境对于有效的同伴互助至关重要。这一点我们在个案研究中深有体会。实验学校自办学之初就实施了“魅力教师”的发展战略,将“发展教师文化、提升素质内涵”作为学校教学管理工作的一大重点，鼓励教师提高教学水平，提升科研能力。教师教育开展的三年中，研究者与实验教师都经历了很多的坎坷与困惑，但是学校管理者的支持、鼓励和帮助一直是研究者与教师奋力前行的动力。学校校长中虽然没有一位是英语教师，但是他们经常亲临实验教师的课堂，以他们自己学科的教学经验与高屋建瓴的改革视野为教师评课，提供完善课堂的建议；当教师教育陷入困顿时，学校领导也与研究者坦诚交流，共同探讨存在的问题，并一起寻求解决的方案，为教师的成长与发展倾注了大量的心血。可以说，学校管理者的支持是本次英语教师校本教育得以顺利进行、教师反思意识与能力得以提高的巨大推手与坚强后盾。因此，在英语教师校本教育中，获得学校管理者的支持，通过各种途径营造开放、互信、支持的学校环境将有力促进教师间的互动与他们持续的专业发展。

**(三)师生互动方面**

多元互动英语教师校本教育模式中的师生互动是指在英语教育教学过程中教师和学生两大主体间的各种交互作用与影响，是师生间因教学关系而产生的社会交往活动。这种互动形式并不局限于课堂教学环境中，而是可以拓展至非正式的课外活动中，包括教师对于学生学习与成长的指导、学生对于教师教育教学工作的反馈以及师生间在知识、思想和情感等方面的交流。

在英语教师的校本教育中，研究者首先应该让教师认识到学生是教育活动中除教师之外的另一个主体，鼓励教师与学生建立相互平等、相互尊重、相互信任的师生关系，通过口头或书面、正式或非正式的形式与学生进行交流，了解学生对于教学的反馈，并在对学生反馈进行批判性反思的基础上积极地调整教学；在对学生课内外学习进行指导的过程中，教师也应该对学生的反应进行细致的观察与敏锐的反思，这种反思包括行动中的反思与行动后的反思，如在课堂教学的过程中，教师如果发现原先的教学设计并没有产生预期的效果，或由于过难或过易而无法调动学生的学习积极性，不能带来有效的学习，那么就应该及时地对教学内容、方法或策略作出调整；又如在对学生课外学习(包括课后及假期的学生自主学习)的指导中，研究者也应该鼓励教师在理性分析学生学习现状、了解他们学习需求的基础上对学生的学习进行分层的、个性化的指导，在制定、实施方案的过程中，不断地根据学生的实际情况进行调整，保证学生在学习中体会快乐，获得新知。上述过程是教师在教学中对学生进行动态的需求分析、优化教学质量的过程，也是他们基于教学开展行动研究的过程。可见，行动研究的开展离不开师生间积极的互动与沟通，离不开教师在此基础上积极的思考与行动。因此，研究者可以通过直接讲座或是间接向教师推荐相关的理论专著或期刊文章来帮助教师了解行动研究的基本概念、原则与方法，使教师学会通过测试、问卷、访谈、学生周记等形式了解学生的学习效果和他们对于教学的需求与反馈,学会对收集的数据与信息进行科学的分析,发现教学中的问题,并加以理性的解决,从而提高教学的质量。在个案研究中,学生周记是师生间互动的主要渠道,教师通过命题或非命题的周记了解学生对于某一教学问题或某一段时间英语教学的想法、意见与建议,并通过这种书面的形式与学生进行坦诚的交流,听取并接受学生的意见与建议,形成了良好的师生互动氛围。学生敢于说、愿意说;教师善于听、愿意听。很多教师都在教学日志中记录了他们采用学生的建议进行教学尝试并取得良好效果的教学事件。随着本次教师教育中行动研究概念的引入,教师们也在研究者的帮助下开始通过问卷、访谈等形式了解学生对于教学问题的意见和想法,分析教学中出现问题的原因,并通过深入的反思与积极的行动来加以解决。可见,学生的教学反馈对于教师优化、调整教学的作用不可小觑。鼓励教师通过积极的师生互动开展教学研究、提高教学质量、真正发展学生是应试教育体制下英语教师校本教育应该坚持的原则和采用的途径。

其次,教师与学生的情感交流也是师生间互动的一个重要方面,因此,研究者应该鼓励教师在英语教学中渗透情感教育。一方面,关注学生的情感因素对于英语学习的促进作用,从学习上、生活上关心学生,根据不同年龄段学生的特点,与他们进行积极的情感交流,激发他们的学习积极性与良好的学习态度,了解他们学习中的困难,让他们在学习中感受到成功的喜悦,获得满足感与成就感;另一方面,在教学内容中融入对学生正面的情感教育,帮助学生树立正确的人生观与价值观,利用情感教育来提高自身英语教学的质量。

最后,在如今的信息社会,学生获得知识与信息的来源远不止于课堂,而作为普通人的教师,不可能通晓任何领域的一切知识,因此,在教师教育中,研究者除了鼓励教师不断学习、不断完善自我之外,还应该帮助教师摒弃传统的教师权威的观念,将与学生的互动看作是一个对自身的知识体系不断丰富与完善的"教学相长"的过程。

**(四)自我反思方面**

本书中的自我反思是一种教师与自我的互动,具有内在指向性,是教师对于自身教学实践及专业发展所进行的审视与自省,关注自身教育教学理念的修正、教学行为的改进、教学质量的优化和专业素质的提高,通过在教学实践中不断地发现问题、分析问题、解决问题来提高教学实践的合理性与有效性,提高批判性反思意识与能力,实现自身的专业发展。自我反思是多元互动英语教师校本教育模式的核心要素,是师生互动、同伴互助与专业引领的最终着力点与归宿,教师必须在对自身教学实践与教育教学理论等的不断自我反思中实现教学质量的优化、反思能力的提高和专业素养的提升。在英语教师的校本教育中，要提高教师自我反思的质量，需要研究者的专业引领，需要教师同伴间的互助，也需要师生间的互动与交流。

首先，自我反思需要专业引领。校本教师教育中研究者的专业引领重在对教师反思意识的培养，帮助教师掌握自我反思的方法与途径，为教师提供反思框架，鼓励教师撰写教学日志，帮助他们更好地理解外语教学的本质，提高对于教学实践中的问题的敏感性，发现教学中的不足，并通过积极的反思寻找改善或解决问题的办法。研究者可以向教师推荐一线教师教学反思的案例与教学论文供教师们学习与借鉴，鼓励教师在教学中大胆尝试与创新，并能在此基础上撰写教学论文，与校内外、甚至是国内外的同行分享教学研究的成果。此外，研究者的专业引领还能够促成有效的师生互动与同伴互助，为教师的自我反思提供丰富的内容与反馈途径，帮助教师创设学习共同体，提供有利于他们自我反思的支持性的外部环境。

其次，自我反思需要同伴互助。同伴互助旨在通过鼓励教师间的互动合作创建教师学习共同体，为教师反思能力的提高提供载体，因此，在校本教师教育中应该注重教师自我反思后的同伴互助以及同伴互助基础上教师的自我反思。个案研究中研究者组织的课例分析活动就采用了“师生互动—自我反思—同伴互助—专业引领—自我反思—师生互动”的互动形式，由教师在课堂教学实践后进行自我反思与剖析，之后在组内针对课例进行集体讨论，教师在吸收、内化同伴与研究者反馈的基础上在以后的教学中进行修正与调整。实践证明，在教师自我反思基础上进行的同伴互助会更深入、更富有实效，而同伴互助基础上的自我反思也能够使教师具有更广阔的视角和思路，能够提高教师自我反思的质量与效果。

最后，自我反思离不开师生互动。师生互动是实现有效的教师自我反思的重要因素之一，是教师获得教学反馈、丰富自我反思内容的最直接的途径，因此，在英语教师的校本教育中，研究者要引导教师摒弃传统的“教师是教学中绝对权威”的观念，将学生作为教育活动的主体，通过各种途径与学生沟通互动，与学生建立相互平等、相互尊重、相互信任的师生关系，获得学生对于自身教学实践的真实的反馈，并通过对学生课内外学习的指导发现自身在专业知识与教学能力上的不足，在此基础上不断反思，寻求优化自身教学实践的方法与途径。

需要指出的是，在多元互动英语教师校本教育模式中，自我反思不是一种单纯的思维活动，而是一种有形的社会实践行为，“思”而有所“为”，反思之后有交流有行动；它也不是校本教师教育中的阶段性产物，而必须成为教师的一种工作态度，使教师在反思中进步、在反思中发展。

## 结　语

本章在个案研究实践的基础上又回到了对多元互动英语教师校本教育模式理论层面的探讨，主要针对这一模式存在的不足进行了修正并对其在具体实施中可能出现的四大主要问题——专业引领和教师自主之间的度、教师学习共同体创建、教育体制与教师发展之间的矛盾和模式的普适性与推广性问题进行了反思与总结，分析了产生这些问题的原因、在现实运用中的表现，并在此基础上从专业引领、同伴互助、师生互动和自我反思四种互动形式方面提出了具体的实施建议。

# 第六章　结论与启示

至此，本书完成了一个对多元互动英语教师校本教育模式从理论论证、实践探索到总结反思的过程。这项历时三年多的改革尝试凝聚着国内外教育、教学专家的关注与支持，凝聚着实验学校领导、实验教师和上海外国语大学实验组全体成员的辛勤付出。虽然此次教师教育项目取得了一些成绩，但是我们深知无论是从模式自身还是从其具体实施上来说仍有不断提高与完善的空间，我们也深知任何一项改革的意义并不仅仅在于其结果本身，而更在于它对于相关领域研究发展的启示。

## 一、研究结论

本书针对我国英语教师在职教育中存在的重知识传递、轻意识培养；重理论灌输、轻实践指导；重讲座讲解、轻互动参与；重即时效应、轻持续发展的弊端，在对外语教师教育领域研究成果与国内外外语教师校本教育现状进行分析与梳理的基础上，提出了多元互动英语教师校本教育模式的理论构想，并以这一模式在江苏丹阳某初级中学的英语教师教育中实施的具体情况为个案，探讨了这一模式在实践中运用的具体途径、其在提高英语教师反思能力方面的有效性以及模式在运用中可能会遇到的问题及相应的处理建议。

多元互动英语教师校本教育模式包含了英语教师教育教学环境中的四大互动主体——教师、学生、同事和管理者、外来研究者，四者构成了一个具有层递关系的"洋葱圈体系"。处于最内层、最核心的因素是教师本身，这一层次中的互动形式是教师与自我的互动，即教师的自我反思；其外圈是教师的教育教学对象——学生，他们与教师构成了多元互动模式中的第二层互动关系——师生互动，包括教师对于学生学习与成长的指导、学生对于教师教育教学工作的反馈以及师生间在信息、思想和情感等方面的交流；第三层是学校的其他教师与管理者，与教师形成同伴互助的互动关系，旨在创建教师学习共同体，营造有利于教师持续专业发展的健康学校文化；最外圈为教师与校外研究者之间的互动，包括研究者对于教师的专业引领及教师与研究者之间的相互学习、共同发展。因此，自我反思、师生互动、同伴互助与专业引领构成了多元互动英语教师校本教育模式中“多元互动”的主要内容，是英语教师在其复杂的教育教学环境中所经历的主要互动形式，四种互动形式相互作用、相互充实、互为补充、形成合力，共同致力于英语教师校本教育中教师反思能力的提高。在对四种互动形式的概念、内容进行深入分析的基础上，本书将其在多元互动英语教师校本教育模式中的作用及相互关系归纳为：自我反思—核心要素；师生互动—提供反馈；同伴互助—构建载体与文化；专业引领—创设支架。

从个案研究的结果来看，多元互动英语教师校本教育模式在实践中能够有效提高教师的反思能力，使教师在教学探究与教师学习两大范畴中获得进步与成长。在模式实施的三年中，教师们逐步开始对自身的教学实践进行深刻的反思，通过与同事和学生的互动交流来积极地改进教学，关注教学中的情感与道德因素，在英语教学中努力培养学生健康的人生观与价值观，通过教学研究来理性地解决教学中的问题，同时，他们也开始关注自身作为英语教师的专业发展，开始有意识地审视与调整自身的教学信念，丰富专业知识，提高理论素养。

但是在实践中，研究者也深深地感受到由于各种主客观因素的影响，教师反思能力的提高需要一个较为长期的过程，需要教师个人的努力，也需要其所处的教育教学环境中各种互动主体的协同作用，是教师与其周围环境积极互动的过程，也是他们在与各种内外部因素抗争与妥协的矛盾中战胜自我、超越自我的过程。通过本次个案研究，研究者归纳了多元互动英语教师校本教育模式在具体实施中可能会遇到的四个方面的主要问题：专业引领和教师自主之间的度、教师学习共同体创建、教育体制与教师发展之间的矛盾和模式的普适性与推广性问题，分析并探讨了产生这些问题的原因、在现实运用中的表现，并在此基础上从专业引领、同伴互助、师生互动和自我反思四个方面提出了具体的实施建议。可以说，本书中这一探索性的个案研究为多元互动英语教师校本教育模式在多样化的教师教育情境下的运用进行了有效的预测，为这一模式的完善与推广奠定了基础，积累了经验，为探索适合我国国情的、有效的英语教师教育模式，为我国英语教师的专业发展研究提供了理论与实践方面的启示与借鉴。

## 二、研究启示

### （一）方法与理论启示

本书在对外语教师教育领域的研究成果进行文献分析与梳理的基础上了

解了这一领域的两大发展趋势——社会文化视角与教师思维和认知发展研究，即将教师反思能力的提高作为教师教育的核心目标，并深入剖析了国内外外语教师校本教育研究中的不足，在此基础上提炼了英语教师校本教育模式理论架构的三个重要基点——社会文化范式为视角、反思能力培养为目标、外语教师校本教育研究现状为起点，借鉴二语习得、哲学、社会学、教育学、心理学等多学科理论视域，提出了多元互动英语教师校本教育模式并分析了模式中的核心概念——多元互动的定义、内容、形式与多元互动形式之间的相互关系。在理论架构的基础上又运用个案研究的质化研究方法，将这一模式在具体的校本教师教育情境下进行了运用，修正模式自身的不足，发现其在具体运用中存在的问题，遵循“理论—实践—理论”的研究思路，使理论研究因为基于真实的实践探索而更具说服力与生命力，而实践探索也因为理论的指导与充实而更具有针对性、科学性和有效性，从而使多元互动英语教师校本教育模式的建构与完善具备了坚实的理论与实践基础，做到有理有据。

本书中对于英语教师反思能力的评价框架也是在对国内外众多研究者的反思型教学发展框架、英语教师反思理论模型以及对于反思性教学的概念与特点进行界定的基础上，结合我国英语教师教育的主要内容与要求而设计的。这一框架从教学探究与教师学习两大范畴、分七个评价指标对教师的反思能力进行考量，渗透了英语教师反思理论模型中的实践、认知、元认知、情感、道德等因子，能够较为客观、真实、全面地反映我国英语教师在教学与自身专业发展中的反思能力状况。作为衡量英语教师反思能力发展的评价标准，这一框架可以在其他的英语教师校本教育情境中进行运用并在实践中根据教师教育的具体情况进行调整并加以完善，从而构建符合具体场景、特定目标的评价框架。反思能力培养是现代外语教师教育领域中的一个核心支柱(Freeman，2002：11)与重要目标，其基本评价框架的确定对于英语教师校本教育的开展也具有一定的指向与促进作用。英语教师教育者可以以本书中的评价框架为基础，并结合具体教育情况进行调整，一方面，设计符合特定校本教师教育情况与要求的、更具针对性的英语教师反思能力评价标准；另一方面，可以以此为导向，设计相应的教师教育途径与策略来有效提高英语教师的反思能力。

多元互动英语教师校本教育模式倡导在英语教师校本教育中立足学校教育教学实际，关注教师教学环境中的各种互动因素，通过多样化的、有针对性的教师教育途径实现多元互动形式之间的相互作用，使之形成合力，促进英语教师对于自身教学实践及专业发展的批判性反思能力的提高，克服现有英语教师教育与培训中存在的理论与实践脱节、教育内容、形式与效果上缺乏针对性、互动性和有效性的弊端；倡导在英语教师教育中既有教师的自主建构，又有师生与同伴间的合作发展，既有集中的讲座培训，又有个性化的专业指导，既有外部的输入与引领，又有教师的反思与内省，突显“自主建构、持续输入、合作发展、个性参与、情境教育、注重合力”的模式特点；倡导在教师教育的不同阶段，对于多元互动形式有所侧重，逐步淡化教师教育者的专业引领，突显教师在校本教育中的主体地位，为实现英语教师持续专业发展做好意识与能力上的准备。

### （二）实践启示

除了在研究方法与理论上的启示，本书还通过个案研究的方式获得了一些对于多元互动英语教师校本教育模式在英语教师校本教育实践中具体操作的启示。

#### 1. 注重各种互动形式间的相互关系，形成最大合力

本书中将多元互动模式运用于英语教师的校本教育中，关注英语教师教育教学环境中的各种互动因素对于教师专业成长的意义，提出利用这些互动形式之间的相互关系，形成合力，实现单一的或是缺乏互动的英语教师教育活动所无法达到的效果。在个案研究中，研究者根据教师教育的具体情况，不断调整校本教师教育的途径及这些途径实施中的具体互动形式，力图通过各种互动形式之间的交互作用，达到最合理、最有效的教师教育效果。以本次个案研究中校本教师教育的教学研讨为例，研究者最初采用了“专业引领—同伴互助—自我反思”为互动形式的主题研讨，在研究者的专业引领下为教师澄清思想、修正理念，与教师共同探讨教育教学中一些具有共性的问题。随着教师教育工作的展开，为了更贴近教师的教学实际，帮助教师提高对于英语教学中各种课型的驾驭能力，研究者又采用了以“师生互动—专业引领—同伴互助—自我反思—师生互动—同伴互助”为互动形式的课型研讨活动，使教师了解各种课型的教学目标、原则与实施建议，提高授课能力。在主题研讨与课型研讨的基础上，研究者又调整了教师教育的途径，采用了“师生互动—自我反思—同伴互助—专业引领—自我反思—师生互动”为互动形式的课例分析，并建立了公开课常态化的课例分析机制，凸显教师在校本教师教育中的主体地位，增强了教师的自主性与参与性，使他们在相互的观摩、学习与交流中提高了反思能力，实现了自主、持续的专业发展。

可见，个案研究中，研究者根据各阶段教师的具体需求与发展现状不断地调整各种互动形式之间的相互关系，使其相互协作，互为补充，这样的调整带来了教师教育效果的增强和教师自主意识与反思能力的提高。我们说专业引领下的自我反思、师生互动与同伴互助更科学、更有效；自我反思基础上的师生互动与同伴互助更充实、更丰富；而师生互动、同伴互助后的自我反思则更深刻、思路也更开阔。因此，在多元互动英语教师校本教育模式的实施中，就是要努

力实现各种互动形式之间的最佳结合,使其形成最大合力,来实现英语教师反思能力与专业素养的提升。

2. 注重教师教育的阶段性、各阶段教育工作定位及教师与研究者的角色转变

英语教师的校本教育中应该注重教育工作的阶段性,在各个不同的阶段,工作的重点、定位、互动的形式也应该有所侧重,研究者与教师的角色也应该有所转变。本次个案研究中,在教师教育初期,由于教师对于专业发展尚未形成清晰的自我意识,也不具备自我专业发展的能力,因此,就将研究者对于教师的专业引领作为这一阶段教师教育工作的重点,教师教育工作定位为"渗入教师教育教学各个环节的、促成教师知识重构与反思能力提高的、研究者与教师之间的互动",通过各种教师教育途径实现专业引领下的同伴互助、师生互动与自我反思,使教师通过与研究者的积极互动获得知识、方法和情感态度上的指导,并将专业引领作为带来有效的教师与自我、与学生和与同事互动的外部驱动力,在此过程中提高教师的反思意识与能力。研究者在这一阶段扮演组织者、引导者和资源提供者的角色。随着教师教育工作的展开,教师的反思意识与专业发展意识与能力逐步增强,教师同伴间的互助合作成为教师教育工作的重点,教师教育工作定位为"教师在共同的事业、共同的投入、共同的经历的基础上实现互动合作和教师学习共同体的创建,使教师的专业发展成为一个全面、持久的团队发展过程,营造合作的教师文化与学校文化,使教师在此过程中获得专业发展的不竭动力"。这一阶段中研究者的角色由原来的组织者、引导者淡化为教师专业发展中的促进者、监督者,教师的主体性得以凸显,成为其专业发展中核心参与者,生态化的健康学校文化逐步形成,教师在此过程中实现自我反思能力的提高,获得持续专业发展的能力与交流平台。

3. 重视英语教师教育中的人文性,关注教师的需求与情感因素

与英语教学一样,英语教师教育也并不仅仅是专业知识的传授与专业技能的培训,而是一种社会性的"人"的教育,因此,英语教师教育的人文性不可忽视。教师教育者不仅要为教师创设专业发展的支架与环境,更需要关注他们的需求与情感因素,在教师教育中做到以人为本,将教师作为有思想、有情感、有经验的积极参与的"人",而不是将他们作为脑袋空空的受训者,被动的接收容器,要在与教师的互动与交流中努力与他们建立相互平等、相互尊重的关系,而不应该以高高在上的"指导者"、"专家"的身份自居。在选择教师教育的途径时,也应依据具体的校本教师教育情境,从教师的现实需求出发,在教育途径实施的过程中应多多了解教师的感受,听取他们的反馈,在教师教育的不同阶段对教育途径进行适时的调整,以实现最佳的教师教育效果。

本次个案研究中,由于研究者缺乏教师教育工作的经验,对中学英语教学

实际和中学英语教师的工作状态也不甚了解，因此，在教师教育工作初期，对于实验教师的期望过高，在实际操作中也有些理想化的倾向，当实验教师无法达到研究者的要求、没有取得预期效果时，往往会对教师产生抱怨，也会将本来应该由教师独立完成或与教师共同完成的任务进行大包大揽，无形中挫伤了实验教师参与实验的积极性，也无益于教师自主意识、反思意识与能力的培养。随着教师教育工作的展开，研究者对于中学英语教师的工作状态有了逐步深入的了解，因此，也开始反思自身的教师教育行为，对于他们在教师教育中的角色有了新的认识与定位，在教师教育中更懂得站在教师的角度去分析、去思考，去设计教师教育活动，从致力于做一名具有权威的教师教育者转为努力成为教师专业发展中的促进者与咨询者。研究者逐步走进教师的生活，倾听他们的心声，了解他们的需求，与他们建立相互理解与信任的平等关系，切实地为他们解决教育教学中的困惑与难题，为他们的成长与发展提供帮助。对于教师需求与情感的关注也使得研究者获得了教师的信任与尊重，为校本教师教育的顺利展开提供了良好的情感支持。虽然三年的教师教育活动并不轻松，但是正是这样一种情感的支持使得充满艰辛与挑战的三年成为一个研究者与实验教师间相互理解、彼此信任、相互扶持、共渡难关的值得回味的旅程。

4. 着眼社会教育体制进行教师教育，帮助教师在发展学生的同时发展自我

英语教师的校本教育是在宏观的社会教育体制下进行的，因此，应试教育是英语教师教育中无法回避的现实问题。很多教师受应试、考分等的束缚，尽管有专业发展、教学改革的愿望，但是在现实中还是不敢脱离传统的应试教法、题海战术，在教学研究与改革中无法放开手脚进行创新实践。针对这一现状，教师教育者应首先站在教师的立场上切实考虑教师教育教学的实际情况，着眼社会教育体制来进行教师教育，为教师澄清观念，缓解压力，坚定教师参与教学研究与改革的信念，使教师明白只有通过教学中的积极反思，切实提高自身的专业素质，才能真正提高教学效率，才能在培养学生综合语言运用能力的同时提高学生应对标准化考试的能力，培养“高分且高能”的学生。

本次个案研究中，研究者们深入教师教育教学生活的实际，深刻地体会到了在应试观念根深蒂固的今天，要老师们在巨大的应试压力下转变观念非常困难。不少时候，研究者的引导在社会各方面，包括校方、家长及学生对于考分的狂热而盲目的追求中显得有些理想化。但是经过研究者的深入反思及对于教师教育方案的不断调整，实验教师在三年的教师教育过程中有了教学理念上的转变，不少老师也认识到在提高学生综合语言运用能力的情况下让他们应付考试是不成问题的，实验班学生在统一考试中的良好表现也有力地证实了这一点。可见，即使是在应试教育的体制下，培养意识、转变观念、加强反思、苦练内

功、提高素质还是英语教师教育中不变的主题。

5. 注重学习共同体创建中的关键人物与学校环境支持

在个案研究中的第三阶段,即组织创设阶段,研究者鼓励教师努力创建教师学习共同体。但是,由于各种因素的影响,组织创设的过程并不顺利。研究者在反思中意识到实验教师群体中需要有一位具有过硬的专业素养与教学能力、在实验教师中具有一定威信的骨干教师或者“关键人物”在教师中起到模范带头作用,以增强教师群体的凝聚力和向心力。当陈斌老师担任了实验教师小组的负责人后,在研究者的帮助下开展了一系列教学研讨与学习活动,将教师间定期的教学研讨、理论学习变成一种常态机制固定下来,为研究者离开后教师的可持续发展提供了机制和教师意识与能力上的保障。

另外,支持性的学校环境对于教师学习共同体的创建也是一个重要的保障因素。学校管理者对于教师专业发展的重视与支持会给英语教师的校本教育创造良好的外部环境,提供教师间相互学习、相互交流的平台,营造有利于教师专业发展的健康的学校文化。因此,在校本教师教育中应尽可能争取学校管理者的支持,利用管理者从不同的视角对教师进行发展意识培养、理念更新方面的教育与引导,听取他们对于教师教育活动的设想、建议与反馈,为教师的持续专业发展提供坚实的环境与制度保障。

6. 立足课堂教学,简化教师教育程序,提高教师教育效率

我国各阶段英语教师的教学任务都相当繁重,因此,教师教育者首先应该立足教师的课堂教学实践,避免脱离教学实践的理论灌输,应该通过与教师的积极互动,切实帮助他们解决教育教学中的实际问题,提高课堂教学的效率与效果;其次,教师教育者在选择和设计教师教育的途径与活动时应该尽可能简化,不要让教师教育成为教师繁重工作之余的一种负担,要让教师从专业引领、同伴互助与师生互动中切实感受到有所收获,从而增强他们对于教师教育活动的信心与自觉参与的积极性,使他们自主地、自觉地实现自身的发展,使专业发展成为他们的一种内在要求,成为他们教育教学工作中不可分割的一部分。

在个案研究中,研究者深入中学英语教师的工作、生活环境中,对他们真实的工作与生活状态有了更为深入的了解,深刻地感受到了中学英语教师的不易,因此,在对于教师教育活动的选择与设计方面也更为谨慎,并且也在教师教育的过程中不断地对教师进行动态的需求分析,在此基础上对教师教育的途径进行调整,力求使教师教育活动更具有针对性、实用性和有效性,努力满足教师的现实发展需求,帮助他们提高反思能力与专业素养。以个案研究中实验教师教学日志的记录与研究者的反馈形式为例,从最初的要求教师每日记录、研究者两周一次反馈到教师每日记录、研究者每周一次反馈到后来的要求实验教师

每周写两到三篇教学日志、研究者每周反馈，研究者对于教学日志的记录与反馈方式也一直在进行调整，调整的依据除了实验中教师人数增加的具体现状，另外一个原因就是出于对教师教学工作负担的考虑，因此更注重教学日志的质量，而不希望教师为了应付教学日志而简单地完成一些流水账，白白增加了教师的工作负担，却起不到真正的培养教师反思意识与能力的作用。

## 结 语

多元互动英语教师校本教育模式是在借鉴国内外外语教师教育领域研究成果和外语教师校本教育研究现状的基础上提出的，旨在以社会文化理论为视角，通过利用外语教师教育教学环境中的多元互动合力提高英语教师的反思能力，帮助他们成为学者型、研究型的新型教师。这一模式在一次初中英语教师校本教育中的运用也证实了它在实践中提高英语教师反思能力的有效性。但是关于这一模式的探讨只是刚刚开始，而且，由于个人能力、时间和精力等的限制，这一研究本身也存在着诸多的不完善之处，个案研究的经历也让研究者深切地体会到在现行的教育评估体制下，英语教师的专业发展是一个渐进的、漫长的、螺旋式上升的过程。因此，英语教师教育是一项需要具备良好专业素质，投入大量时间、精力和情感的事业，需要学校文化的支持，也依赖于整个英语教育体制的完善。我们希望本书在英语教师校本教育探索中能够起到抛砖引玉的作用，为多元互动英语教师校本教育模式后续的理论探讨与实践研究提供启示与借鉴，从而改善我国英语教师在职教育现状，提升我国各阶段英语教师的专业素养，有效提高我国的英语教育质量。

# 附录1　实验教师教学日志节选

## (一)

今天上午，一年一度的江苏省沿江六县市初中英语教学观摩活动在我校举行。作为东道主学校，我们学校的英语老师足不出户就能够欣赏到来自省内其他县市的优质课，我内心有一种难以言表的兴奋，因为平时观摩这类大型公开课的机会还是不多的。同时，我相信，这些参赛课无不凝聚着各个学校英语教研组团队的智慧，经过上课老师的精心准备和一次又一次的试教后的细节修改，到课的成型，到最后课的成功演绎，上课老师正是在这一过程中锻炼和成长起来的，在这一点上，我深有感触。

这六节课的教学内容是《牛津初中英语》8A 教材 Unit 6 Natural Disasters，前三个板块 Comic Strip & Welcome to the Unit，Reading（Ⅰ）和 Reading（Ⅱ）的三个不同课型的教学。两位老师上同一个内容，同课异构的形式。事实上，听完这些课及其后的专家点评，我深切地感受到了同课异构的魅力和效果。同课异构的形式不仅改变了我们思考问题的方式，更拓宽了我们思维的空间，让我们在教学设计中能够更为大胆，想出更为新颖的教学思路，以吸引学生的注意力、激发学生学习英语的兴趣，从而切实提高课堂教学的效果。

因为是两个报告厅同时开课，所以，我只能选择观摩其中的三节课。我听了来自靖江实验学校的羊老师的 Comic Strip & Welcome to the Unit，来自常熟市外国语初中的吴老师的 Reading（Ⅰ），来自张家港常青藤实验学校的朱老师的 Reading（Ⅱ）。之前，我还听过我们学校严老师的 Reading（Ⅰ）的好几次试教课，事实上，我总共观摩了这其中的四节课。听完后，我感觉受益匪浅，个人的想法主要集中在以下几个方面：①上课教师无不处处体现出高素质，教师语言功底好，语音纯正，语言驾驭能力强；②教师教态自然，亲切、大方，富有耐心；③教师课堂指令明确，所设计的教学活动符合该年龄层次学生的特点；④教师对教材把握能力突出，重、难点归纳到位，难点突破有方；⑤教师关注课堂上学生的反应，注重对学生做出及时的评价，鼓励到位；⑥这几位老师都不约而同地选择了分小组编排座位，课堂上小组活动形式多样，有 pair work，group work，interview 等，学生获得的“说”的机会明显增多。

同时，我所听的四节课又各具特色，每一节课都有其独特的教学风格，值得我去细细领悟，甚至值得借鉴。例如：常熟市外国语初中的吴老师上的 Reading（Ⅰ）一课中，给我留下深刻印象的是思维导图的运用。我初次接触思维导图这一概念还是 2007 年暑假在北京外国语大学参加奥尼少儿英语培训的时候，今天在吴老师的课上见到她用了，并且运用非常合理，效果非常明显，很有亲切感。据说，这还是常熟市教研室在当地初中英语教学中搞的教改实验。思维导图能够将冗长的课文围绕一个中心扩散细枝末节，将内容都联系到一起，便于学生理解和记忆，这一做法能有效地提高记忆的效果，值得尝试。又如，我校严老师同样也上 Reading（Ⅰ），她的课，目标明确，结构完整，活动设计形式多样并由浅入深，学生的语言能力在活动中得到锻炼和提升；通过地震视频呈现生词，直观形象，直接有效；整节课，学生都在学习语言、使用语言，教师创设情景让学生用英语来表达，如记者采访等，这些活动都能很好地激发起学生对英语学习的兴趣，令人印象深刻。

我们平时上课时，通常将阅读课分为两课时，第一课时主要是要做到对课文的整体理解，训练和培养学生的阅读策略，并能利用课文所涉及的内容加强对学生的思想教育；第二课时是在对课文内容理解的基础之上进行深化，并要适当地拓展到课外，从作者拓展到读者，还有就是要强调语言知识点的掌握。纵观这两节阅读课，他们都属于阅读课型的第一课时，他们的教学设计遵循了阅读课型第一课时的教学模式，教学目标定位准确，即通过自然灾害对学生进行生存教育，给他们介绍或是让学生自己想出一些逃生方法或生存技巧。这两位任课老师不约而同地将课文分成了三大块：即地震发生时 Timmy 的所见所闻；地震后被困时的情况；最后 Timmy 是如何获救的。思路清晰，结构完整，有利于学生对故事的理解。我觉得，这两节课中还有一点值得肯定的是：在上阅读课时，我们应当明确区分 read aloud 和 read silently。read silently 是便于学生理解和思考课文内容的；而 read aloud 应在阅读的后期，在学生对课文内容有很好的理解之后才能 read aloud；read aloud 是把握内容和语音语调及注重情感的阅读，而且还可以先让学生自己来感觉如何读出这些句子。严亚玉老师在布置学生快速阅读时特别要求学生 read silently，既能帮助快速理解课文，找到问题的答案，又能帮助学生养成良好的阅读习惯。这两位老师的教学设计中都设置了 read with feelings 这一环节，让学生尝试带着感情来朗读一些句子，以此来体验课文中主人公当时的情绪，这样做还能激发学生的学习兴趣。我个人觉得这一做法在故事类短文或是对话教学中非常适用。

参加教学观摩课的机会并不多见，我想，如果我们听课老师都能带着自己的一些想法和对课堂教学的一些理解参与到观摩过程中去，积极思考，主动参与，我们一定能收获得更多。

（陈斌老师 2011 年 12 月 13 日教学日志）

## （二）

今天是周末返校后的第一节英语课，我准备讲解一些平时做过的练习。说到练习，这不由得使我想起了以往的练习评讲课。

由于学生七八年级的时候在做题方面的训练很少，所以对于练习的解答方式他们都不算熟练，而对于其中出现的知识点也很不熟悉，而且以往我在给学生们讲解平时作业中的练习题时，习题中常常遇到一些上新课时未讲到的词汇、短语或句型，毕竟英语的知识是相通的，在一道题目中会出现很多以前牛津上的知识，对于我们的学生来说都是比较陌生的，虽然有的我们也提过，但是毕竟没有经常帮助他们复习，他们遗忘的也很多，所以在练习时就会影响学生做题。每次上这样的练习课，我总是边讲解这些教材中没有出现的新知识，边让学生记笔记。这样一节课下来，教师教得比上新课还辛苦，学生也学得认真，总觉得教学效果应该不错，可往往事与愿违。练习中讲过的这些新知识，学生们下次碰到时仍然感到陌生。

于是我尝试着钻研教材时，自己先把这些与教材配套的辅助习题全部做一遍，遇到课本上未涉及的知识，我就把它们圈出来，写在我的课本或者教案上，并有机地贯穿在新授课中教给学生，在举例子时甚至可以就举我们练习中将要出现的例句，或者稍作改动，这样也便于他们对这个在课堂上基本掌握的知识在作业时可以很好地自我复现，在下节课评讲练习时又可以把这些知识复习巩固一遍。这样一来，学生基本上都能掌握，并能较好地运用这些知识。比如说有时候我们题目中所出现的是一个单词的另外一些用法，和书上的用法不同，像 put up，在书上只出现这个短语的用法，但是在练习中却会出现很多有关 put 的用法，如：put on, put off, put down, put away, put out 等。于是我在备课时就做好准备，提前在新授课时教给了学生，并让他们举了很多例子加深印象，他们在做练习题时碰到了这些词汇，因为已经熟悉了，所以做起题来就得心应手，不再有畏难情绪。除此之外，我还把平时练习中遇到的学生暂时未学但以后要学到的常用词组和句型提前教给他们，教会他们及时地进行总结并反复练习，直到他们巩固、掌握，并能熟练运用这些知识为止。学生们体验到了成功的喜悦,学好英语的信心也就更足了。

同样的知识,用不同的方式教给学生,效果截然不同,这就是我教学中一点意外的收获。并且,上新课时,我让学生把这些教材中未出现的知识记在专门的笔记本上,不时拿出来复习,学生们慢慢养成了积累的习惯,一个学期下来,笔记本上记得满满的,他们的知识面也拓宽了,英语学习兴趣也越来越浓厚了,这更是学生们的"意外收获"。相比之前学生自己做的那些课外积累,我也觉得这会更加有用些,因为他们自己积累的很多知识都相对偏难,而且实用性不强,平时都不怎么用得到,久而久之,他们就会觉得那样积累对自己目前的帮助不大,见效很晚,而对于我们九年级的学生而言,时间相当重要,最好能够通过某种方式的努力在短时间内就可以看到成效,我觉得我的这种尝试不错,虽然在备课时,老师需要花的时间更长了,但是只要有效果,一切都是值得的。

(周华老师 2011 年 12 月 25 日教学日志)

## (三)

今天我听了周老师的一节试上课,教学内容为 9B Unit 1 Life on Mars 第一课时 CW 部分。我对本节课的视点是:课堂输入是否有效而充分?下面我们来观察课堂几个片段:

片段一:围绕 environment、food、clothes、people 和 things 讨论了 What is life like on our earth? 导出了 Our earth is becoming more and more polluted. There is much delicious food. We wear cool or warm clothes. There are too many people. Our earth is becoming more and more crowded. We need to study, work, earn money, do housework... 接下来又通过 What will the life be like on the earth in the future? What will we do in the future? 导出 It will become more and more polluted and crowded. Maybe we can build a better world on another planet.

片段二:围绕 What is life like on Mars? 导出了 The surface of Mars is more like the surface of Earth than that of any other planet in our solar system; no pollution; be in the form of pills; wear space helmets; wear spacesuits; be not crowded; be cared for by robots; help us with our homework; money...

反思:

1. 英语课堂导入力求做到趣味性、实效性、交际性、简洁性和新异性。周老师显然在交际性方面做得很好,很注重和学生的口语交流,鼓励学生对地球环境、食物等方面进行口语表达,特别是鼓励学生对火星环境等方面情况的预热环节,体现了学生在教师辅导下在课前的自主学习环节。教师在学生表达过程的评价性的输入对后续学生的输出作出了较好的铺垫。

2.输入的内容应尽量全面并能有一定的高度。每节课的教学目标是以一定的教学内容为载体的。老师要跳出教教材的圈子。这种输入要考虑到几个层面:首先,从知识层面看,备课要着眼整个学科的知识网络,弄清这节课在整个知识网络中所处的节点。这就是要运用联系的观点考虑哪些知识在这堂课上复习,哪些知识在这堂课上要延伸以及延伸的度。其次,从学习能力层面看,通过这节课的教学,学生要习得或者是强化哪些语言技能,比如这节课,学生的听和说的能力就应该得到较好的培养,教师就应该努力凭借教学文本变式地训练学生听的能力;通过特定设置的开放性或半开放性的问题去唤醒学生口语表达的欲望。在周老师这节课中,这方面还有很大的提升空间。比如,在听Comic Strip这个对话时,学生在听完两遍回答How does Eddie like the life on Mars? Why?这两个问题之后,教师可以不急于让学生打开书,而是让学生去根据录音进行句对句的重复,或是听录音演动作等变式听力训练,多方互补,更优化地达到本节课的教学目的。最后,从情感方面看,学生通过这节课能再一次感觉到学习英语是一件很有趣的事,从而不断提升英语学习动机,为形成持久甚至永恒的英语学习兴趣和能力提供精神动力和支持。周老师的这节课主要是从第一层面做了努力。

3.输入的方式方法应尽量是student-focused。输入是输出的前提和基础,尤其是在知识新授阶段,输入的不同程度的不足会对输出和这堂课的效果有着程度不同的制约作用。语言课的输入分为以教师为中心的输入和教师引导下学生建构式的输入。前一种方式在传统的外语教学课上较为多见。后一种输入方式更加符合语言尤其是二语习得的本质规律,是值得我们提倡的。特别是教师依托一些活动、运用任务型教学的理念或者通过各种各样的方式强化学生的英语学习兴趣。后一意义上的输入往往能更加牢靠和持久。周老师这节课更大意义上还是第一种输入,相当一部分学生在课堂上还是处于较为被动的学习状态。当然,也不能一味地归咎为老师的教学问题。其实周老师这节课条理非常清晰,各环节的设置还是非常合理的。我只是认为在知识输入的方式方法上还应该多考虑运用能够强烈激发学生表达内驱力的活动,也包括教师更有内涵的眼神等肢体语言。

(张健老师2011年12月20日教学日志)

## (四)

本星期,在征求学生的意见后,我已经初步确定了课外阅读(《书虫》和《新概念》)的计划,准备从下星期开始实施,在这过程中穿插《时代英语报》的阅读。开学至今学生已经有三份报纸,所以计划利用周末做一次读报活动,下星期试试做读报交流。由于之前学生没有在老师的指导下做过这方面的有效阅读,所以在阅读之前,结合上次的寒假自主学习的展示,我准备就报纸内容、怎样交流等方面作一些指导:

报纸第一版:

——励志文章的阅读

内容:Former Security Guard: When Dream Comes into Reality

Power of Mother's Love

交流方式(以下四种交流方式的难度逐步加深,要求逐步提高):

(1)最基本的交流,可以带领班级同学回答出文章后面自带的两个问题。

(2)音标掌握较好的同学可以交流新学会的生词,交流经典好词、好句。

(3)英语能力相对较高的同学,可以复述文章,当然不是形式简单的背诵,如果能用简短的5到10句话讲述故事就更好了;如果能力有限,可以从文章中选择句子,当然最好可以用第三人称改写,并讲述出来。

(4)英语能力较高的同学还可以谈读后感,谈谈从文章中能感受到什么。

——趣闻博览,动物世界

内容:Pills That Help You Stay Sober

Boo Is a Cute Dog

Intelligent T-shirt in Spain

Expensive Dolan Sheep

Gibbon Walks on a "Tightrope"

Send-you-to-sleep Song

交流流程:

(1)首先提出问题,留下悬念。形式可以多样化,比如问答形式、表格形式、卡片形式,也可以是缺词填空形式,提倡发挥想象,利用好各种有趣、有效的方式进行交流。

(2)然后选取一至两篇小短文,在脱离报纸的基础上讲述。

(3)再次对于其中生疏的单词给予读音的纠正和意义的讲解。

(4)最后全班共同解决问题。

报纸第四版

——我们的舞台

绝大部分学生都可以完成这一板块的内容,这个板块是个人习作的展示,学生可以把自己比较满意的文章推荐给大家，同时也可以请班上同学一起修改。当然这也是给基础相对薄弱的同学一个展示的舞台，他们不能自主完成报纸其他板块的学习，有一定的挫败感，对于这一部分同学可以降低要求，根据课本的范文写出简单的文章，取得点滴的进步。

——诗情画意板块

诗歌朗诵“On the Seashore”，可以选取音乐，配合朗诵，这首诗歌没有特殊的押韵节奏感，是一首散文诗，讲究朗诵的音调。当然学生也可以向其他同学推荐自己拿手的诗歌。

——英语咖啡屋板块

和狗相关的英语表达，报纸上有8种表达，可以就这8句展开讨论，可以选取带有这些句子的短小文章，也可以再充实和狗相关的表达。

——两篇阅读文章

内容：Mexico & The Families of America

交流方式：

(1) 最基本的就是完成报纸上的问题交流。

(2) 英语能力较强的同学可以交流有关阅读文章的策略。

(3) 在家可以利用网络的同学，也可以搜集额外的有关美国家庭和墨西哥的文章。

——两篇完形填空

House of Nature & A Dog's Dream Home

(1)可以交流文章中的新词汇。

(2)可以组织全班交流文章所缺的部分内容。

(3)有能力的情况下交流完形填空这种题型的应对策略。

以上的读报交流原则上是每一个学生选取一部分内容，不要面面俱到，要把所选部分的内容做精做细，呈现给其他的同学，可以通过PPT，当然如果没有电脑也没关系，把相应的内容写在、画在纸上，可以通过实物投影和班级其他同学做交流。

在做报纸交流之前，为了方便老师了解每一个学生报纸阅读情况，做好个别指导，提高读报交流的质量，特设置以下表格，在读报交流前使用。

**表附-1　读报交流调查表**

| | |
|---|---|
| 姓名： | 学号： |
| 阅读内容： | 最喜欢的板块： |
| 阅读过程有何困难： | 阅读过程有何收获： |
| 准备交流的内容： | 交流的流程： |

（景秀老师2012年2月25日教学日志）

## （五）

今天第一节课上了展示课的公开课，虽然前面一直也跟学生讲要准备展示课了，真正课件到位是在星期日返校那天，接下来的几天里就是帮学生看课件，跟他们当面探讨如何把步骤安排得更合理或者给他们提供一些新的点子，让他们自己修改。对于稿子上的错误，我也是对学生当面指导，让他们自己指出错误所在。进入初二下学期了，学生的错误仍然存在，但已经比原来少了很多，因此我也感觉稍微轻松了些。

一节课上下来我个人总体的感觉还是不错的，我甚至觉得他们发挥得比去年大型的公开课还要好。学生的选材面广、思路清晰，展示的过程都还比较到位。但仍然有诸多不足：

第一，课堂上参与展示的学生做得很好，台下大部分学生都在认真听讲同时给予评分。但还是有部分学生不能很好地参与课堂。这也是我们后来在研讨的时候提出来的一个问题。作为我个人而言，我很希望所有同学都能积极参与课堂。那么到底是什么原因让他们走神呢？我后来初步了解了一下，上台展示的同学有的声音过低，后面根本听不清，也有的太难，学生听不懂。我想肯定还有其他的因素存在，因此，就这一现象在博士的指导下我准备做一次简单的行动研究。

第二，参与评价的同学面虽然广，但大部分还都局限于 speaking skills 方面的评价，真正从内容上来评价的寥寥无几。虽然去年就印发了展示课评价用语，这次也在原来的基础上听取了博士的建议作了改动后下发了新的评价用语，而且课前还专门让学生熟悉了一下这些评价用语，但还是没能真正体现它的价值。跟部分学生做口头交流后他们告诉我：

(1)自己想到的被别人讲了,自己也就没什么好讲了。

(2)展示用语虽然都知道,但还有些单词不会读。

(3)怕讲错,同学笑话。

(4)写在评价表上了,但没有被叫到点评。

我想这也能说明他们的思路没有打开,还存在一定的局限性。这恐怕就跟我的课堂点拨有关系了,这个问题又回到前面我提到过的教师课堂提问技巧上去了。如果教师的提问能有效激发学生的思路那才是有效的课堂提问。这方面我还是要努力。

第三,一堂课下来,就我个人而言,自己还是感觉不是很到位,总觉得缺少了点什么。一方面是对学生的点拨不到位,另一方面教师的主导作用还是没能体现得很好,什么时候干预?怎么干预?干预什么?这都是我需要一一把握的问题。如果我在课堂上科学有效地干预,那对于整个课堂无疑能起到四两拨千斤的作用。展示课的目标是展示的同学把自己在课外自主学习的成果展示给大家,同时其他同学也能通过别人的展示有所收获。现在第一个目标实现了,但第二个目标的实现程度就很难说了。只能说对部分同学肯定是有的,但对少部分人而言可能就很小了。如何提高展示课堂的教学效果将是我们努力的方向。

第四,本次展示的形式是个人展示,跟小组展示相比显得冷清了许多,而且一节课上来展示的学生只有六人次,展示的面不够广。如果全班同学都要展示的话那需要八节课,也就是一周多的时间。事实上这是不可能的。在研讨时大家也都提到了这点,最恰当的方法就是每天一个同学上台展示,就像 daily report,力争让每个同学都有机会把自己准备的东西展示出来。个人展示的优点也不是没有,例如每个同学都必须花心思准备,不能偷懒,而且操作起来比较方便,不需要专门找时间排练。小组展示参与面广,不排除个别同学偷懒不做准备。而且学习效果应该会优于个人展示。美国著名学习专家爱德加·戴尔通过实验提出了"学习金字塔理论",如下表所示。

**表附-2　学习金字塔理论**

| 序号 | 学习方式 | 平均学习保持率 | 属性 |
|---|---|---|---|
| 1 | Lecture(讲授法) | 5% | 个人学习或被动学习 |
| 2 | Reading(阅读) | 10% | |
| 3 | Audio-visual(视听) | 20% | |
| 4 | Demonstration(示范或演示) | 30% | |
| 5 | Group discussion(小组讨论) | 50% | 团队学习或主动学习 |
| 6 | Practice by doing(做中学) | 75% | |
| 7 | Teaching others(应用或教别人) | 90% | |

爱德加·戴尔通过实验发现，个人学习或被动学习的学习者在两周以后能记住的内容（平均学习保持率）在30％以下。而通过团队学习或主动学习的学习者在两周后能记住的内容（平均学习保持率）都在50％以上。（张军丽、赵雪，2010）因此，相对于个人展示，小组展示的优点毫无疑问应该会更多些。我想今后我们还是要多做小组展示，当然特殊主题也需要考虑个人展示。

另外我想提出的两种设想：一是在展示课前就把课堂上我们要展示的原始材料（老师不帮助修改）下发到每位同学手上，让他们先研究，可以找出其中的错误用法以便在课堂上提出来，或者就文章的内容反过来对展示者提问（目前我们全部都是展示者提问），也可以对文章的写作特色等进行点评。这样便于他们在课堂上听展示者的演讲时做到心中有数，可以更主动地参与到课堂中来。我想下次我就试着做一下。第二种设想就是在展示后下发材料，让学生再去回顾课堂所学，然后在阅读考试中加进去测试。我个人估计第一种做法可能会更有效些。第二种效果应该不如第一种。不管怎样，两种做法我都想尝试下，等到都尝试后再做个问卷看看同学们更喜欢哪种。

（李英老师2012年3月7日教学日志）

# 附录2　实验班学生周记节选

## (一)

这一次家长会让我收获了很多,我很有感触。

一是我觉得我的英语有了进步,这主要体现在我这次家长会主持稿的翻译上,虽然它有不少问题,虽然它花了我两个通宵,虽然我写几句就要查单词,但我还是做到了,我还是把它翻译下来了,这让我有了一种成就感,但这跟自满不是一回事,我会更加努力,越过这个山头,攀上更高的一座山,而且,我觉得这也可以当作我的课外学习成果,甚至可以把它拿到汇报课上展示给大家。

二是我也从同学身上学到了不少,比如说赵阳,我第一次知道连做作业的顺序都会带来影响,也知道了更多关于背单词的方法,虽然我也有自己的方法,但他们的建议我也不妨一试。

三是听了老师和荆凯妈妈的发言,我觉得荆凯非常棒。虽然我知道我不应这么想,但我还是忍不住要说,我心里很不爽,我觉得他比我好很多,班级上比我高一级,成绩上又比我好,体育又特好,在他面前我很渺小,但我觉得我生来就不应该是这种人,我生来就应该是优秀的,所以我会加倍、加倍、加倍努力做好每一题,让自己定下心来,认真面对作业,把作业当考试,特别是数学和英语,尽量每次都全对,一定要超过他,让自己可以从容地面对他,面对老师、老妈,让JoJo(周华老师的英文名字,作者加注),特别是陆浩杰同志对我刮目相看!!!(我这几天都做到了哦!)

师评:是的,不知不觉中,发觉你的英语进步好大啊! 有时候我都会觉得你很快就要超过我了,不过这是好事,你以后肯定比我优秀。其实你已经很棒,但是,山外有山,人外有人,比自己优秀的人肯定大有人在,我们应该从他们身上学习自己薄弱的地方,让自己也更加优秀。

(2009级实验班学生周记)

## (二)
## 对英语课堂的几点意见

一周又过去了,我对我们的英语课堂也有一些小建议。

一是上课时尽量安排一些热身活动,像玩一些英语小游戏,学一小段英语歌曲,先让我们过渡一下,这样就可以有一个最好的状态来进行下面的学习,我想这样我们会学得更好的。

二是上课时,老师可以和同学多互动互动,这样的课堂会更有活力,以免因为课堂太无聊,让人昏昏欲睡。这样不仅可以调动我们上课的积极性,有一些内容我们也容易牢记于心。

三是在英语课上,我们可以尽量都说英语,用英语来交谈,这样不仅可以体现出我们英语特色班的风采,还可以在不知不觉之中提高我们的口语水平,何乐而不为呢?

以上就是我们为我的英语课提的一些小建议,另外,这周还有一件令我很开心的事,我们终于有了一套彩色版的新教材,它真的很漂亮,而且,它还增添了一些以前的教材中没有的东西,像每三个单元有一个复习单元,还增添了单词表,真的很不错呢!

师评:首先,很感谢你的建议,我会考虑适当加入,主要是这学期的课时少了,我们的学习任务很重,所以……但你可以放心,兴趣最重要,我会在各个方面加以改进。关于新教材,你观察得真仔细,相信大家对这本书都爱不释手,那么,好好用吧!让它真正实现自己的价值!

(2009级实验班学生周记)

## (三)
## 我的英语课外学习

转眼间,初二的第一次英语月考已经过去半个月了,然而那次英语考试的分数我还牢记于心,经过周老师的点拨之后,我开始了有效的英语课外学习。自从开始了英语课外学习之后,我觉得我的课外生活变得丰富、充实、快乐起来,我的学习也不再是漫无目的的了,经过这些日子的课外学习我也发现了我学习上的一些小问题。

我的英语课外学习主要是针对阅读短文的练习和牛津8A。

我拿出了学校发的《听力与阅读》做了做里面的阅读短文,并看了里面的阅读策略,遇到不会的就去问JoJo,哦,对了,还有《英语大课堂》也要合理地运用起来,前面的一些解题方法,重点单词、词组还有语法都可以去看一看,把重点用笔标出，然后再做一做后面的小练习，这样配套起来可以更有效地去学习牛津8A，写好了之后可以交给JoJo去批改，及时找出自己的问题所在，再努力地去改掉它们。我想，我的英语一定会慢慢地又迈上一个台阶的。

我的英语课外学习真的很快乐。

师评：我很高兴，你已经开始努力去做了。你的方法很好，记住，做课外习题的时候，不要只注重数量，应该更看重质量，应注意从每一次的练习中得到不同的收获，总结出不同的规律，加油！你可以做得更好！

（2009级实验班学生周记）

## （四）

## ×××我想对你说

转眼间，与你同学已经一年多了，现在，我想给你一些学习英语的建议，希望你能接受：

一是认真准备每一次汇报，并勇于上台向大家展示。这周，听了你的汇报，我感触良多，好久没有看见你在汇报课上露脸了，今天你终于上了。可是，你的汇报却并不让我们大家满意，一篇非常简单的短文，你却没有能够很流畅地把它给背下来，我想以你的水平，如果你认真去背的话，这篇短文对你来说只是一个小case，可见，你并没有认真地去准备这一次汇报。如果认真准备好了汇报，当然，就要勇于将它向大家展示，听取大家的意见，并努力做到更好，当你真的做到这一点之后，你的口语水平将会有所提高。

二是仔细完成好每一次英语作业。每次，只要是书上的作业，没有完成的人总会有你，作为一名英语特色班的学生，我们花在英语上的时间应该比其他班要多，可事实并非如此，而书上的作业，理应是非常简单的，不会花费我们很多的时间，可你却都不能将它完成，这应该吗？这也许就是你学不好英语的另一个原因了。

三是利用好每一分每一秒的课外时间。作业写完了，做什么呢？大家都在写着一些课外拓展，而你却在看着杂志或无所事事，时间就是金钱，这个道理我们都知道，而你却不会真正去好好利用时间，在这段时间里，你可以写一写英语的课外拓展，像《英语大课堂》，听力与阅读，都可以去做一做，这样，你的英语水平就会慢慢地提高了。

我想，只要你真正做到了这些，你的英语成绩就不会差了。

师评：作为他（曾经的）的前桌你观察得的确非常仔细，建议也都非常诚恳，希望他在看了之后会有很大的感触！

（2009级实验班学生周记）

## （五）
## 英语学习近况

从开学到现在，已经快一个月了。在这一个月的时间里，我们学习了音标、单词以及一些英文的小歌曲，这对我的英语学习十分有帮助，而且学得也十分轻松。以前我觉得音标很难学，因为老师说音标是用来读单词的，学会音标之后，就算遇到了不会的、没有学过的单词，也可以把它读出来，所以我以为音标是很难懂的东西。但是学过之后才知道其实音标很简单，很容易学会。除了学习音标之外，在课余时间里，我也会主动地学习英语。比如在周末时，我会阅读一些英文的书籍，增加自己的阅读量和理解能力，也会上网欣赏英文歌曲，并学着翻译、背诵英语课文、故事，尝试着不看中文，自己来翻译。虽然有时会读错或者译错，不过我还是很愿意继续下去，因为这样可以提高我的英语水平和翻译能力。最后，我也在准备展示课的工作。我查找英语座右铭，积累名人名言，并把它们背诵下来。在假期中，我也会学习英语知识，查找英语资料、书籍，执行我的周计划，而且我还要保证每天一小时的英语阅读。不过，我也有新的安排，比如模仿磁带上的发音，把自己的英语发音练得规范一点，也可以提高我的听力。从开学时对英语的不太感兴趣，到现在已经能自主地学习英语，我觉得我的变化还是比较大的，我希望最后我能爱上英语！老师，我也希望您能支持和鼓励我，并给予我帮助，这样，我的进步会更大的！我也相信，只要我继续喜爱英语，努力学习英语，我的英语水平一定会提高，我希望您能帮助我，见证我的努力和我的每一个进步！我会努力的！

师评：开学到现在，你的表现一级棒！老师非常欣赏你！老师很希望能知道你最近读了什么英文书籍或者做了哪些自主拓展的工作，今天欣赏了你的展示，果然非同凡响！一个字：Excellent！希望你能成为我们班自主学习的航标！老师一定会尽力帮助你！

（2010级实验班学生周记）

## （六）

在我们班上，有很多学习优秀的同学，也有成绩较差的同学，而我们的老师是一名出色的教师。她的教学方式我们非常喜欢，该放松的时候放松，不管是好学生还是差学生，你都会喜欢英语老师的这种教学风格。好老师能教出好学生，我们班有好老师，那就一定能教出好学生，我希望老师多纠正我们的错误，在我们的错误上多花一些时间。

我很喜欢老师的教学方式，我自己需要改进的地方有很多，比如，上课要认真听讲,不能马虎;下课作业要好好做,也不能马虎。我也希望自己能成为好学生,但要通过我的努力,我一定会实现这个愿望的。

师评:很好的提议,谢谢!希望我们师生共勉!老师很想看到你的实际行动!

(2010级实验班学生周记)

## (七)

谢谢老师您给予我这么好的一次机会,让我重新认识了自己。正是您为我向汤老师求情的那一次,您的话语触动了我的心灵,我会永远地记住这件事,它让我懂得了什么是责任感。谢谢!在这几个月来,我在学校学到了很多,特别是关于做人方面,这些方面,不是我一人能养成的,那都是因为老师们,你们在我们脑海中播下种子,在我们的心上种下一棵棵幼苗。虽然,我知道我英语成绩并不好,在班上排不到什么名次,一开始我还在骗自己,什么自己在前30名、前多少名内,便放松了学习。现在知道了真正的我,我后悔以前为什么没能考好,明知道世上没有后悔药,却还要做令自己后悔的事,我的紧迫感找到了,老师,我从现在开始努力来得及吗?

师评:一切都来得及,从现在做起,每天认真听课,认真做好每一件事!

(2010级实验班学生周记)

## (八)

英语是一门美的语言,是与人交流沟通的语言。老师我想对您说:我非常喜欢您的课,虽然我没有上好一两节课,但是从今以后再也不会了。我还想对您说:在上课时能不能用中文提一些问题,因为我还没有完全熟悉英文。

被分到七(16)班,我觉得自己非常幸运,因为能与李老师相处,是缘分,所以我觉得这也是人生中快乐的一部分,能有一位特级老师来教我们,是我们16班的幸福。

(2010级实验班学生周记)

# 附录3　实验教师访谈纲要(2012年6月)

1. 班上学生目前呈现出来的学习兴趣、学习方法和学习效果的情况如何？

2. 你是否会主动去了解学生对于你教学的意见和想法？他们曾经通过什么方式给你提出了哪些意见和建议？你会认真考虑学生给你的意见和建议吗？他们的意见和建议对你的教学产生了什么样的影响？

3. 你是如何为学生的自主学习，特别是课外自主学习提供指导和帮助的？效果如何？在指导学生自主学习的过程中你是否遇到过一些难题，是如何解决的？请举例说明。

4. 目前教学中有哪些让你觉得困惑的问题？现在在教学中遇到问题，你一般会如何解决？现在你的解决方法和参与实验前有什么不同？请具体说明。

5. 现在对于写教学反思是怎么看的？你觉得现在自己写的反思质量是不是有所提高？如果有，表现在哪些方面？在写反思的过程中是不是有收获？有什么样的收获？

6. 你是否经常会去观摩其他教师上课，与其他教师讨论教学？本学期课堂观摩和同伴讨论的频率是多少？与其他教师的互动中你最大的收获是什么？

7. 本学期进行的课例分析对于你是不是有帮助？如果有，是什么样的帮助？对于课例分析中提到的问题，你会有后续的思考与行动吗？

8. 本学期进行的学习交流会对于你是不是有帮助？如果有，是什么样的帮助？你现在对于理论学习是怎么看的？理论学习对于你的教学有用吗？能否举例说明。

9. 本学期进行了针对什么问题的行动研究？解决了哪些问题？还有哪些问题需要后续的行动研究？你打算如何设计和实施？对于教学研究，你之前和现在的看法是否有所改变？

10. 你是否制订了暑期的学习计划？(从哪些方面考虑？主要是为了解决当前遇到的哪些问题？)

11. 你对下一阶段的教学有什么计划和想法？在你实施计划和改革教学的过程中希望实验组给予什么样的帮助和指导？

12. 你觉得参与本次实验最大的收获是什么？对于实验有什么期望和建议？

# 附录4　实验教师访谈记录文本(2012年6月)

## 实验教师周华访谈记录文本

访谈者:周老师,我们开始吧。今天过来主要是想了解一下老师们最近的工作情况和参与实验以来的想法。同学们目前的学习兴趣、学习方法和学习效果如何?

周华:对于英语学习,学生们一如既往的充满兴趣,这一点从课堂表现上看得出来。其他老师抱怨到了初三很多学生由于考试的压力增大,都很浮躁,但是英语学习还是很活跃。由于对于学习方法、策略指导得较多,应试方法从九年级就开始做了,现在看来对于学生应试方法的指导还是有效的,在这次的二模中,学生的进步还是比较大的。高分、优秀分学生群体增大,有效分增加。

访谈者:嗯,学生的进步与周老师平时跟他们的沟通交流肯定是分不开的,你一般是通过什么方式了解学生对于你教学的意见和想法的?他们曾经给你提出了哪些意见和建议?

周华:我主要是通过学生周记与他们交流的,这是目前为止最好的方法,学生愿意提建议,到了初三,随着课业任务的增多,周记有些淡化,我在平时就注重与学生的沟通(从三五个到十几个不等),碰到有共性的问题,会及时调整教学内容或方法。比如,有些学生刚开学的时候向我提出讲评试卷时不要一题不差,有些很熟悉的题目没有必要讲,有点浪费时间,我就转变了一下形式,改为学生提问,学生解答,这样进度加快了,学生之间通过互动产生了成就感,课堂也活跃了,效果也不错。原来的方法,造成部分尖子生产生没劲、无聊的感觉,现在不会出现这样的感觉了。

访谈者:那么,对于学生的课外自主学习,你是如何提供指导和帮助的?效果如何?在指导学生自主学习的过程中你有没有遇到过一些难题,是如何解决的?

周华:我在课后指导学生进行大量的阅读,这学期针对性地做了一些练习,例如《中考指南》之类的,鼓励学生进行课外阅读,包括任务型阅读,阅读理解等。不少学生对于短文首字母填空有困难,我觉得他们主要是缺乏这方面的训练,所以给了他们一些建议和方法上的指导,但是还是比较困难,学生还是会考虑不周,所以正确率不高,我与其他老师也沟通了,发现他们也有相同的问题,我现在就转变方法,现身说法,把自己的思路说给学生听,发现效果不错。

访谈者:那么现在在教学中遇到问题,你一般会如何解决?现在你的解决方法和参与实验前有什么不同?

周华:以前碰到问题,我总会去问别人,那时候教学经验也不足,现在留给自己思考的时间会更多,出现问题时会想,是什么问题,找原因,怎么着手,怎么解决,会更有针对性地去解决问题,有时在指导之前会问学生你们有什么困惑,然后再准备,让自己的指导更有针对性。我觉得自己与参与实验前最大的不同就是自己的意识,自己解决问题的意识增强了。

访谈者:嗯,这一点在你的教学日志中也有了反应。对于写教学反思是怎么看的?你觉得现在自己写的反思质量是不是有所提高?在写反思的过程中是不是有收获?

周华:以前我会记录自己的教学过程,这样也蛮好的,是对自己的课堂的一个回顾和反馈,现在会围绕对某个问题的思考来记录,更集中、更有深度、更周全、更详细。写反思收获肯定是有的,首先对于近期的教学及时反馈,9 年级开始,我更集中地思考问题,更集中地查找资料,比如作文写作方面,学生的写作中错误比较多,我就去查资料,看看人家有什么好的做法,结合自己的具体情况,去调整和尝试。我觉得这样给了我更多的机会去看书,去了解别人的做法。

访谈者:除了自己的思考,你是否经常会去观摩其他老师上课,与其他老师讨论?与他们的互动中你最大的收获是什么?

周华:我每周都会去听课,以前每周听 3～4 节,现在每周听 1～2 节,现在频率上减少了点,我是有选择性地、有针对性地去听课,针对性更强点。听完课后,与其他老师进行讨论,讨论多一点的是学习方法、解题思路、应试策略等。听别人的课时可以借鉴别人的好的做法,有时 2～3 人一起去听课,也可以互相听听别人的反馈,实验组给我们的反馈,对于我来说都是一种学习。

访谈者:本学期进行的课例分析对于你是不是有帮助?对于课例分析中提到的问题,你是不是之后还会有一些思考?

周华:课例分析肯定是有帮助的,别人的好的做法我会尝试借鉴,当然也要看课型是否适用。借鉴后,会经常回忆、反思。以前在听课时,我一直把自己的定位放得比较低,作为一个学习者去听课,对于别人好的做法也是依葫芦画瓢地去模仿,现在会带着发现问题的态度去听课,收获更大,自己思考不足,看看别人是怎么做的。

访谈者:有没有想过将来要如何更好地利用课例分析的机会来提高自己?

周华:我想还是要多与你们博士交流,多吸收你们看问题的视角和理念,多与实验组的其他老师交流,多读一些理论著作,这样才能更有效地去听课、评课。

访谈者:说到阅读理论著作,你现在是怎么看的?本学期进行的学习交流会对于你是不是有帮助?

周华:我觉得自己没有时间看,听别人讲讲挺好的,逼着自己在听的过程中也要去看,自己主持这样的读书活动也是对自己的一次锻炼。因为英文的文献不多,准备时还是有些困难的,对于自己不懂的词汇要去查字典,而且需要更多地关注,需要每一句都很认真地推敲,分别是在阐述什么意思,我的理解是否到位,根据上下文或整体的观点去理解,整体把握。我觉得这样的活动对我最大的帮助就是自身的提高,能把主要意思讲得让别人听懂。现在我更体会到了理论学习的重要性,碰到问题会去看书来解决,我平时经常会看一些课堂设计方面的书,一模过后,我发现学生作文方面比较薄弱,所以就去网上查找资料,学习文献,看看人家在作文教学方面的好的做法,再结合自己班上学生的情况,借鉴运用,效果很好。二模时学生的作文成绩明显提高了。

访谈者:嗯,刚才周老师提到的作文指导的问题也是你这个学期行动研究的主题之一吧?

周华:其实这学期我做的行动研究主要是针对任务型阅读的,几次考试的试卷分析中都发现在任务型阅读中,学生胡乱猜的现象比较严重,没有方法,因此做不到位。刚好学校有一个老师上了一节这样的课,我就结合听课所学,结合班上情况,进行了尝试,发现学生这样做后有提高,但是一两个月以后指导的作用淡化了,说明需要再进行一次集中的讲解,方法上要再细化,我这次没有按照原来的方法讲解,而是采用了由学生来讲解解题思路的方法,效果不错。另外,我还做了一个作文专项辅导,这次二模的成绩提高,与作文成绩提高有很大的关系。我基本上是每天布置学生写一篇作文,选一半的学生进行批改,我让他们对照第一篇作文和最后一篇作文看看自己的进步,发现还是很明显的。我希望学生在中考中能尽可能做到把扣分降到一分左右。我对学生做了写作方法的指导,根据要点从审题到段落设计、翻译及增补、时态要求等方面来细化要求,现在形成了一定的模式,下一阶段这方面工作要继续强化。

访谈者:那么,对于教学研究,你之前和现在的看法是否有所改变?

周华:以前老觉得研究不是我们老师要做的事,但是几次做下来,我觉得这样的教学研究老师可以做,而且应该要多做。

访谈者:暑假临近,周老师是否制订了暑期的学习计划?

周华:暑假准备看看书,主要是看些英语教学方面的书,准备去网上看看买点书,然后可以去图书馆看看期刊。

访谈者:你觉得参与实验以来最大的收获是什么?对于我们的实验有什么期望和建议?

周华:最大的收获是学习。解决问题的能力提高了。以前从来不会想这些理论,现在自己会去找书,查找资料。参与实验这么长时间,之前使用实验教材,课堂设计等都没有借鉴,不能用共用的课件,在独立设计课堂方面有了很大的进步。另外一个就是写,虽然没有写出什么东西来,但是经过自己深度思考后写出来的东西会有些自己的想法。希望实验组给我们推荐好课,介绍好的课堂,看看有些什么亮点,现在觉得上九年级的课都是一个模式,发现不了问题,限制自己的思维;也希望你们推荐实用性强一点的理论著作、文章。你们给我们的帮助已经很多了,我们只要说要上课,你们就会及时地给我们找材料。

访谈者:这些是我们应该做的,我们也从与你们的相处中学习了很多。今天我们的访谈就到这里吧。非常感谢你的配合!

# 附录5 实验学校管理者访谈纲要
# （2011年12月）

1．根据您的了解和观察，老师们参与实验以来在他们的教学能力、教研能力等方面是否发生了一些转变？

2．老师们参与实验以来在自主意识、反思意识、合作意识等方面是否发生了一些转变？

3．实验的开展是否对学校其他的英语教师产生了一些影响？

4．老师们在实验中确实承受着很大的压力，也遇到了很多的困难，您是如何帮助他们应对的？

5．您觉得中学英语教师在专业发展中面临的最大的困难是什么？

# 附录6　实验学校管理者访谈记录文本（2011年12月）

## 实验学校王校长访谈记录文本

访谈者：王校长，我们开始吧。首先，我代表实验组感谢学校领导对于实验大力的支持，实验到现在已经开展了两年多的时间了，我们想了解一下根据您的了解和观察，老师们参与实验以来在教学能力、教研能力等方面是否发生了一些转变？

王校长：这一点是肯定的。老师们参与实验之前，依靠集体的力量和教研组长、英语教学管理部门的力量比较多，老师们的教学能力和教研能力相对来说还不是特别强。进入实验之后，依靠两个老师的力量，两个人都要动脑筋，要积极学习，进行合作研究，在这个过程当中，通过几年的实验，无论是新加入实验的老师，还是原来就参与实验的老师，我感觉到他们的教学能力和教研能力确实是有明显提高的，对此，我们其他的老师也觉得有点羡慕他们。

访谈者：学校其他的老师……

王校长：嗯，其他老师有点羡慕。参与实验的老师面对着新的教材、新的教学思想、新的教学方法，能够比较快地、积极地适应，这本身就是教学能力的提高。

访谈者：嗯。

王校长：从他们两个人的合作，教学研究，包括写反思日志，包括我们老师做的基本的经验总结，可以看出，他们比以前有提高，横向比我们其他的老师有进步，能力也强，总的来说比原来好，反思比以前更主动。老师们以前对于自己的教学、学生的学习是被动的，从自己的主观出发，就是我怎么教，学生就要怎么学；现在不一样了，课型变了，课后要做思考和反思。学生一节课的学习、活动以后，哪些是成功的，哪些可能是不太出色的，学生不是太欢迎的，那么老师自己就会进行反思，在这个过程当中我们感觉到老师去思考了，平时他们碰到我们也会问一些这样的问题。

访谈者:嗯。

王校长:新的课型如果说一次两次,学生有个新颖的感觉,但是经常开展这样的课型,学生经历了新颖之后应该怎么办,他们也一下子找不到好办法,就跟我们问一些问题,跟周围的老师也探讨一些问题,这个也是老师们反思意识逐步增强的标志。从老师的公开课来看,他们为公开课寻找好的材料,变化着新的形式,创造自我,这些都是自主意识、反思意识逐步提高的一种标志。应该说,实验组的几位老师都在发展,都有转化,有的人转化得快一点,多一点,有的老师速度慢一点,走了一点弯路,但是不影响他们积极的变化。他们有时候也会稍微受到一些学生分数什么的影响,但是经过你们的指导帮助以后,会唤醒他们反思自己的意识,也会把原来好的方法、好的做法重新开展起来,应该说在这一方面我感觉到实验和不实验确实不一样,如果说把实验老师放到平行班中去,他们就是团队中的骨干,通过实验培训了教师,发展了教师,这一点是值得肯定的。

访谈者:嗯,所以根据您的观察,老师们经过实验,在各方面还是有很大的进步的。

王校长:对对对,这个方面有很大的变化。

访谈者:您刚才也讲到了,实验老师对其他的老师也产生了一些影响,能不能具体说一说?

王校长:实验老师开展的展示课,现在不仅在实验班进行,其他班的老师也开始借鉴他们的好方法,如:学生自主学习行为,在课前寻找资料、编小报、进行交流。其他老师,尤其是平行班的骨干老师也觉得这样能够发展学生能力,张扬学生个性,他们也会在班上试用、试行。尽管不一定像我们实验班做得这么全面,要求这么高,但是这是一个开始,说明这个已经对他们产生了影响。实验班的老师们还是比较辛苦的,面对新教材,新的教学方式方法,怎样寻找平衡点、寻找新的发展点,我们实验老师在研究过程中也想了一些好办法,也用了一些好办法。

访谈者:嗯。

王校长:这些做了之后本身就对其他老师产生了一种对教育的激情,对教育的投入,对教育的追求,其他老师不知不觉地受到一些影响,就是实验班老师不容易。如果,我们都能像实验班这样做,那么我们的英语教学还可以提高得更快一点,更明显一点。事实上我想当老师们的思想和情感发生变化的时候,对于教学质量的提升也是最佳的时候。

访谈者:是的。

王校长：实验组的老师本身的工作还有不少困难，他们参与做这项工作很不容易，已经对他们自己的发展产生了影响，也带来了对其他老师一种促进。

访谈者：对，就是说在其他老师身上也体现了我们实验老师的进步和发展。

王校长：就说我们的尹主任吧。原来她总担心，这个实验有没有成功的范式呢？实验做了之后，中考怎么样？一开始跟我们讨论的时候她也有一定的担忧。现在通过几次活动后她主动去参与备课了，主动去听课，跟专家交流，也参与你们博士生的活动，她也感觉到这个大方向是好的，具体的做法也有不少成功的方面，也做出了不少成就，应该是肯定的。

访谈者：嗯。

王校长：实际上她也说到我们普通班也要吸取一些好的做法，她也肯定了这些方面，因为我们对英语方面的东西还把握不住，还要跟她具体来讨论。

访谈者：对，尹主任现在非常积极地参与我们的活动，对老师们的帮助很大。

王校长：很积极，原来我们没有实验过，对参与实验还是有些疑惑。现在她也主动加入这个实验了，实际上是一种很大的影响。原来实验老师可能是孤军作战，但是现在有了英语骨干和带头人的参与，学校领导的肯定，其他老师的参与，实验的环境比开始时要好很多。

访谈者：嗯。

王校长：我们学校一位小学六年级的英语老师听了七年级实验班的英语课之后，也在仿照着做，在六年级的语篇教学中体现自主学习理念，让学生自主学习的需求在课堂上得到体现。

访谈者：其实，我们都知道实验老师在实验当中确实也是有很大压力的，也遇到了很多困难，那么王校长在他们遇到这些困难的时候您是怎样去帮助他们的呢？

王校长：从我们老师的角度来说，他们对自身的要求应该说都比较高，都想提高，都想把实验工作做得更好，但是，由于他们自身对于教育教学改革的意识与能力还未适应英语教学改革的目标和要求，因此遇到了一定的困难，我们也为此花了不少时间、精力。

访谈者：嗯。

王校长：他们有了提高，但是总的来说可能走得还不是特别远，效果还不是特别明显，这是因为他们感觉到实验过程当中也有一些困难。他们认为搞实验就是为了成功，搞实验就是为了提高质量。有的时候他们把教学质量提高简单地认为是分数提高。我们对老师们进行了质量观分析，告诉他们教学质量不仅体现在分数上，更重要的是体现在口语能力素养、英语学习方法和自主学习能力等方面。班上学生出现了两极分化现象，老师们也很困惑，他们认为搞实验就是所有的学生都要同步提高的，我们也跟老师们说实验班与平行班一样，每个学生都要得到发展，但并不是每个学生同一个步子发展。

访谈者：对。

王校长：好的学生能够接受这一种新的学习方式方法，他在这种学习过程当中得到了比较好的发展。甚至可以说比原来那种方法学得更好、更有兴趣，能力更强，质量更高。但是同时因为这个自主学习，班上有少数学生有一些不适应。那么老师也认为这是困难。他们认为所有的学生同步提高，那么我们也跟他们讲实验班也跟正常班是一样的，每一个学生都要得到发展，但并不是说同一个规格、同一个要求地发展，发展是有个人差异的。他们都在提高，都在变化，都在进步，但并不是说大家都是一样的分数，并不是这么一回事。

访谈者：是的。

王校长：遇到这些情况，学得比较薄弱的学生，我们会借鉴其他学科的做法，如语文学科、数学学科，给予他们一定的指导和启示。如：借鉴语文上的做法，对不同的学生采取不同的做法；用游戏的方法改变传统的英语抄写的做法。另外，对于在展示课上如何让学生有更多的机会来展示，我们也提出学习德国学生交流的方式，用“小组同步交流”与“推荐全班交流”相结合的方式，既看到学生的整体情况，又看到每个组、每个学生的表现，能够提高单位时间的效率。所以我们也是这样的想法，但是英语内在的内容，我们跟张校长把握不住。

访谈者：校长们已经做得很好了，从老师们日志当中也会反映出来，他们也写了张校长、王校长、尹主任给他们很多的指导。王校长觉得中学英语教师在专业发展中面临的最大的困难是什么？

王校长：其实他们参与实验之后无形当中要搜集整理一些素材，实际上也在整理自己的思想，也要反思自己的教学行为，要观察学生学习的一些变化，新的方法对学生的影响，那么也需要我们实验组的老师有这样的能力和素质。

访谈者：是的。

王校长：这个过程当中我感觉他们在这个方面压力也是蛮大的。但是感觉到，围绕关键的东西可能亮点还不是太多，精华的部分偏少，现在我也在想做一个榜样，写写英语，其实这篇论文已经写好准备打印了，主题是《中英文儿歌对学生有益吗?》。我认为我们参与英语改革的老师们很多方面都具备一些好的条件，就像陈斌、景秀。

访谈者：嗯。

王校长：他们对课堂的驾驭、表达、跟学生的交流我想都超过我，这都是好的条件，有的时候往往只要变化一点点，再去多想一点点，回过头来想想我这节课为什么这么做成功了,为什么这么做又失败了,借鉴别人和自己的经验,需要主动思考,探索,还要不断地学习(包括实践)。要多读书报,获得间接经验。这些间接经验对于自己的发展会有促进作用。

访谈者:是的。

王校长:我刚才说的也是学习的一个重要的标志,一方面吸取别人的长处,另一方面在课堂上实施自己的同时还要反哺给别人。

访谈者:嗯。

王校长:实际上反哺就是我用了别人的经验,我自己也为别人作一些贡献,为整个教育作贡献,教师要有这个责任,就是给别人一种鼓励,为别人提供一些经验,我想这当中只有用文字的形式表达是最有效的形式之一,那么文字的形式实际上就涉及写论文、写案例、写反思。这背后有一个很重要的观念就是有利于学习型组织的打造,有利于教师学习力的提升,变被动为主动,变压力为动力。

访谈者:嗯。

王校长:实际上就是要变辛苦为一种享受。有一两个人在实验当中能够起到带头作用。

访谈者:嗯。

王校长:一旦老师自己能够写成一两篇发表的文章,就有了坚持的动力。满足了这一步他自己也会有一种成就感,也知道该怎么去做,会越做越好。一旦教师专业发展进入自我良性循环,会学习,拥有学习力的时候,他们的专业发展就没有问题了。

访谈者:好的,我们的访谈就到此为止吧。非常感谢王校长的配合!

# 参考文献


1. Akbari R, Behzadpoor F, & Dadvand B. Development of English Language Teaching Reflection Inventory [J]. *System*, 2010(38): 211-217.

2. Allport G W. *The Nature of Prejudice*[M]. Reading, MA: Addison-Wesley, 1954.

3. Bailey K et al. Language Teacher Educators Collaborative Conversations [J]. *TESOL Quarterly*, 1998(3): 536-546.

4. Bailey K, Curtis A & Nunan D. *Pursuing Professional Development: the Self as Source* [M]. Beijing: Foreign Language Teaching and Research Press, 2009.

5. Barkhuizen G. Dialog Journals in Teacher Education Revisited [J]. *College ESL*, 1995(1):22-35.

6. Bartlett L. Teacher Development through Reflective Teaching. In Richards J C & Nunan D(eds.). *Second Language Teacher Education* [C]. Cambridge: CUP, 1990:202-215.

7. Belanger J. Teacher Research as a Lifelong Experiment [J]. *The English Journal*, 1992(8):16-23.

8. Block D & Cameron D. *English and Globalization* [M]. London: Routledge, 2002.

9. Bolam R. Conceptualizing Inservice. In Hopkins D(ed.). *In-service Training and Educational Development: An International Survey* [C]. London: Croon Helm, 1986.

10. Boud D, Keogh R & Walker D. Promoting Reflection in Learning: A model. In Boud D, Keogh R & Walker D (eds.). *Reflection: Turing Experience in Learning* [C]. New York: Nichols Publishing, 1985:18-40.

11. Bowen T. Continuous Professional Development. *The Onestop Magazine*[J/OL]. *http://www.onestopenglish.com/News/Magazine/Archive/Continuous.thm.*

12. Brock M N, Wong M W & Yu B. Collaborative Diary Keeping. In Richards J C(ed.). *New Ways in Teacher Education* [C]. TESOL, Inc, 2002:10-13.

13. Brock M N, Yu B & Wong M M W. Journaling Together: Collaborative Diary-keeping and Teacher Development. In Flowerdew J, Brock M & Hsia S (eds.). *Perspectives in Second Language Teacher Education*[C]. Hong Kong: City Polytechnic of Hong Kong, 1992:295-307.

14. Burns A. Teacher Researchers: Perspectives on Teacher Action Research and Curriculum Renewal. In Burns A & Hood S(eds.). *Teachers' Voices: Exploring Course Design in a Changing Curriculum* [C]. Sydney: National Center for English Language Teaching and Research, 1995:3-20.

15. Burns A. Action Research in Second Language Teacher Education. In Burns A & Richards J C(eds.). *The Cambridge Guide to Second Language Teacher Education* [C]. Cambridge: CUP, 2009:89-297.

16. Cary E & Currie P. Linking Adult Learners with the Education of L2 Teachers [J]. *TESOL Quarterly*, 1996(30):113-130.

17. Chaudron C. *Second Language Classrooms* [M]. Cambridge: CUP, 1988.

18. Clair N. Teacher Study Groups: Persistent Questions in a Promising Approach [J]. *TESOL Quarterly*, 1998(32):465-492.

19. Clark C & Peterson P. Teacher's Thought Processes. In Wittrock M (ed.). *Handbook of Research on Teaching* [C]. 3rd ed. New York: Macmillian, 1986:225-296.

20. Cook G & Seidlhofer B. *Principles & Practice in Applied Linguistics*[M]. Shanghai: Shanghai Foreign Language Education Press, 1995.

21. Cowie N. An "It's Not Action Research Yet, but I'm Getting There" Approach to Teaching Writing. In Edge J (ed.). *Action Reserach* [C]. Alexandia, VA: TESOL, 2001:21-31.

22. Crandall J. Language Teacher Education [J]. *Annual Review of Applied Linguistics*, 2000(20):34-55.

23. Cross K P. In Search of Zippers [J]. *Bulletin of the American*

*Association for Higher Education*, 1988(40):3-7.

24. Cruichshank D R and Applegate J H. Reflective Teaching as a Strategy for Teacher Growth [J]. *Educational Leadership*, 1981 (7): 553-554.

25. Crystal D. *English as a Global Language* [M]. Cambridge: CUP, 1997.

26. Darling-Hammond L. Teacher Learning that Supports Students Learning [J]. *Educational Leadership*, 1998(55):225-235.

27. Davis A & Elder C. *The Handbook of Applied Linguistics* [M]. Oxford: Blackwell, 2005.

28. Day C. *Developing Teachers: the Challenges of Lifelong Learning* [M]. London: Falmer, 1999.

29. Department of Education and Science. *Teacher Education and Training (HMSCO)*[R]. 1972, para. 2. 21.

30. Dewey J. *How to Think: A Restatement of the Relation of Reflective Thinking to the Educative Process* [M]. Boston: D. C. Heath, 1933.

31. Dove M & Honigsfeld A. ESL Coteaching and Collaboration: Opportunities to Develop Teacher Leadership and Enhance Student Learning [J]. *TESOL Journal*, 2010(3):3-22.

32. Doyle W. Themes in Teacher Education Research. In Houston W R (ed.). *Handbook of Research on Teacher Education* [C]. New York: Macmillan, 1990.

33. Duff P A. *Case Study Research in Applied Linguistics* [M]. London: Routledge, 2008.

34. Edge J & Richards K. *Teachers Develop Teachers Research: Papers on Classroom Research and Teacher Development* [M]. Oxford: Heinemann International, 1993.

35. Edge J. *The Reflexive Teacher Educator in TESOL: Roots and Wings* [M]. London: Routledge, 2011.

36. Elbza F. *Teacher Thinking: A Study of Practical Knowledge*[M]. London: Croom Helm, 1983.

37. Ellis R. Researching Classroom Language Learning. In Brumfit C & Mitchell R(eds.). *Research in the Language Classroom*[C]. London: Modern

English Publications, 1990.

38. Ellis R. SLA and Teacher Education. In Burns A & Richards J C (eds.). *The Cambridge Guide to Second Language Teacher Education* [C]. Cambridge: CUP, 2009:135-144.

39. Feuerstein R, Klein P S & Tannenbaum A J. *Mediated Learning Experience: Theoretical, Psychological and Learning Implications* [M]. London: Freund, 1991.

40. Forsdale L. *Perspectives on Communication* [M]. New York: Newbery Award Records Inc., 1981.

41. Frankham J & Howes A. Talk as Action in "Collaborative Action Research": Making and Taking Apart [J], *British Educational Research Journal*, 2006(4):617-632.

42. Freeman D & Johnson K E. Reconceptualizing the Knowledge-base of Language Teacher Education [J]. *TESOL Quarterly*, 1998(32):397-417.

43. Freeman D. Teaching Training, Development and Decision-making: A Model of Teaching and Related Strategies for Language Teacher Education [J]. *TESOL Quarterly*, 1989(23):27-45.

44. Freeman D. Redefining the Relationship Between Research and What Teachers Know. In Bailey K & Nunan D(eds.). *Voices from the Language Classroom: Qualitative Research in Second Language Education* [C]. Cambridge: CUP, 1996:88-115.

45. Freeman D. The "Unstudied Problem": Research on Teacher Learning in Language Teaching. In Freeman D & Richards J C (eds.). *Teacher Learning in Language Teaching*[C]. 1996:351-374.

46. Freeman D. Imported Theories/Local Understandings[C]. Plenary Address at the 34th Annual TESOL Convention in Vancouver, March 2000.

47. Freeman D. Second Language Teacher Education. In Carter R & Nunan D(eds.). *The Cambridge Guide to Teaching English to Speakers of Other Languages* [C]. Cambridge: CUP, 2001.

48. Freeman D. The Hidden Side of the Work: Teacher Knowledge and Learning to Teach [J], *Language Teaching*, 2002(35):1-13.

49. Freeman D. *Doing Teacher-Research: From Inquiry to Understanding* [M]. Beijing: Foreign Language Teaching and Research Press, 2005.

50. Freeman D & Cornwell S. *New Ways in Teacher Education* [C].

TESOL, 2002.

51. Gall M D, Gall J P & Borg W T. *Educational Research*[M]. 7th ed. White Plains, NY: Pearson Education, 2003.

52. Gebhard J G & Oprandy R. *Language Teaching Awareness: A Guide to Exploring Beliefs and Practices*[M]. Cambridge: CUP, 1999.

53. Goble N M & Porter J F. *The Changing Role of the Teacher*[M]. Paris: UNESCO, 1977.

54. Graddol D. *The Future of English* [M]. London: British Council, 1997.

55. Greene M. Reflection and Passion in Teaching [J]. *Journal of Curriculum and Supervision*, 1986(2):68-81.

56. Greene M. Reflections on Teaching. In Richardson V (ed.). *Handbook of Research on Teaching*[C]. 4th ed. Washington D. C: American Educational Research Association, 2002:82-89.

57. Grundy S & Robinson J. Teacher Professional Development: Themes and Trends in the Recent Australian Experience. In Day D & Sachs J(eds.). *International Handbook on the Continuing Professional Development of Teachers*[C]. Maidenhead: Open University Press, 2004. 146-166.

58. Guba E G & Lineoln S Y. *Effective Evaluation* [M]. San Francisco: Jossey-Bass, 1981.

59. Halkes R & Olson J. *Teacher Thinking: A New Perspective on Persisting Problems in Education* [M]. Lisse, Netherlands: Swets and Zeitlinger, 1984.

60. Hawkins M R & Legler L L. Reflections on the Impact of Teacher-Researcher Collaboration[J]. *TESOL Quarterly*, 2004(2): 339-343.

61. Ho B & Richards J C. Reflective Thinking through Teacher Journal Writing: Myths and Realities [J]. *Prospect: A Journal of Australian TESOL*, 1993(8): 7-24.

62. Hollingsworth S. Learning to Teach through Collaborative Converssation: A Feminist Approach [J]. *American Educational Research Journal*, 1992(29): 373-404.

63. Howey K R. *School Focused Inservice Education: Clarification of a New Concept and Strategy Synthesis Report* [M]. Paris: OECP/CERI, 1980.

64. http://baike. baidu. comview911150. htm, 2012-7-14.

65. http://www. eol. cn/20041125/3122196. shtml, 2012-5-18.

66. http://www. gov. cnjrzg2010-07/29/content _ 1667143. htm, 2011-12-10.

67. Jay J K & Johnson K L. Capturing Complexity: a Typology of Reflective Practice for Teacher Education [J]. *Teaching and Teacher Education*, 2002(18): 73-85.

68. Johnson K E. Sociocultural Turn and its Challenge for Second Language Teacher Education [J]. *TESOL Quarterly*, 2006(40):235-257.

69. Johnston B. *Values in English Language Teaching* [M]. Mahwah, NJ: Lawrence Erlbaum Associates, 2003.

70. Johnston B. Collaborative Teacher Development. In Burns A & Richards J C (eds.). *The Cambridge Guide to Second Language Teacher Education*[C]. Cambridge: CUP, 2009:241-250.

71. Kelly G. *The Psychology of Personal Constructs*[M]. New York: Porton, 1955.

72. Kember D & Mckay J. Action Research into the Quality of Student Learning: A Paradigm for Faculty Development [J]. *Journal of Higher Education*, 1996(5):528-553.

73. Kiely R & Davis M. From Transmission to Transformation: Teacher Learning in English for Speakers of Other Languages [J]. *Language Teaching Research*, 2010(14):277-295.

74. Kolb D A. *Experiential Learning: Experience as the Source of Learning and Development*[M]. New Jersey: Prentice Hall, 1984.

75. Korthagen F. In Search of the Essence of A Good Teacher: Towards a More Holistic Approach in Teacher Education [J]. *Teaching and Teacher Education*, 2004(20):77-97.

76. Kuhn T S. *The Structure of Scientific Revolution* [M]. Chicago: University of Chicago Press, 1962.

77. Kumaravadivelu B. *Language Teacher Education for a Global Society*[M]. London: Routledge, 2012.

78. Kwo O. Learning to Teach English in Hong Kong Classrooms: Patterns of Reflections. In Freeman D & Richards J C (eds.). *Teacher Learning in Language Teaching*[C]. Cambridge: CUP, 1996:295-320.

79. Lange D E. A Blueprint for Teacher Development. In Richards J C & Nunan D (eds.). *Second Language Teacher Education* [C]. Cambridge: CUP, 1990:245-269.

80. Larsen-Freeman D & Long M H. *An Introduction to Second Language Acquisition Research* [M]. Beijing: Foreign Language Teaching and Research Press, 2000.

81. Lave J & Wenger E. *Situated Learning: Legitimate Peripheral Participation* [M]. Cambridge: CUP, 1991.

82. Lee O & Yarger S J. Modes of Inquiry in Research on Teacher Education. In Sikula J, Buttery T J & Guyton E (eds.). *Handbook of Research on Teacher Education* [C]. 2nd ed. New York: Macmillian, 1996: 14-37.

83. Lawes S. What, When, How and Why? Theory and Foreign Language Teaching [J]. *Language Learning Journal*, 2003(28):22-28.

84. Little J W. Teachers as Colleagues. In Lieberman A (ed.). *Schools as Collaborative Cultures* [C]. New York: The Falmer Press, 1990.

85. Lortie D. *Schoolteacher: A sociological Study* [M]. Chicago: University of Chicago Press, 1975.

86. Mann S. The Language Teachers' Development [J]. *Language Teaching*, 2005(38):103-118.

87. McNiff J. *Teaching as Learning: An Action Research Approach* [M]. London: Routeledge, 1993.

88. Mitchell R. Applied Linguistics and Evidence-based Classroom Practice: the Case of Foreign Language Grammar Pedagogy [J]. *Applied Linguistics*, 2000(21):281-303.

89. Nunan D & Lamb C. *The Self-directed Teacher: Managing the Learning Process* [M]. Cambridge: CUP, 1996.

90. Nunan D. Action Research in the Language Classroom. In Richards J C & Nunan D (eds.). *Second Language Teacher Education* [C]. Cambridge: CUP, 1990:62-82.

91. Nunan D. The Impact of English as a Global Language on Educational Policies and Practices in the Asian-pacific Region [J]. *TESOL Quarterly*, 2003(37):589-613.

92. O'Connor A & Sharkey J. Teacher-researcher Collaboration in

TESOL: Defining the Process of Teacher-researcher Collaboration [J]. *TESOL Quarterly*, 2004(2): 335-339.

93. Polanyi M. *Personal Knowledge*[M]. London: Routledge & Kegan Paul, 1958.

94. Randall M & Thornton B. *Advising and Supporting Teachers*[M]. Cambridge: CUP, 2001.

95. Ribisch K H. The Facilitator as Agent of Change [J]. *ELT Journal*, 1999(2):115-121.

96. Richards J C & Farrell T S. *Professional Development for Language Teachers: Strategies for Teacher Learning* [M]. Cambridge: CUP, 2005.

97. Richards J C & Ho B. Reflective Thinking through Journal Writing. In Richards J C (ed.). *Beyond Training* [C]. Cambridge: CUP, 2001: 153-171.

98. Richards J C & Lockhart C. *Reflective Teaching in Second Language Classrooms* [M]. Cambridge: CUP, 1996.

99. Richards J C. *Beyond Training* [M]. Cambridge: CUP, 2001.

100. Richards J C. *The Language Teaching Matrix* [M]. Shanghai: Shanghai Foreign Language Education Press, 2002.

101. Richards J C. Second Language Teacher Education Today [J]. *RELC Journal*, 2008(39):158-177.

102. Richards J C & Nunan D. *Second Language Teacher Education* [M]. Cambridge: CUP, 1990.

103. Richards K. Trends in Qualitative Research in Language Teaching Since 2000 [J]. *Language Teaching*, 2009(2):105-134.

104. Roberts J. *Language Teacher Education* [M]. London: Arnold, 1998.

105. Ryder J. Promoting Reflective Practice in Continuing Education in France [J]. *ELT Journal*, 2012(2):175-183.

106. Schofield J W. Increasing the Generalizability of Qualitative Research. In Eisner E W & Peshkin A (eds.). *Qualitative Inquiry in Education* [C]. New York: Teachers College Press, 1990:201-232.

107. Schön D A. *The Reflective Practitioner: How Professionals Think in Action* [M]. New York: Basic Books, 1983.

108. Schön D A. *Educating the Reflective Practitioner* [M]. London: Jossy-Bass Wiley, 1987.

109. Schoonmaker F. "*Growing Up*" *Teaching: From Personal Knowledge to Professional Practice* [M]. New York: Teachers' College Press, 2002.

110. Seliger H W. *Second Language Research Methods* [M]. Shanghai: Shanghai Foreign Language Education Press, 1999.

111. Shulman L. Paradigms and Research Programs in the Study of Teaching. In Wittrock M(ed.). *Handbook of Research on Teaching* [C]. 3rd ed. New York: Macmillan, 1986.

112. Stanley C. A Framework for Teacher Reflectivity [J]. *TESOL Quarterly*, 1998, 32(3):584-591.

113. Stenhouse L. *An Introduction to Curriculum Research and Development* [M]. London: Heinemann, 1975.

114. Stones E & Morris S. *Teaching Practice: Problems and Perspectives* [M]. London: Methuen, 1972.

115. Swain M. Communicative Competence: Some Roles of Comprehensible Input and Comprehensible Output in Its Development. In Gass S & Madden C (eds.). *Input in Second Language Acquisition* [C]. Rowley, Mass: Newbury House, 1985:235-253.

116. Tarvin W L & Al-Arishi A Y. Rethinking Communicative Language Teaching: Reflection and the EFL Classroom [J]. *TESOL Quarterly*, 1991, 25(1): 9-25.

117. Tsui A B M. *Understanding Expertise in Teaching: Case Studies of Second Language Teachers* [M]. Cambridge: CUP, 2003.

118. Ur P. *A Course in Language Teaching: Practice and Theory* [M]. Cambridge: CUP, 2000.

119. Vygotsky L. *Mind in Society: The Development of Higher Psychological Processes* [M]. Cambridge, MA: Harvard University Press, 1978.

120. Wallace M J. *Training Foreign Language Teachers: A Reflective Approach* [M]. Cambridge: CUP, 1991.

121. Wang Q. *Primary EFL in China: Teachers' Perceptions and Practices with Regard to Learner-centeredness* [D]. England: University of

Warwick, 2007.

122. Widdowson H G. *Aspects of Language Teaching* [M]. Shanghai: Shanghai Foreign Language Education Press, 1990.

123. Widdowson H G. Approaches to Second Language Teacher Education. In Tucker G R & Corson D(eds.). *Encyclopedia of Language and Education, Vol. 4: Second language education* [C]. Dordrecht, Netherlands: Kluwer, 1997.

124. Widdowson H G. Object Language and the Language Subject: On the Mediating Role of Applied Linguistics [J]. *Annual Review of Applied Linguistics*, Cambridge Press, 2000(20):21-32.

125. Williams M & Burden R L. *Psychology for Language Teachers: A Social Constructivist Approach* [M]. New York: Cambridge University Press, 1997.

126. Williams M & Burden R L. *Psychology for Language Teachers* [M]. Cambridge: CUP, 2000.

127. Wood D. *Teacher Cognition in Language Teaching: Beliefs, Decision-making and Classroom Practices* [M]. Cambridge: Cambridge University Press, 1996.

128. Yin R K. *Case Study Research: Design and Methods* [M]. 2nd ed. California: Sage Publishing, 1994.

129. Zeichner K M & Liston D. Teaching Student Teachers to Reflect [J]. *Harvard Educational Review*, 1987, 57(1):23-48.

130. Zeichner K M & Liston D P. *Reflective Teaching: An Introduction* [M]. Mahwah NJ: Lawrence Erlbaum Associates, Publishers, 1996.

131. Zheng X M & Davison C. *Changing Pedagogy: Analysing ELT Teachers in China* [M]. London, New York: Continuum, 2008.

132. Zheng X M. *Pedagogy and Pragmatics: Secondary English Language Teaching in the People's Republic of China* [D]. Hong Kong: The University of Hong Kong, 2005.

133. Zwart R C et al. Which Characteristics of A Reciprocal Peer Coaching Context Affect Teacher Learning as Perceived by Teachers and Their Students? [J]. *Journal of Teacher Education*, 2009(6):243-257.

134. “创建以校为本教研制度建设基地”项目组. 校本教研在行动[M]. 北京:高等教育出版社,2006.

135. 布兰福斯特,布朗,科金编著.人是如何学习的——大脑、心理、经验及学校[M].程可拉等,译.上海:华东师范大学出版社,2000.

136. 布鲁克菲尔德著.批判性反思 ABC[M].张伟,译.北京:中国轻工业出版社,2002.

137. 操太圣,卢乃桂.抗拒与合作:课程改革情境下的教师改变[J].课程·教材·教法,2003(1):71-75.

138. 岑建君.大学英语教学改革应着眼于未来[J].外语界,1998(4):12-17.

139. 陈向明.定性研究中的效度问题[J].教育研究,1996(7):52-58.

140. 陈向明.参与式教学与教师专业发展——"西部基础教育发展项目"的经验与反思[M].北京:北京大学出版社,2008.

141. 陈向明.质性研究教学的悖论[J].教育学术月刊,2010(5):3-4.

142. 陈向明.在参与中学习与行动——参与式方法培训指南[M].北京:教育科学出版社,2003.

143. 程晓堂,孙晓慧.中国英语教师教育与专业发展面临的问题与挑战[J].外语教学理论与实践,2010(3):1-6.

144. 崔允漷.关于我国当前中小学教师专业发展活动的调查研究[J].全球教育展望,2011(9):25-31.

145. 崔允漷.学校本位教师专业发展:框架及其意义[J].教育发展研究,2011(18):67-72.

146. 崔允漷.校本课程开发:理论与实践[M].北京:教育科学出版社,2009.

147. 戴曼纯,张希春.高校英语教师素质抽样调查[J].解放军外国语学院学报,2004(2):42-46.

148. 代蕊华.教师专业发展与校本培训[M].北京:教育科学出版社,2011.

149. 戴炜栋,任庆梅.外语教学与教师专业发展[M].上海:上海外语教育出版社,2006.

150. 董艳萍.从广东省小学英语教育现状看"外语要从小学起"的问题[J].现代外语,2003(1):40-47.

151. 方成.中小学教师培训的问题与分析[D].华中师范大学硕士学位论文,2004.

152. 傅建明.教师专业发展:途径与方法[M].上海:华东师范大学出版社,2007.

153. 甘正东.反思性教学:外语教师自身发展的有效途径[J].外语界,2000

(4):12-16.

154. 高翔，王蔷. 反思性教学：促进外语教师自身发展的有效途径[J]. 外语教学，2003(3):87-90.

155. 高云峰，李小光. 近十年我国高校外语教师教育研究文献评析[J]. 外语界，2007(4):56-64.

156. 龚亚夫. 创建我国中小学英语教师知识与能力体系[J]. 中国教育学刊，2011(7):60-65.

157. 顾泠沅，杨玉东. 教师专业发展的校本行动研究[J]. 教师发展研究，2003(6):1-7.

158. 顾佩娅. 优秀外语教师成长案例研究[M]. 北京：外语教学与研究出版社，2009.

159. 郭书彩，韩红梅，李英. 外语教师校本培训个案研究. 载吴一安等(编)，中国高校英语教师教育与发展研究[C]. 北京：外语教学与研究出版社，2007.

160. 韩刚. 课程与人：职前英语教师的成长[M]. 北京：外语教学与研究出版社，2008.

161. 韩红梅，李瑞，王京华. 英语教师合作学习校本培训实验研究[J]. 继续教育，2007(11):40-42.

162. 何其莘，黄源深，秦秀白，陈建平. 近三十年来我国高校英语专业教学回顾与展望[J]. 外语教学与研究，2008(6):427-433.

163. 胡惠闵. 指向教师专业发展的学校管理改革：上海市打虎山路第一小学个案研究[D]. 华东师范大学博士学位论文，2003.

164. 胡明扬. 外语学习和教学往事谈[J]. 外国语，2002(5):2-9.

165. 黄东花. 高校英语教师合作文化探析——以江西省四所高校为例[J]. 黑龙江高教研究，2011(9):47-49.

166. 黄建滨，邵永真. 大学英语教学与教师情况调查分析[J]. 大学英语教学，2001(6):20-23.

167. 贾爱武. 外语教师教育与专业发展研究综述[J]. 外国语，2005(1):61-66.

168. 贾爱武. 外语教师专业发展的理论与实证研究[D]. 华东师范大学博士学位论文，2003.

169. 教育部. 全日制义务教育英语课程标准(修订稿)[S]. 北京：北京师范大学出版社，2004.

170. 教育部. 全日制义务教育英语课程标准[S]. 北京：北京师范大学出版社，2011.

171. 教育部高等教育司. 大学英语课程教学要求[M]. 上海:上海外语教育出版社,2007.

172. 教育部师范教育司. 教师专业化的理论与实践(修订版)[M]. 北京:人民教育出版社,2003.

173. 康丽颖. 学校的责任与教师专业发展[J]. 教育研究,2006(12):34-39.

174. 李斑斑,徐锦芬. 中国高校英语教师反思量表构建[J]. 中国外语,2011(4):405-412.

175. 李斌. 中学英语教师素质现状调查[J]. 教学与管理,2009(7):76-77.

176. 联合国教科文组织总部. 教育——财富蕴藏其中[M]. 北京:教育科学出版社,1996.

177. 梁中贤. 美国外语教师发展的新趋势[J]. 外语界,2004(6):58-68.

178. 林瑞钦. 师范生任教职志之理论与实证研究[M]. 高雄:复文图书出版社,1990.

179. 刘春燕,刘书林. 江西省中学英语师资培训需求分析及其对策[J]. 江西社会科学,2003(11):204-205.

180. 刘丽萍. 中学在职英语教师教育中存在的问题及应对策略[J]. 赤峰学院学报,2010(10):219-220.

181. 刘润清,戴曼纯. 中国高校外语教学改革现状与发展策略研究[M]. 北京:外语教学与研究出版社,2003.

182. 刘润清. 剑桥英语教师丛书总序. 载 Williams M & Burden R L(著),语言教师心理学初探[M]. 北京:外语教学与研究出版社,人民教育出版社,剑桥大学出版社,2000.

183. 刘学惠. 建立以反思性教学为核心的英语教师发展机制[J]. 课程・教材・教法,2004(12):72-77.

184. 刘学惠. 理解和促进教师建构性学习:一个英语教师课堂研究小组的案例研究[D]. 北京师范大学博士学位论文,2006.

185. 刘学惠. 外语教师教育与发展的概念重构和研究进展. 载吴一安等(编),中国高校英语教师教育与发展研究[C]. 北京:外语教学与研究出版社,2007.

186. 刘尧. 教师"校本培训"模式构想[J]. 教育发展研究,2001(3):47-48.

187. 刘尧,戴海燕. 课堂师生互动研究述评[J]. 教育科学研究,2010(6):66-69.

188. 陆敏. 中学英语教师校本合作模式研究[D]. 西南大学博士学位论文,2009.

189. 陆效用.语言习得“关键期假说”和“一条龙”英语教学[J].外语界,2004(1):62-68.

190. 梅德明.大中小学英语教学现状调查[M].上海:上海外语教育出版社,2004.

191. 欧阳护华.单位与公民社会的碰撞:教改者的真实故事[M].北京:北京大学出版社,2004.

192. 欧阳惠云.英语课程改革中的困扰因素分析——江西省中学英语骨干教师答辩中所反映问题之启示[J].教学与管理,2009(7):74-75.

193. 彭梅.刍议小学开设英语课的可行性[J].外语界,2003(3):63-68.

194. 秦秀白.《外语教学改革:问题与对策》简介[J].外语教学与研究,2005(2):157-158.

195. 秦秀白.有好的外语教师,才有好的外语教育[J].中国外语,2010(11):31-32.

196. 舍恩.培养反映的实践者[M].郝彩虹等,译.北京:教育科学出版社,2009.

197. 世界银行报告.全球知识经济中的终身学习——发展中国家的挑战[M].北京:高等教育出版社,2006.

198. 舒白梅.现代外语教育学[M].上海:上海外语教育出版社,2005.

199. 束定芳,励哲蔚,张逸岗.上海市小学英语教学情况的调查与思考[J].外语界,2003(3):54-61.

200. 束定芳.外语教学改革:问题与对策[M].上海:上海外语教育出版社,2004.

201. 束定芳.现代外语教学——理论、实践与方法(修订版)[M].上海:上海外语教育出版社,2008.

202. 束定芳.中国特色外语教学改革探索——江苏华南实验学校英语教学改革实验纪实(2009.5—2011.1)[M].上海:上海外语教育出版社,2012.

203. 苏霍姆林斯基.给教师的建议[M].北京:教育科学出版社,1984.

204. 唐志新.透视小学英语教学低效教学现象[J].教学与管理,2010(6):35-36.

205. 田丽丽,金盛华.经验合作教学:校本教师培训的新思路[J].教师教育研究,2006(3):23-27.

206. 王海啸.大学英语教师与教学情况调查分析[J].外语界,2009,(4):6-13.

207. 王洁,顾泠沅.行动教育:教师在职学习的范式革新[M].上海:华东师范大学出版社,2007.

208. 王蔷,张虹.高校与中学英语教师合作行动研究的实践探索——在行动中研究,在研究中发展[M].上海:上海教育出版社,2012.

209. 王蔷,张文华,林周婧.高校与基础教育教师合作行动研究的实践探索[J].课程·教材·教法,2010(12):87-93.

210. 王蔷.英语教师行动研究:从理论到实践[M].北京:外语教学与研究出版社,2002.

211. 王雪梅,康淑敏.高校英语教师校本培养模式框架建构[J].大学教育科学,2004(3):72-74.

212. 文秋芳.英语教学研究方法与案例分析[M].上海:上海外语教育出版社,2011.

213. 文秋芳,任庆梅.大学英语教师专业发展研究的趋势、特点、问题与对策[J].中国外语,2010(4):77-83.

214. 文秋芳,任庆梅.大学外语教师互动发展新模式下一线教师的专业成长[J].中国外语教育,2011(4):22-24.

215. 吴丽荣,高素霞,董国英,张光,马宁.自我学习:一种教师专业发展的有效实践[J].河北师范大学学报(教育科学版),2011(12):52-55.

216. 吴欣,杨晓青.我国中小学英语教师现状调查与分析[M].北京:人民教育出版社,2008.

217. 吴一安.外语教师专业发展探究[J].外语研究,2008(3):29-38.

218. 吴一安,等.中国高校英语教师教育与发展研究[C].北京:外语教学与研究出版社,2007.

219. 吴宗杰,黄爱凤.探索型外语课程:RICH教师发展.载吴一安等(编).中国高校英语教师教育与发展研究[C].北京:外语教学与研究出版社,2007.

220. 吴宗杰,等.外语课程与教师发展[M].合肥:安徽教育出版社,2005.

221. 武继红.英语教师反思型教学实践初探[J].外语界,2003(1):60-66.

222. 夏纪梅.外语教师发展问题综述[J].中国外语,2006(1):62-65.

223. 夏纪梅.大学英语教师的外语教育观念、知识、能力、科研现状与进修情况调查结果报告[J].外语界,2002(5):35-41.

224. 夏纪梅.外语教师发展的知与行[M].上海:上海外语教育出版社,2012.

225. 夏纪梅.影响大学英语教学质量的相关因素[J].外语界,2000(4):2-6.

226. 谢翌.现状与策略:小学英语课程实施的个案研究[J].课程·教材·教法,2004(2):60-66.

227. 辛广勤.论述大学英语教师在岗自我发展[J].国外外语教学,2006(3):18-23.

228. 熊川武.论反思性教育实践[J].教师教育研究,2007(3):46-50.

229. 徐碧美.追求卓越——教师专业发展案例研究[M].北京:人民教育出版社,2003.

230. 徐斌艳.教师专业发展的多元途径[M].上海:上海教育出版社,2008.

231. 阎国忠.体验·反思·思辨——关于美学方法论问题[J].北京大学学报,2000(5):30-42.

232. 杨骞.校本教师教育的认识与实践[J].辽宁师范大学学报(社会科学版),2006(1):61-64.

233. 叶浩生.量化研究与质化研究:对立及其超越[J].自然辩证法研究,2008(9):7-11.

234. 叶澜.教育概论[M].北京:人民教育出版社,1991.

235. 叶澜,等.教师角色与教师发展新探[M].北京:教育科学出版社,2001.

236. 于兰.建构主义视阈下第二语言教师专业发展研究[D].东北师范大学博士学位论文,2008.

237. 余渭深,王蔷.从国际英语外语教学协会第25届大会看英语教学与研究的新趋势[J].外语界,1992(1).

238. 鱼霞,毛亚庆.论有效的教师培训[J].教师教育研究,2004(1):14-19.

239. 袁贵仁.全面落实以人为本的科学发展观,努力造就让人民满意的教师队伍[Z].2005年度教师教育工作会议上的讲话,2005.

240. 袁燕华.校际合作、准确定位——我国外语教师培训的有效途径[J].外语与外语教学,2012(5):20-23.

241. 张虹,王蔷.论后方法时代的教师自主发展[J].英语教师,2010(4):3-5.

242. 张莲,吴一安.教师教育与发展的研究方法.载吴一安等(编),中国高校英语教师教育与发展研究[C].北京:外语教学与研究出版社,2007.

243. 张莲.外语教师教育研究方法:回顾与展望[J].外语教学理论与实践,2008(3):48-54.

244. 张雁玲.校本教研是大学英语教师专业发展的有效途径[J].外语界,2007(4):65-68.

245. 张雁玲.行动研究中高校外语教师研究能力的发展[D].上海外国语大学博士学位论文,2011.

246. 张正东,李少伶.英语教师的发展[J].课程·教材·教法,2003

(11):59.

247. 章华民. 对外语教师职业发展的思考[J]. 教育与职业，2009(2):80-82.

248. 赵健. 学习共同体的建构[M]. 上海:上海教育出版社，2008.

249. 赵健. 学习共同体——关于学习的社会文化分析[M]. 上海:华东师范大学出版社，2006.

250. 郑金洲. 走向校本[J]. 教育理论与实践，2000(6):11-14.

251. 周俊良. 初中英语教师教育需求调查与分析[J]. 遵义师范学院学报，2011(3):107-109.

252. 周燕. 教师是外语学习环境下提高英语教学水平的关键[J]. 外语教学与研究，2010(4):294-296.

253. 周燕，曹荣平，王文峰. 在教学和互动中成长. 载吴一安等(编)，中国高校英语教师教育与发展研究[C]. 北京:外语教学与研究出版社，2007.

254. 周燕. 高校英语教师发展需求调查与研究[J]. 外语教学与研究，2005(3):206-210.

255. 周燕. 英语教师培训亟待加强[J]. 外语教学与研究，2002(6):408-409.

256. 周燕. 中国高校英语教师发展模式研究[J]. 外语教学理论与实践，2008(3):40-47.

257. 周毅. 第二语言习得理论和小学英语教学的关系探讨[J]. 教学与管理，2010(11):552-560.

258. 朱益明. 论校本培训的基本理念[J]. 教育发展研究，2001(11):45-49.

259. 朱忠焰. 小学普遍开设英语课的可行性质疑[J]. 课程·教材·教法，2007(7):61-64.

260. 邹为诚. 中国基础教育阶段外语教师的职前教育研究报告. 载邹为诚(编)，中国基础英语教师教育研究[C]. 上海:华东师范大学出版社，2010.

# 索　引


**C**

长效机制　50,64,70,118,154,163

持续输入　67,71,171

**D**

定位　10,13,31,65,77—79

多元互动　10,32,42—52,54—58,63—74,77,82—86,104,107,139,140,175

**F**

范式　12,15—18,32,42,43

反思　2,3,5,7—10,12—15,17,18,44,46,48—53,73,77,89—91,102—109,144,146—148,150

反思模式　3,8,10,18,20—22,32

反思能力　8,9,15,22,27,36,58,82—86,94,118,123,161

反思性教学　18,22,24—32,39,42,107,109,170

**H**

合力　54,63,71,139,140,157,158,169—172,175

合作　2,9,10,17,54,97,102,115,140—142,166,171,172

互动　7,8,10,12,15—18,24,30,58—71,93—95,118,140,154—158,174

环境因素　18,46,67,155,158

**J**

集中教学　8,9,72,78

加强式反思模式　18,21,22,32

教师教育　2,5,6,30—47,82—90,94,117,130,131,168—175

教师教育模式　1,10

教师培训　2,5,12—14,33—35,87,90

教师学习　7,14,17,48—52,56,60,83—85,95,100,146,149,151—155,169,174

教学日志　10,38,57,67,85,88—95,132—136,165,175

教学实践　2,5—10,46,50—52,101,117,135—138,155,170,174

教学探究　29,30,107,149

教学信念　17,25,70,108,169

教育体制　10,81,156,173

**K**

课例分析 10,73,98—100,102,140,154,162

课堂观摩 10,38,40,67,73,96,109,119—121

**M**

模式 2,9—12,35,40—52,117,128,147,164—171,175

**N**

内化 7,10,15,46,51,57,132,160

**P**

普适性 156,167,169

**S**

社会文化范式 15,17,32,42,43,170

生态取向 50

师生互动 41,44,53,56,83,90,123,139,164—169

**T**

同伴互助 38,40,53,83,93—95,104,156—163,172,174

推广性 156,167,169

**W**

外部输入 8,21,42,48,83,106,140,141,152

**X**

校本教育 10,12,32,34—37,41—58,64—72,90,97,107,156—158,160—166

校际合作 62,72,158

行动研究 10,14,40,57,73,105,123—127,137,140,165

学习共同体 39,61,66,84—86,100,106,141,147,153,154,159—163,166,174

学校文化 48,50,64,68,70,84,151,158—160,162

**Y**

研究型教师 73,158

洋葱圈模式 55,56

**Z**

在职教育 6—11,14,15,31,33,34,38,41,74,150,158,168,175

支架 43,50—52,61,77,82—85,87,102,152,172

终身学习 6,8,33,34,67,100

专业发展 1—3,6—8,10,11,13,15,18,20—22,24,56—58,79,82—85,118,131,140—142,169—175

专业发展模式 9

专业素质 1,2,5—7,11,13,30,42,50,83,138,156—159,175

专业引领 18,40,56,69—71,77,83—91,102,139—141,158—160,162,172,174

自我反思 30,36,46—50,53,80,93—95,97,153,172

自主建构 67,71,88,170,171

自主学习 8,9,51,72,78—81,92,93,130,135—137,154,164

做中学 51

**图书在版编目（CIP）数据**

多元互动英语教师校本教育模式：理论、实践与反思 / 袁燕华著. —杭州：浙江大学出版社，2014.9

ISBN 978-7-308-13769-0

Ⅰ.①多… Ⅱ.①袁… Ⅲ.①英语课—教学研究—初中 Ⅳ.①G633.412

中国版本图书馆 CIP 数据核字（2014）第 198719 号

**多元互动英语教师校本教育模式：理论、实践与反思**

袁燕华 著

---

**责任编辑** 张 琛

**责任校对** 张远方

**封面设计** 刘依群

**出版发行** 浙江大学出版社

（杭州市天目山路 148 号 邮政编码 310007）

（网址：http://www.zjupress.com）

**排　　版** 杭州中大图文设计有限公司

**印　　刷** 德清县第二印刷厂

**开　　本** 710mm×1000mm 1/16

**印　　张** 14.25

**字　　数** 260 千

**版 印 次** 2014 年 9 月第 1 版 2014 年 9 月第 1 次印刷

**书　　号** ISBN 978-7-308-13769-0

**定　　价** 39.00 元

---